NomosReferendariat

Prof. Dr. Sönke Gerhold | Dr. Bernd Hoefer
Hege Ingwersen-Stück | PD Dr. Sönke E. Schulz

Formulare für Referendare

3. Auflage

Prof. Dr. Sönke Gerhold, Professur für Strafrecht, Strafprozessrecht, Medienstrafrecht und Strafvollzugsrecht, Universität Bremen | **Dr. Bernd Hoefer,** Rechtsanwalt, Kiel | **Hege Ingwersen-Stück,** Vorsitzende Richterin am Landgericht, Kiel | PD **Dr. Sönke E. Schulz,** Geschäftsführendes Vorstandsmitglied des Schleswig-Holsteinischen Landkreistages, Kiel

Nomos

Die Deutsche Nationalbibliothek verzeichnet diese Publikation in der Deutschen Nationalbibliografie; detaillierte bibliografische Daten sind im Internet über http://dnb.d-nb.de abrufbar.

ISBN 978-3-8487-5793-0 (Print)
ISBN 978-3-7489-0898-2 (ePDF)

3. Auflage 2022

Vorwort

Das vorliegende Formularhandbuch, das nun in dritter Auflage erscheint, richtet sich gezielt an Referendarinnen und Referendare in der Stationsausbildung und der Examensvorbereitung und will ihnen das notwendige Handwerkszeug zur Seite stellen, das erforderlich ist, um in der Stationsausbildung und den Klausuren zu bestehen.

Es behandelt daher alle gängigen ausbildungsrelevanten Anträge und Entscheidungsformen und Anträge in den Bereichen des Zivil-, Straf- und Verwaltungsrechts und gibt den Referendarinnen und Referendaren damit Musterformulierungen an die Hand, die sie oder er unter Berücksichtigung der vertiefenden Hinweise für die jeweilige Aufgabenstellung zusammensetzen und an diese anpassen kann.

Wegen der doch zahlreichen Varianten und Möglichkeiten, Schriftsätze, Urteile und andere juristische Schriften zu gestalten, wurden vorliegend nicht nur andere Formularbücher, sondern auch nicht-wissenschaftliche Lern- und Lehrskripten ausgewertet, um die Formulierungsvorschläge sowohl klausur- als auch praxistauglich zu gestalten.

Ziel dieses Werkes war es nicht, alle denkbaren und regional differierenden Aufbau- und Darstellungsmöglichkeiten aufzuzeigen, sondern einen auf Grundlage unseres Erfahrungswissens aus Praxis, Rechtslehre und Prüfung möglichst unangreifbaren Darstellungsvorschlag zu unterbreiten und den Referendarinnen und Referendaren so die nötige Sicherheit zu geben.

Wir hoffen daher, dass Ihnen dieses Buch Freude bereitet und seinen Zweck erfüllt, damit Sie auch weiterhin erfolgsorientiert arbeiten und lernen können, ohne gezwungen zu sein, sich die notwendigen Informationen mühsam aus den vielen verschiedenen Angeboten der Repetitoren und Verlage heraussuchen zu müssen.

Für Anregungen hinsichtlich neuer referendarrelevanter Verfahrens- und Entscheidungsformen sind wir stets dankbar. Verbesserungsvorschläge können Sie uns gerne unter ge_so@uni-bremen.de übermitteln.

Wir wünschen Ihnen viel Erfolg in den Stationen und den Prüfungen und verbleiben mit freundlichen Grüßen!

Sönke Gerhold, Bernd Hoefer, Hege Ingwersen-Stück und Sönke E. Schulz

Inhalt

Musterverzeichnis

Verzeichnis der ausgewerteten Literatur und Lehrskripten

Adolphsen, Jens, Zivilprozessrecht, 7. Auflage, Baden-Baden 2021

Anders, Monika/Gehle, Burkhard, Das Assessorexamen im Zivilrecht, 15. Auflage, Köln 2022

Beck'sches Prozessformularbuch, Hrsg. Peter Mes, 15. Auflage, München 2022, bearbeitet von Frank Baumann, Emanuel Burkhardt u. a.

Beck'sches Rechtsanwaltshandbuch, Hrsg. Christoph Hamm, 12. Auflage, München 2022, bearbeitet von Jan Andrejtschitsch, Martin Arendts u. a.

Brunner, Raimund, Die Abschlussverfügung der Staatsanwaltschaft – Eine Anleitung für Klausur und Praxis, 15. Auflage, München 20121

Dresenkamp, Klaus/Sachtleber, Ole, Zivilakte – Von der Klageschrift bis zum Urteil, 4. Auflage, München 2020

Ehlers, Dirk, Die Fortsetzungsfeststellungsklage, JURA 2001, Seite 415 bis 423

Erbguth, Wilfried/Guckelberger, Annette, Allgemeines Verwaltungsrecht: mit Verwaltungsprozess- und Staatshaftungsrecht, 10. Auflage, Baden-Baden 2020

Fock, Nils/Gerhold, Sönke, Die Revisionsklausur im Strafrecht – Grundwissen Assessorexamen, Norderstedt 2009

Gerhold, Sönke, Der unbenannte minder schwere Fall im Strafrecht und seine Bedeutung für die Strafzumessung, ZJS 2009, Seite 260 bis 266

Grüneberg, Christian (Hrsg.), Bürgerliches Gesetzbuch, 81. Aufl., München 2022, bearbeitet von Peter Bassenge, Gerd Brudermüller u. a.

Hufen, Friedhelm, Verwaltungsprozessrecht, 12. Auflage, München 2021

Intellex – Die intelligente Jurahilfe, Hrsg. Kirstin Krüger, abzurufen unter: http://www.intellex.de; Stand: 24.02.2022

Kaiser, Horst/Bracker, Ronald, Die Staatsanwaltsklausur im Assessorexamen, 7. Auflage, München 2020

Kaiser, Torsten/Kaiser, Horst/Kaiser, Jan, Die Anwaltsklausur – Zivilrecht, 9. Auflage, Köln 2021

dies., Materielles Zivilrecht im Assessorexamen, 9. Auflage, Köln 2018

Kammergericht Berlin (Hrsg.), Berliner Skripten zur Referendarausbildung, Strafrecht staatliche Sicht, 3. Auflage, Berlin 2020, abzurufen unter: https://www.berlin.de/gerichte/kammergericht/karriere/rechtsreferendariat/vorbereitungsdienst/downloads/#ausbskr; Stand: 24.02.2022

dies. Berliner Skripten zur Referendarausbildung, Strafrecht anwaltliche Sicht, Berlin 2007, abzurufen unter https://www.web.archive.org/web/20131107204727/http://www.berlin.de/imperia/md/content/senatsverwaltungen/justiz/kammergericht/juristischervorbereitungsdient/skripte_20strafrecht_anwaltliche_sicht_stand7.6.pdf?download.html; Stand: 24.02.2022

Kintz, Roland, Öffentliches Recht im Assessorexamen – Klausurtypen, wiederkehrende Probleme, Formulierungshilfen, 11. Auflage, München 2021

Kopp, Ferdinand/Ramsauer, Ulrich, Verwaltungsverfahrensgesetz, Kommentar, 22. Auflage, München 2021

Kopp, Ferdinand/Schenke, Wolf-Rüdiger, Verwaltungsgerichtsordnung, Kommentar, 27. Auflage, München 2021

Melzer, Michael, Der Aufbau des erstinstanzlichen Strafurteils in der Assessorklausur, JuS 2008, Seite 878 bis 882

Meyer-Goßner, Lutz/Schmitt, Bertram, Strafprozessordnung mit GVG und Nebengesetzen, 64. Auflage, München 2021

Pietzner, Rainer, Rechtsschutz in der Verwaltungsvollstreckung, Verwaltungsarchiv 1993, Seite 261 bis 285

Riemann-Prehm, Juliane/Soyka, Martin, Die Anwaltsklausur – Strafrecht, Neuwied 2007

Saenger, Ingo/Ullrich, Christoph/Siebert, Oliver (Hrsg.), ZPO – Kommentiertes Prozessformularbuch, 5. Auflage, Baden-Baden 2022, bearbeitet von Walter Boeckh, Pierre Brandenstein u. a.

Schoch, Friedrich, Der verwaltungsprozessuale vorläufige Rechtsschutz (Teil II), JURA 2002, Seite 37 bis 48

Soyka, Martin, Die Referendarstation bei der Staatsanwaltschaft, 5. Auflage, München 2020

Systematischer Kommentar zur Strafprozessordnung und zum Gerichtsverfassungsgesetz, Band 6, Hrsg. Jürgen Wolter, 5. Auflage, München 2016, bearbeitet von Wilhelm Degener, Wolfgang Frisch u. a.

ders., Band 8, Hrsg. Jürgen Wolter, 5. Aufl., München 2020, bearbeitet von Wilhelm Degener, Wolfgang Frisch u. a.

Theimer, Clemens/Theimer Anette, Mustertexte zum Zivilprozess Band I: Erkenntnisverfahren erster Instanz, 10. Auflage, München 2020

dies., Mustertexte zum Zivilprozess Band II: Besondere Verfahren erster und zweiter Instanz, Relationstechnik, 8. Auflage, München 2018

Thomas, Heinz/Putzo, Hans, Zivilprozessordnung, Kommentar, 42. Auflage, München 2021

Van den Hövel, Markus, Die Tenorierung im Zivilurteil, 8. Auflage, München 2020

Zimmermann, Walter, ZPO-Fallrepetitorium, Grundlagen, Examenswissen, Referendariatspraxis, 11. Auflage, Heidelberg 2019

Zöller, Richard (Begr.), ZPO – Kommentar, 34. Auflage, Köln 2022, bearbeitet von Reinhold Geimer, Hans-Joachim Heßler u. a.

1. Teil: Das zivilgerichtliche Verfahren

A. Allgemeine Techniken[1]

[1] Um zivilrechtliche Fälle in der Praxis oder der Klausur sicher lösen zu können, ist es erforderlich, sich mit grundlegenden Techniken vertraut zu machen. Diese Techniken haben das Ziel, die rechtlichen Grundlagen für die Klärung anstehender Rechtsfragen zu ermitteln und die hierfür relevanten Sachverhaltselemente herauszuarbeiten.

I. Relation[2]

1. Sachbericht
2. Rechtliches Gutachten
   a) Klägerstation
   b) Beklagtenstation
   c) Beweisstation
   d) Entscheidungsstation
3. Entscheidungsentwurf

[2] Die Relation ist **die** klassische Technik, um diese Aufgaben zu leisten. Allerdings ist ihre Bedeutung in der Referendarausbildung dadurch in den Hintergrund gerückt, dass die große Gerichtsrelation in den Klausurassessorexamen entfallen ist. Dennoch ist das relationsmäßige Denken für die Bearbeitung von Zivilrechtsfällen unentbehrlich. Eine vertiefte Bearbeitung würde den hiesigen Rahmen sprengen. Zur Hilfestellung beachten Sie bitte die Anm. zu III. Im Übrigen muss auf die klassischen Anleitungsbücher verwiesen werden.

II. Kurzvortrag und Votum[3]

[3] Kurzvorträge und Voten dienen innerhalb der Spruchkörper der Gerichte der wechselseitigen Information.

III. Strukturierungs-/Prüfungsblatt für die gesamte zivilrechtliche Fallbearbeitung[4]

Anspruch des K gegen B auf ZZZ aus § XXX

§ XXX gibt den Anspruch auf ZZZ, wenn **X1** und **X2** und **X3**.

1. Prüfungsblatt: **Tatbestandsmerkmal X1**

(ggf. ergänzende Definition: ..., ggf. Rechtsprechung hierzu ...)

(ggf. Rechtsansicht des Kl. zur Definition/Auslegung von X1)	(ggf. Rechtsansicht des Bekl. zur Definition/Auslegung von X1)
Vortrag des Klägers zu X1	**Vortrag des Beklagten zu X1**
Beweismittel des Kl.	Gegenbeweismittel des Bekl.

2. Prüfungsblatt: **Tatbestandsmerkmal X2 ... usw.**

[4] Mit dem hier vorgeschlagenen Prüfungsblatt können die o.g. Aufgaben in Kurzform aufbereitet und für jeden Verfahrensschritt im Zivilrechtsfall bereitgehalten werden. Ausgehend von einer Anspruchsgrundlage sind zunächst auf einem Übersichtsblatt die rechtlichen Voraussetzungen (Tatbestandsmerkmale) zu notieren und für jedes Tatbestandsmerkmal ein Prüfungsblatt nach dem obenstehenden Muster zu erstellen. Oben steht das Tatbestandsmerkmal selbst. Gegebenenfalls ist dies durch Definitionen etwa aus der st.Rspr. usw. zu ergänzen. Unterschiedliche Rechtsansichten der Parteien können hierzu notiert werden. Der Vortrag der darlegungsbelasteten Partei zu diesem Tatbestandsmerkmal wird darunter notiert. Sodann wird – gegebenenfalls – gegenteiliger Vortrag der anderen Partei gegenübergestellt. Fehlt er, kann ein √ unstreitigen Vortrag kennzeichnen. Zuletzt werden Beweismittel der beweisbelasteten Partei (B: ...) und der Gegenseite (GB: ...) hinzugestellt, die Bezeichnung bei Bedarf umgedreht. Dies kann wie folgt aussehen:

Erläuterungen

B. Fallbearbeitung aus anwaltlicher Sicht[5]

I. Vorbereitendes Gutachten

1. Das materiellrechtliche Gutachten

[5] Formulieren Sie, was Ihr Mandant erreichen möchte (Klageziel). Lesen Sie in Klausuren gründlich den Bearbeitervermerk! Das materiellrechtliche Gutachten ist im Zivilrecht nach den möglichen Ansprüchen und den jeweils in Betracht kommenden Anspruchsgrundlagen zu gliedern. Im Zivilrecht sollten stets die Normen den Gedankengang des Gutachtens – wie auch der gerichtlichen Entscheidungen – leiten. Häufig ist es zweckmäßig, zunächst im materiellrechtlichen Gutachten zu klären, welche Ansprüche bestehen, und hierauf aufbauend danach die relevanten prozessualen Fragen.

a) Aufbau bei verschiedenen Anliegen des klagewilligen[6] Mandanten

▶ (1) Anspruch des M gegen B auf Herausgabe des ... aus § ...

(2) Anspruch des M gegen B auf Zahlung von ... aus § ... ◀

[6] Für die Klausur aus Klägersicht ist entscheidend, dass Sie alle denkbaren Anspruchsgrundlagen, die dem Mandanten zu seinem Begehren verhelfen könnten (Rechtsfolge!) erörtern. Wenn Sie das jeweilige Prüfungsschema zu jedem hiernach zu prüfenden Merkmal mit Hilfe des oben dargestellten Prüfungsblattes aufbereiten, werden Sie schnell feststellen, ob der Mandant zu jedem erforderlichen Merkmal konkreten Sachverhalt vortragen kann. Wenn das nicht der Fall ist, können Sie keine schlüssige Klage schreiben. Ferner können Sie feststellen, ob der Mandant Sie informiert hat, bezüglich welchen Vortrags die Gegenseite diesen bereits unstreitig gestellt hat. In der nächsten Stufe des Prüfungsblattes bezüglich der Beweismittel können Sie sehen, ob der Mandant Ihnen zu dem jeweiligen Punkt auch Beweismittel zur Verfügung gestellt hat.

b) Aufbau nach Anspruchsgrundlagen für das Begehren des klagewilligen Mandanten

▶ (1) Anspruch des M gegen B auf Zahlung von ... aus § ...

(2) Anspruch des M gegen B auf Zahlung von ... aus § ... ◀

c) Prüfung der Erfolgsaussichten der Verteidigung eines beklagten[7] Mandanten

[7] Beim verklagten Mandanten hängt es vom konkreten Fall ab, ob auch mit dem materiellrechtlichen Gutachten begonnen werden kann. Sind zunächst prozessuale Punkte zu klären, liegt es nahe, mit dem prozessualen Gutachten insgesamt zu beginnen und entsprechend die Gliederungspunkte 1. und 2. zu tauschen. Das bietet sich beispielsweise dann an, wenn zunächst geprüft werden muss, ob gegen ein Versäumnisurteil noch rechtzeitig Einspruch eingelegt werden kann. Wäre das Versäumnisurteil bereits rechtskräftig und hätte auch ein Wiedereinsetzungsantrag keine Aussicht auf Erfolg, erübrigt sich die Prüfung der materiellen Rechtslage. Dabei sollte, wie noch einmal betont werden soll, in Klausuren immer der Bearbeitervermerk genau gelesen werden, weil er häufig Aufbauhinweise enthält.

2. Das prozessuale Gutachten[8]

[8] Im prozessualen Gutachten sind die allgemeinen und gegebenenfalls besonderen Zulässigkeitsvoraussetzungen zu erörtern. Alle in Betracht kommenden

Erläuterungen

Gesichtspunkte können hier nicht vertieft werden. Häufige Fragen sind folgende:

a. Richtige Klageart für das Klageziel[9]

[9] Die Frage nach der richtigen Klageart stellt sich, wenn man die Klägerseite vertritt. Nach der Ermittlung der etwaigen Ansprüche des Mandanten ist die jeweils passende Klageart mit dem zu dem geltend zu machenden Anspruch passenden Klageantrag zu ermitteln. Im Falle eines Zahlungsanspruchs wäre dies die Leistungsklage mit einem Antrag auf Zahlung eines bestimmten Geldbetrages (und nicht etwa ein Antrag auf Herausgabe von X EUR). Geht es um ein bestimmtes Recht, das nicht durchgesetzt, sondern nur „dokumentiert" werden soll, wird Feststellungsklage zu erheben sein (z. B. „..., dass der Kläger Eigentümer des ... ist."). Bezüglich weiterer Beispiele wird auf die unten im Rahmen des Musters 2 „Klageschrift" dargelegten weiteren wichtigen praktischen Fälle verwiesen.

b. Zuständiges Gericht bestimmen[10]

[10] Die Frage nach dem zuständigen Gericht (Gerichtsstände gemäß §§ 12 ff. ZPO) kann sich auf Kläger- und Beklagtenseite stellen. Auf Klägerseite ist zu ermitteln, ob eines oder mehrere Gerichte zuständig sind. Auf Beklagtenseite stellt sich die Frage anders, nämlich, ob das vom Kläger angerufene Gericht zuständig ist. Zu den sich anschließenden Überlegungen siehe nachfolgend Rn. 12.

c. Sind Fristen zu beachten?[11]

[11] Die Frage nach Fristen stellt sich nur in besonderen Situationen: Hierzu gehören insbesondere die Prüfung der Frist gemäß § 339 Abs. 1 ZPO bei Einspruch gegen ein Versäumnisurteil, die Wahrung der Frist für einen Wiedereinsetzungsantrag gemäß § 234 ZPO und etwaige Rechtsmittelfristen (auf Kläger- und Beklagtenseite möglich).

d. Zulässigkeit der Klage i.e.S.[12]

[12] Besondere Gesichtspunkte der Zulässigkeit einer Klage sind nach Bedarf zu erörtern. Bei der allgemeinen Leistungsklage auf Zahlung von Geld oder Herausgabe eines Gegenstandes besteht hierfür regelmäßig kein Bedarf. Anders bei einer Feststellungsklage, bei der grundsätzlich das Vorliegen eines Feststellungsinteresses gemäß § 256 ZPO als notwendige Prozessvoraussetzung zu erörtern ist. Zu den einzelnen Klagearten anderweitig angeeignete Kenntnisse der besonderen Prozessvoraussetzungen sind hier nutzbar zu machen.

3. Prozesstaktische Erwägungen[13]

[13] Ein wichtiger Teil anwaltlicher Tätigkeit ist es, etwaige Spielräume, die sich nach dem Gutachten ergeben haben, zweckmäßig, d.h. unter Berücksichtigung des Interesses und der Wünsche des Mandanten zu nutzen. In der Anwaltsklausur sollte erkennbar werden, dass Sie mit diesen rechtlichen Spielräumen praktisch umgehen können. Die dargestellte Trennung von prozessualem Gutachten und taktischen Erwägungen ist nicht zwingend, jedoch hier zur Verdeutlichung des Unterschieds der Überlegungen erfolgt. Insbesondere können folgende Punkte hier eine Rolle spielen.

a. Wahlrecht gemäß § 35 ZPO ausüben (Kläger)[14]

[14] Wie unter Rn. 11 Anm. 2 kann es bei Vertretung des Klägers anstehen, zunächst mögliche zuständige Gerichte zu bestimmen (z.B. allgemeiner Gerichtsstand des Wohnortes gemäß §§ 12, 13 ZPO und den

Erläuterungen

besonderen Gerichtsstand der unerlaubten Handlung gemäß § 32 ZPO). Gibt es mehr als ein zuständiges Gericht, hat der Kläger einen Spielraum. Dann bietet es sich an darzulegen, weshalb in Ausübung des Wahlrechts gemäß § 35 ZPO die Klage besser hier oder dort erhoben werden soll (mögliche Argumente: Reisekosten, Nähe des Wohnortes der Zeugen, Notwendigkeit eines Ortstermins usw.). Gibt es nur einen – ggf. ausschließlichen – Gerichtsstand, stellt sich die Frage der Wahl schon nicht.

b. Rüge in Fällen verzichtbarer Zulässigkeitsrüge (Beklagter)[15] ◀

[15] Wenn beispielsweise bei Vertretung des Beklagten festgestellt wird, dass das vom Kläger angerufene Gericht unzuständig ist, ist zu erörtern, ob er die Unzuständigkeit rügen oder gemäß § 39 ZPO rügelos verhandeln kann und sollte.

c. Verwertung von Beweismitteln[16]

[16] Wenn im Gutachten festgestellt worden ist, dass bestimmte Beweismittel vorhanden sind, die zum Beweis erheblicher Tatsachen benötigt werden oder werden könnten, könnte sich die taktische Überlegung ergeben, dass z. B. der Sohn als Zeuge in Betracht kommt, es aber Anhaltspunkte gibt, dass er aus familiären Gründen lieber nicht aussagen möchte und auch schon angekündigt hat, dass er von seinem Zeugnisverweigerungsrecht gemäß § 383 Abs. 1 Nr. 3 ZPO Gebrauch machen will. Wenn ein weiterer zuverlässiger Zeuge vorhanden ist, kann erörtert werden, den Sohn nicht auch zu benennen.

d. Sichere Gegenrechte in der Klage berücksichtigen und für Beklagten Art der Geltendmachung klären[17]

[17] Zu den taktischen Überlegungen eines Rechtsanwalts gehört es auch, den Einsatz von Gegenrechten unter Berücksichtigung etwaiger Kosten mitzugestalten. Hierzu gehören Überlegungen dazu, ob auf Beklagtenseite mit einer anderen Forderung aufgerechnet werden kann, ob gegebenenfalls eine Aufrechnung oder eine Hilfsaufrechnung erfolgen soll, ob Widerklage und/oder Hilfswiderklage erhoben werden soll. Auch die sog. Drittwiderklage gegen eine bislang auf Klägerseite nicht vorhandene neue Partei gehört zu diesen Möglichkeiten.

e. Andere prozessuale Gestaltungsmöglichkeiten erörtern[18] ◀

[18] In prozessualer Hinsicht kann hier etwa auch zu erörtern sein, ob eine Partei den Rechtsstreit (im Falle des Beklagten: auch) für erledigt erklärt.

II. Schriftsätze an das Gericht[19]

[19] Der nächste Schritt in der anwaltlichen Tätigkeit besteht häufig in der Anfertigung von Schriftsätzen. Zur Begrifflichkeit: „Schriftsätze" sind die an das Gericht gerichteten Schriftstücke, außergerichtlich gibt es nur „Schreiben" (vgl. dazu unten Abschnitt III.). Die Anfertigung sog. verfahrensbestimmender Schriftsätze ist häufig in Anwaltsklausuren der letzte, praktische Teil, der niemals vernachlässigt werden sollte. Die nachfolgenden Muster so zu beherrschen, dass sie auf den Fall bezogen in der Klausur erstellt werden können, ist auch ein wichtiges Ziel in der Examensvorbereitung.

1. Das erstinstanzliche Zivilverfahren

a) Der Prozesskostenhilfeantrag[20]

Muster 1: Prozesskostenhilfeantrag

Rechtsanwälte Namen[21]

Anschrift des Kanzleisitzes

An das

Amtsgericht/Landgericht ...[22]

Anschrift des Gerichts

Datum[23]

Antrag auf Bewilligung von Prozesskostenhilfe

des Rechtsanwalts ..., handelnd in seiner Eigenschaft als Insolvenzverwalter über das Vermögen der ... GmbH[24], Anschrift,

– Antragsteller –[25]

– Verfahrensbevollmächtigte[26]: ... –

gegen

die ... GmbH, vertreten durch den Geschäftsführer ..., Anschrift,

– Antragsgegnerin –

(– Verfahrensbevollmächtigte: ... –)[27]

(wegen ...)

(Streitwert: ... €)

Namens und in Vollmacht des Antragstellers beantragen wir,

dem Antragsteller Prozesskostenhilfe (unter Beiordnung des Unterzeichners)[28] für die im Entwurf beiliegende beabsichtigte Klage zu bewilligen.

Die beabsichtigte Klage hat hinreichende Aussicht auf Erfolg. Insoweit wird auf den anliegenden Klagentwurf Bezug genommen.[29]

In wirtschaftlicher Hinsicht gilt Folgendes[30]: Die für den Rechtsstreit voraussichtlich entstehenden Kosten können aus der verwalteten Vermögensmasse nicht aufgebracht werden. Den nachstehend aufgeführten Aktivposten, ..., stehen folgende Verbindlichkeiten gegenüber: ... Den am Gegenstand des Rechtsstreits wirtschaftlich beteiligten Insolvenzgläubigern kann nicht zugemutet wer-

Erläuterungen

[20] Die Erstellung eines Prozesskostenhilfeantrages hat eine hohe praktische Bedeutung. Zur Prüfung, ob Prozesskostenhilfeberechtigung besteht, ist der Anwalt verpflichtet.

[21] Die sichere, fehlerfreie Beherrschung des Rubrums und der Formalien von Anwaltsschriftsätzen ist vor allem für die Examensklausuren unabdingbar. In einer sauberen Darstellung spiegelt sich das Verständnis für das System wieder.

[22] Hier findet sich das Ergebnis der Prüfung des zuständigen Gerichts. Die Anschrift ist für den praktischen Zugang beim Gericht erforderlich.

[23] Der Schriftsatz erhält in Klausuren das nach dem Sachverhalt frühestmögliche Datum, etwa das Datum des Erhalts letzter Informationen durch den Mandanten. Etwaige Fristen müssen gewahrt sein.

[24] Die Parteibezeichnung im Rubrum dient der genauen Darstellung, wer die Parteien des gerichtlichen Verfahrens bzw. Rechtsstreits sind. Hierdurch wird bestimmt, zwischen wem ein Prozessrechtsverhältnis entsteht. In der korrekten Parteibezeichnung einschließlich ggf. erforderlicher gesetzlicher Vertretungsverhältnisse wird erkennbar, dass man die prozessualen Vorschriften betreffend die Parteien (§§ 50 ff. ZPO) sowie die besonderen materiellen Vorschriften über die Vertretung von nicht Geschäftsfähigen, von juristischen Personen sowie von Parteien kraft Amtes beherrscht.

[25] Der Benennung der Partei folgt i.d.R. rechtsbündig die Bezeichnung der Parteirolle im konkreten Verfahren.

[26] Im Zivilrecht wechselt die Bezeichnung der vor Gericht Bevollmächtigten zwischen „Prozessbevollmächtigten" im eigentlichen Rechtsstreit und „Verfahrensbevollmächtigten" in sonstigen Verfahren. Letzteres ist im Prozesskostenhilfeverfahren üblich.

[27] Die Benennung eines gerichtlichen Bevollmächtigten der Gegenseite kann an sich nur dann erfolgen, wenn dieser in der vorgerichtlichen Korrespondenz bereits darauf hingewiesen hat, für ein etwaiges gerichtliches Verfahren bereits bevollmächtigt zu sein.

[28] Beiordnung erfolgt im Anwaltsprozess gemäß § 121 Abs. 1 ZPO von Amts wegen, i.Ü. gemäß § 121 Abs. 2 ZPO nur auf Antrag, der deshalb vor dem Amtsgericht nicht vergessen werden darf.

[29] Inhaltlich ist in dem Antrag zu den Voraussetzungen der Bewilligung von Prozesskostenhilfe gemäß § 114 ZPO Stellung zu nehmen. Bezugnahmen auf den Klageentwurf sind zulässig.

[30] Ist eine natürliche Person Partei, ist die Frage der Bedürftigkeit gemäß § 115 ZPO zu beurteilen. In diesen Fällen ist dem Antrag gemäß § 117 Abs. 2 bis 4 ZPO mittels des hierfür vorgesehenen Formulars eine Erklärung der Partei über ihre persönlichen und wirtschaftlichen Verhältnisse einschließlich entsprechender Belege beizufügen, auf den wiederum im Schriftsatz Bezug genommen wird. In der Praxis lohnt

den, die Kosten aufzubringen. Im Falle des Obsiegens vergrößert sich die Insolvenzmasse um die Klageforderung. Die Klageforderung wird voraussichtlich auch beigetrieben werden können, da ... Im Falle des Obsiegens wäre die Klageforderung wie folgt auf die einzelnen Gläubiger zu verteilen: ... Eine Übernahme der Kosten des beabsichtigten Rechtsstreits durch die Gläubiger scheidet hiernach aus, weil ...

Unterschrift, Rechtsanwalt ◀

Erläuterungen

sich zur Vermeidung von Verzögerungen und Nachfragen des Gerichts die Prüfung seitens des Mandanten vorbereiteter Unterlagen (Formular vollständig ausgefüllt, Belege beigefügt und nummeriert, Datum und Unterschrift etc.).

Das vorstehende Muster betrifft den Insolvenzverwalter als Partei kraft Amtes. Für die Beurteilung der Bedürftigkeit ist in entsprechenden Fällen § 116 Ziff. 1 ZPO maßgebend. Zu dessen Voraussetzungen muss entsprechend vorgetragen werden.

Für den Prozesskostenhilfeantrag einer juristischen Person wie z.B. einer GmbH ist § 116 Ziff. 2 ZPO maßgebend.

b) Die Klagschrift[31]

▶ **Muster 2: Klageschrift**

Rechtsanwalt Vorname Nachname

Anschrift

An das

Amtsgericht ...

Anschrift des Gerichts

Datum

Klage[32]

des Schlossermeisters[33] ..., Anschrift ...,

– Kläger –[34]

– Prozessbevollmächtigter[35]: Rechtsanwalt ... –

gegen

...

– Beklagter –

(– Prozessbevollmächtigte: Rechtsanwälte ... –)

(wegen ...)[36]

Namens und in Vollmacht des Klägers[37] erhebe ich Klage und werde beantragen,

(1) Leistungsklage gerichtet auf **Zahlung**

den Beklagten zu verurteilen, an den Kläger ... € nebst Zinsen in Höhe von 5 Prozentpunkten über dem jeweiligen Basiszinssatz seit dem ... zu zahlen.

(2) Klage auf **Herausgabe** einer Sache[38]

den Beklagten zu verurteilen, das Kfz Toyota MR2, Fahrgestell-Nr. GHV948727, an den Kläger herauszugeben.

(3) Klage auf Abgabe einer **Willenserklärung**[39]

[31] Die Klagschrift ist **der** Anwaltsschriftsatz. Die grundlegenden formellen Mindestanforderungen hierfür regelt § 253 Abs. 2 ZPO. Hinsichtlich der Bezeichnung der Parteien und des Gerichts wird auf Muster 1 Anm. 2 und 4 sowie hinsichtlich verschiedener Parteivarianten auf die Darstellung im 3. Teil verwiesen. Weiter muss die Klagschrift einen bestimmten Antrag, die Angabe des Gegenstandes und des Grundes des erhobenen Anspruchs enthalten. Ferner soll sie gemäß § 253 Abs. 3 ZPO die Angabe des Wertes des Streitgegenstandes enthalten, wenn hiervon die Zuständigkeit des Gerichts abhängt und der Streitgegenstand nicht in einer bestimmten Geldsumme besteht.

[32] Überschriften, die die Art des an das Gericht gerichteten Antrages klarstellen, sind nicht zwingend, aber allgemein üblich. In besonderen Verfahren kann darin bereits die nach dem Gesetz erforderliche Erklärung, dass in einem bestimmten Verfahren geklagt werden soll, erfolgen; z.B. „Klage im Urkundsprozess", § 593 Abs. 1 ZPO.

[33] Die früher übliche Berufsbezeichnung ist weitgehend entfallen. Sinnvoll ist sie weiterhin, wenn sie für eine besondere Zuständigkeit relevant ist; z.B. „der Kaufmann ..." für Handelssachen i.S.v. § 95 Abs. 1 Nr. 1 GVG.

[34] Für die Bezeichnung der Parteirolle gibt es zwei Möglichkeiten. Bei der ersten Alternative wird die Parteirolle wie vorstehend dargestellt grammatikalisch im Nominativ und formal zwischen zwei Spiegelstrichen aufgeführt. Bei der zweiten Alternative wird die Parteirolle grammatikalisch im Genetiv („Klägers", d.h. gedanklich „(des) Klägers") und formal ohne Spiegelstriche mit nachfolgendem Komma aufgeführt. Man sollte sich für eine Alternative entscheiden und diese sauber durchhalten. Mischungen beider Formen sind zu vermeiden. In den im vorliegenden Teil enthaltenen Formularen sind Beispiele für beide Möglichkeiten enthalten.

[35] Vgl. Anm. 27. Da mit der Klage ein Rechtsstreit eingeleitet wird, heißt es nunmehr „Prozessbevollmächtigte(r)".

[36] Die stichwortartige Angabe des Streitgegenstandes erleichtert z.B. dem angerufenen Gericht ggf. die Zuordnung zu eingerichteten Spezialkammern i.S.v. § 348 Abs. 1 Nr. 2 ZPO.

[37] Der Anwalt stellt klar, dass er die Klage als Vertreter seines Mandanten (§ 164 Abs. 1 BGB)

den Beklagten zu verurteilen, zu erklären, dass das Eigentum an dem Kfz Toyota MR2, Fahrgestell-Nr. GHV948727, auf den Kläger übergeht.

(4) Klage auf **Unterlassung** einer Handlung[40]

den Beklagten zu verurteilen, es zu unterlassen, ... und

dem Beklagten für jeden Fall der Zuwiderhandlung ein Ordnungsgeld bis zu 250.000,00 € und für den Fall, dass dieses nicht beigetrieben werden kann, Ordnungshaft oder Ordnungshaft bis zu sechs Monaten anzudrohen.

(5) Klage auf **Duldung der Zwangsvollstreckung**[41]

den Beklagten zu verurteilen, (wegen der Forderung aus dem Darlehen vom ...) in Höhe von ... € nebst Zinsen in Höhe von ... seit dem ... die Zwangsvollstreckung in das im Grundbuch von „Ort" Blatt „Nummer" eingetragene Grundstück aus der in Abt. III unter Nr. ... eingetragenen Hypothek/Grundschuld zu dulden.[42]

(6) **Stufenklage** gemäß § 254 ZPO

den Beklagten zu verurteilen,

(a) dem Kläger über den Bestand des Nachlasses des am ... in ... verstorbenen Vorname Nachname Auskunft zu erteilen durch Vorlage eines Bestandsverzeichnisse und über den etwaigen Verbleib der Erbschaftsgegenstände;[43]

(b) erforderlichenfalls die Richtigkeit und Vollständigkeit seiner Angaben an Eides statt zu versichern,[44]

(c) dem Kläger die nach Erteilung der Auskunft noch zu bezeichnenden Gegenstände herauszugeben.[45]

Es wird der Antrag nach § 331 Abs. 3 ZPO gestellt.[46]

Außerdem beantrage ich, mir nach Erlass des Urteils

a) eine Zustellungsbescheinigung gemäß § 169 Abs. 1 ZPO zu erteilen,

b) eine vollstreckbare Ausfertigung der Entscheidung zu erteilen.[47]

Erläuterungen

erhebt. Bei der von einem Rechtsanwalt erhobenen Klage ist die Beifügung der Originalvollmacht wegen § 88 Abs. 2 ZPO nicht bzw. gem. § 88 Abs. 1 ZPO ggf. nach Rüge des Gegners erforderlich.

[38] Die herauszugebende Sache muss so konkret bezeichnet sein, dass sie insbesondere in der Vollstreckung individualisierbar ist.

[39] Die begehrte Willenserklärung muss so lauten, dass sie die gewünschte Rechtswirkung bewirkt, vgl. § 894 Abs. 1 Satz 1 ZPO.

[40] Bei einer erfolgreichen Klage auf Unterlassung einer Handlung kann es erforderlich werden, das Urteil zu vollstrecken, mithin vom Beklagten die Unterlassung im Wege der Zwangsvollstreckung gemäß § 890 Abs. 1 ZPO zu erzwingen. Die hiernach zur Zwangsvollstreckung vorgesehene Anordnung von Ordnungsgeld oder Ordnungshaft setzt gemäß § 890 Abs. 2 ZPO voraus, dass dem eine entsprechende Androhung vorausgeht. Diese kann auf entsprechenden Antrag bereits in dem die Verpflichtung zur Unterlassung enthaltenen Urteil ausgesprochen werden. Um dem Mandanten eine schnelle Vollstreckung zu ermöglichen, ist es zweckmäßig, diesen Antrag bereits mit der Klage zu stellen.

[41] Mit einer Klage auf Duldung der Zwangsvollstreckung in ein Grundstück wird der entsprechende Anspruch aus § 1147 BGB (Hypothek) bzw. §§ 1147, 1192 Abs. 1 BGB tituliert. Der in § 1147 BGB geregelte Anspruch des Gläubigers auf Befriedigung aus dem Grundstück im Wege der Zwangsvollstreckung ist nur mittels eines dinglichen Duldungstitels möglich. Wenn nicht bereits bei der Bestellung des dinglichen Rechts (Hypothek oder Grundschuld) eine vollstreckbare Urkunde im Sinne von § 794 Abs. 1 Nr. 5 ZPO durch Unterwerfungserklärung des Eigentümers unter die sofortige Zwangsvollstreckung errichtet wird, muss ein solcher mit der der vorliegenden Klage erstritten werden.

[42] Zu weiteren Beispielen vgl. *Saenger/Ullrich/Siebert*, § 253, Rn. 52 ff.; *Beck'sches Prozessformularbuch*, I.D.11.

[43] Das Beispiel betrifft eine Klage zur Durchsetzung des Auskunftsanspruchs gegen den Erbschaftsbesitzer aus § 2027 BGB (Auskunftsstufe), s.a. § 2314 BGB, § 666 BGB. Zu anderen Fällen von Auskunftsklagen vgl. *Saenger/Ullrich/Siebert*, § 254, Rn. 12 ff.

[44] Der Anspruch auf Abgabe einer eidesstattlichen Versicherung besteht gegebenenfalls aus § 259 Abs. 2 oder § 260 Abs. 2 BGB.

[45] Der auf der dritten Stufe (Leistungsstufe) zunächst gestellte Antrag wäre grundsätzlich gemäß § 253 Abs. 2 ZPO unzulässig, weil die herausbegehrten Gegenstände noch nicht genau bezeichnet sind. Insofern begründet § 254 ZPO eine Ausnahme, als er für zulässig erklärt, die „bestimmte Angabe der Leistungen ... vorzubehalten, bis ...". Deshalb kann die Erhebung der – unbestimmten – 3. Stufe die Verjährung gemäß § 204 Abs. 1 Nr. 1 BGB dennoch hemmen.

[46] Antrag auf Erlass eines Versäumnisurteils im schriftlichen Vorverfahren. Im Falle eines Anerkenntnisses ergeht das Anerkenntnisurteil gemäß § 308 Abs. 1 ZPO von Amts wegen.

Der Gerichtskostenvorschuss (i.S.v. § 12 Abs. 1 GKG) in Höhe von ... € ist als Verrechnungsscheck beigefügt.

Begründung

(I.) Sachverhalt[48]

Der ... Vertrag wurde am ... geschlossen.

Beweis: Zeugnis des Vorname Nachname, Anschrift

Das hergestellte Dach ist undicht.

Beweis: Einholung eines Sachverständigengutachtens
Augenscheinseinnahme ...

(II. Rechtliche Würdigung) ...

Unterschrift, Rechtsanwalt[49] ◀

c) Die Klagerwiderung[50]

▶ **Muster 3: Klageerwiderung**

...

Klagerwiderung

In dem Rechtsstreit

Name des Klägers ./. Name des Beklagten[51]

zeigen wir Namens und in Vollmacht des Beklagten dessen Verteidigungsbereitschaft an.[52]

Wir werden beantragen,

die Klage abzuweisen.

Begründung[53]

Der Beklagte rügt die örtliche Zuständigkeit des angerufenen Gerichts.

Er bestreitet zudem das Zustandekommen des Vertrages am ... Die Parteien sind sich über den Preis des ... nicht einig geworden.

Gegenbeweis: Zeugnis des ...

Hilfsweise rechnet der Beklagte mit einem Anspruch aus ... auf ...[54] ◀

Erläuterungen

[47] Hierbei handelt es sich um Anträge zur Vorbereitung der späteren (etwaigen) Zwangsvollstreckung gemäß §§ 724 ff. ZPO.

[48] Die Klagbegründung muss mindestens alle den mit dem Antrag geltend gemachten Anspruch tragenden Tatsachen enthalten. Haben Sie im vorbereitenden Gutachten und/oder dem oben dargestellten Prüfungsblatt die jeweils relevanten Tatsachen zusammengetragen, müssen Sie diese hier nur noch in verständlicher Weise darstellen. Zu jedem Umstand, der nicht sicher unbestritten bleiben wird, gebieten es die allgemeine Prozessförderungspflicht gemäß § 282 Abs. 1 ZPO sowie die anwaltliche Vorsicht, unmittelbar das/die zur Verfügung stehende(n) Beweismittel anzuführen. Die fünf Strengbeweismittel (neben den drei vorstehenden noch Urkundenvorlage und – subsidiär – Parteivernehmung), und ihre jeweilige Art des Beweisantritts sollten bekannt sein. Auch kann die vorsorgliche weitere Konkretisierung des Sachverhaltes geboten sein, wenn insofern Bestreiten des Beklagten zu erwarten ist. Rechtsausführungen müssen nicht erfolgen, können aber etwa zur Klarstellung von besonderen Zuständigkeitsfragen zweckmäßig sein.

[49] Jeder verfahrensbestimmende Anwaltsschriftsatz muss unterschrieben sein, die Klagschrift gemäß §§ 253 Abs. 4, 130 Nr. 6 ZPO.

[50] Bei der Beratung des beklagten Mandanten ist zunächst abzuklären, ob der Klage überhaupt in der Sache entgegengetreten werden soll oder ob er mangels Erfolgsaussicht einer Verteidigung ein kostengünstigeres Versäumnisurteil gegen sich ergehen lassen oder mit der Chance auf eine Kostenentscheidung gemäß § 93 ZPO anerkennen sollte.

[51] Da die Parteien durch die Klagschrift in den Rechtsstreit eingeführt worden sind, genügt in den weiteren Schriftsätzen ein sog. kurzes Rubrum mit den Namen der Parteien.

[52] Hat das Gericht nicht einen frühen ersten Termin gemäß § 275 ZPO bestimmt, sondern das schriftliche Vorverfahren gemäß § 276 ZPO angeordnet, muss der Beklagte binnen der in Abs. 1 geregelten Notfrist (vgl. auch § 233 ZPO) von zwei Wochen seine Verteidigungsbereitschaft anzeigen, um bei entsprechendem Antrag des Klägers das Versäumnisurteil gemäß § 331 Abs. 3 ZPO zu vermeiden. Verteidigungsanzeige und inhaltliche Klagerwiderung können in getrennten Schriftsätzen erfolgen, was in der Praxis häufig geschieht. Die Verteidigungsanzeige ohne Klagabweisungsantrag lässt die Möglichkeit eines sofortigen (Teil-)Anerkenntnisses noch bestehen.

[53] In der Begründung ist alles zu erörtern, was der Zulässigkeit und Begründetheit der Klage entgegenstehen kann. Für vom Kläger darzulegende und zu beweisende Umstände können ggf. „gegenbeweislich" Beweismittel angeboten werden (ebenfalls gebräuchlich: „Beweis (unter Protest gegen die Beweislast")).

[54] Im Falle der Geltendmachung von Einreden und Gegenrechten muss der Beklagte hierzu entsprechend vortragen und Beweis antreten. Das Prüfungsblatt (vgl. Rn. 4) ist gegebenenfalls „von rechts" anzuwenden.

d) Die Widerklage (§ 33 ZPO)

Muster 4: Widerklage

...

In dem Rechtsstreit

Name des Klägers ./. Name des Beklagten [55]

erheben wir für den Beklagten

Widerklage[56]

und werden beantragen,

den Kläger zu verurteilen, an den Beklagten ... € nebst Zinsen ... zu zahlen.[57] ◀

Erläuterungen

[55] Solange mit der Widerklage nicht eine weitere Partei (als Drittwiderbeklagter) eingeführt wird, reicht das kurze Rubrum.

[56] Die Widerklage ist ein Gegenangriff des Beklagten. Sie ist kein Angriffsmittel oder Verteidigungsmittel im Sinne von § 296 ZPO und kann daher grundsätzlich nicht verspätet sein.

[57] Für den Widerklagantrag gelten die für Klaganträge erfolgten Darstellungen entsprechend. Wegen des für die Zulässigkeit der Widerklage gemäß § 33 ZPO erforderlichen Sachzusammenhangs kann eine Begründung geboten sein, wenn dieser nicht unmittelbar ins Auge springt.

e) Einspruch gegen Versäumnisurteil[58]

Muster 5: Einspruch gegen Versäumnisurteil

...

In dem Rechtsstreit

Name des Klägers ./. Name des Beklagten

legen wir namens und in Vollmacht des Beklagten gegen das ihm am ... zugestellte Versäumnisurteil vom ...

Einspruch

ein. Es wird beantragt werden,

das Versäumnisurteil vom ... aufzuheben und die Klage abzuweisen.[59]

(ferner wird – vorsorglich - beantragt, dem Beklagten im Hinblick auf die Versäumung der Einspruchsfrist Wiedereinsetzung in den vorigen Stand zu gewähren.) [60]

... ◀

[58] Kommt der beklagte Mandant mit einem ihm zugestellten Versäumnisurteil, ist zunächst festzustellen, ob noch rechtzeitig hiergegen Einspruch eingelegt werden kann. Die Frist beträgt dabei: gemäß § 339 Abs. 1 ZPO zwei Wochen nach Zustellung an den Mandanten, im Falle des § 310 Abs. 3 ZPO an beide Parteien.

[59] Da durch den Erlass des Versäumnisurteils ein vollstreckbarer Titel vorhanden ist, muss der Antrag entsprechend dahingehend angepasst werden, dass einerseits dieser Titel aufgehoben und sodann die Klage abgewiesen werden soll. Auch der Kläger muss seinen Antrag insoweit anpassen und die Aufrechterhaltung des Versäumnisurteils verlangen.

[60] Kann die Einspruchsfrist nicht mehr eingehalten werden oder ist dies unsicher, ist (bei Unklarheit – vorsorglich –) innerhalb der Frist gemäß § 234 Abs. 1 und 2 ZPO binnen zwei Wochen nach Behebung des Hindernisses für die Einhaltung der Frist Wiedereinsetzung zu beantragen und der Antrag gemäß § 236 Abs. 2 Satz 1 ZPO zu begründen. Die begründenden Tatsachen (Hindernis, unverschuldet, Rechtzeitigkeit des Wiedereinsetzungsantrags) sind glaubhaft zu machen (§ 294 ZPO). Die versäumte Handlung – hier: Einspruch – ist nachzuholen, § 236 Abs. 2 Satz 2 ZPO. Das geschieht durch den „Einspruch".

f) Erledigungserklärung des Klägers[61]

Muster 6: Erledigungserklärung Kläger

...

In dem Rechtsstreit

Name des Klägers ./. Name des Beklagten

erklären wir für den Kläger den Rechtsstreit in der Hauptsache für erledigt/hinsichtlich des Klagantrages zu 2. (in Höhe von ... €) für erledigt.[62]

[61] Die prozessuale Möglichkeit, den Rechtsstreit für erledigt zu erklären, ist Ausdruck des Antragsgrundsatzes im Zivilprozess. Hierdurch wird der Rechtsstreit in der bisherigen Form der Entscheidung des Gerichts entzogen. 12

[62] Da es sich bei der Erledigungserklärung um verfahrensbestimmende Gestaltung handelt, ist diese entsprechend dem Beispiel und nicht als Antrag zu formulieren.

[63] Sofern der Beklagte den Rechtsstreit ebenfalls für erledigt erklärt bzw. nach entsprechender Belehrung gemäß § 91 a Abs. 1 Satz 2 ZPO die dortige Fiktion gegen sich gelten lässt, ist gemäß § 91 a ZPO von Amts wegen zu entscheiden, so dass ein Antrag hier überflüssig wäre. Allerdings sind vorsorglich bereits Gründe für die Kostentragungspflicht gemäß § 91 a

Die Kosten des Rechtsstreits sind (gemäß § 91 a ZPO) dem Beklagten aufzuerlegen, weil die Klage zulässig und begründet war ...[63] ◀

g) Antrag im selbständigen Beweisverfahren (§§ 485 ff. ZPO)[64]

▶ **Muster 7: Antrag im selbständigen Beweisverfahren**

...

Antrag im selbständigen Beweisverfahren

der ...

– Antragstellerin –

...

– Antragsgegner –

... beantragt, gem. §§ 485 ff. ZPO ein schriftliches Sachverständigengutachten über folgende Fragen[65] einzuholen:

Ist die Elektronik des Pkw ..., FahrgestellNr ..., fehlerhaft?

Kann den Daten des Steuergerätes entnommen werden, dass dies bereits bei Übergabe des Pkw an den Kläger im Juni 2009 der Fall war? Wie hoch sind die Kosten der Beseitigung der etwaigen Fehler? ◀

h) Die Streitverkündungsschrift (§§ 72 ff., 68 ZPO)[66]

▶ **Muster 8: Streitverkündungsschrift**

...

In dem Rechtsstreit

Name des Klägers ./. Name des Beklagten

verkündet der Beklagte dem Vorname Nachname, Anschrift[67], den Streit verbunden mit der Aufforderung, dem Rechtsstreit auf Seiten des Beklagten beizutreten.

Begründung

Mit der Klage wird der Beklagte aus ... auf ... in Anspruch genommen. Sollte der Beklagte verurteilt werden, kann er sich aus § 426 Abs. 1 BGB/dem ...vertrag vom ... bei dem Streitverkündeten schadlos halten, weil ...

Erläuterungen

ZPO anzuführen, auch wenn nicht absehbar ist, dass dieser Anwendung finden wird. Auch wenn es bei der einseitigen Erledigungserklärung bleiben sollte, wird es inhaltlich zumindest auch um die gleichen Fragen gehen.

[64] Die Möglichkeit der Durchführung eines selbständigen Beweisverfahrens insbesondere gemäß § 485 Abs. 2 ZPO auch schon vor Anhängigkeit eines Rechtsstreits in der Hauptsache durch Einholung eines Sachverständigengutachtens sollte der Anwalt unbedingt kennen. Hierdurch kann einem drohenden Beweismittelverlust rechtzeitig entgegengewirkt werden. Streiten die Parteien nur um tatsächliche Punkte, kann hierdurch ein u.U. ein aufwändiger Rechtsstreit vermieden werden. Zudem kann gemäß § 204 Abs. 1 Nr. 7 BGB eine Hemmung der Verjährung bewirkt werden.

[65] Es sind genau die Beweisfragen zu stellen, die für einen späteren Prozess die hinreichenden Voraussetzungen für den begehrten Anspruch schaffen können. Wird dies versäumt – das mit dem Antrag befasste Gericht kann den Beschluss nicht ergänzen! –, muss im Hauptsacheprozess ein ergänzendes Gutachten eingeholt werden.
Begründung des Antrags bezüglich der Zuständigkeit des angerufenen Gerichts (§ 486 ZPO) und der Zulässigkeit des Antrags (§ 485 ZPO) sowie Glaubhaftmachung hierzu (§ 487 Nr. 4 ZPO).

[66] Auch die Möglichkeit der Streitverkündung sollte der Anwalt – insbesondere zur Vermeidung seiner eigenen Haftung – stets im Auge haben. Einen Anspruch auf Gewährleistung im Sinne von § 72 Abs. 1 ZPO kann der vom Käufer verklagte Mandant etwa als Verkäufer einer Maschine gegen seinen Lieferanten haben, wenn diese den seitens des Käufers geltend gemachten Mangel bereits beim Erwerb vom Lieferanten hatte. Entsprechend hat der als einer von mehreren dem Kläger zur Verfügung stehenden Gesamtschuldnern allein verklagte Mandant einen möglichen Ausgleichsanspruch aus § 426 Abs. 1 BGB. Schließlich kann sich ein Kläger im Falle des Unterliegens gegen einen vermeintlich Vertretenen gemäß § 179 Abs. 1 BGB schadlos halten. In diesen und ähnlichen Fällen schützt die Bindungswirkung der Streitverkündung vor dem zweimaligen Unterliegen aus Beweislastgründen.

Die Streitverkündungsschrift muss als Schriftsatz gemäß § 73 ZPO die Erklärung enthalten, dass und wem der Streit verkündet wird, und den Grund der Streitverkündung sowie die Lage, in der sich der Rechtsstreit befindet angeben. Die Lage des Rechtsstreits wird in der Praxis durch Übermittlung des bisherigen Akteninhalts mitgeteilt.

Die Lage des Rechtsstreits ergibt sich aus den anliegenden Ablichtungen der Schriftsätze des vorliegenden Rechtsstreits.

... ◀

2. Allgemeine Rechtsmittel [68]

a) Die Berufungsschrift

▶ **Muster 9: Berufungsschrift**

...

An das Landgericht/Oberlandesgericht ...[69]

In dem Rechtsstreit

des ...

Klägers/Beklagten und Berufungsklägers,[70]

– Prozessbevollmächtigte: ... –

gegen

...

Beklagten/Kläger und Berufungsbeklagten,

(– Prozessbevollmächtigte I. Instanz: ... –)

legen wir für den Kläger/den Beklagten die Bevollmächtigung versichernd gegen das am ... verkündete Urteil des Amtsgerichts/Landgerichts ... (Az.: ...), zugestellt am ...,

Berufung

ein.[71]

Eine beglaubigte Abschrift des angefochtenen Urteils ist beigefügt.[72]

Antrag und Begründung werden in einem gesonderten Schriftsatz erfolgen.[73]

... ◀

b) Die Beschwerdeschrift

▶ **Muster 10: Beschwerdeschrift**

In dem Rechtsstreit/Prozesskostenhilfeverfahren/etc.[74]

des ...

Klägers/Beklagten/Antragstellers und Beschwerdeführers[75],

– Prozessbevollmächtigte: ... –

Erläuterungen

[67] Der Streitverkündete kann auf Seiten des Streitverkünders oder der Gegenseite beitreten oder ganz darauf verzichten. Gründe hierfür können sein: Möglichkeit und Zweckmäßigkeit der Einflussnahme auf den Prozess, Kosten, eigene Sicherheit, dass Inanspruchnahme aus anderen Gründen scheitern wird (z.B. Verjährung).

[68] Auf die Darstellung von Formularen für das Revisionsverfahren wird wegen der Beschränkung der Zulassung von Rechtsanwälten zum BGH verzichtet.

[69] Die Berufungsschrift ist gemäß § 519 Abs. 1 ZPO bei dem Berufungsgericht einzureichen. Geschieht dies nicht, droht Versäumung der Berufungsfrist, weil die rechtzeitige Weiterleitung durch das Gericht erster Instanz nicht sicher ist.

[70] Im Rubrum oben steht die Partei, die die Berufung eingelegt hat, mit ihrer ursprünglichen Parteirollenbezeichnung und der neuen Parteirolle der zweiten Instanz, also wenn der Beklagte Berufung eingelegt hat, „Beklagten und Berufungsklägers".

[71] Die Berufungsschrift muss gemäß § 519 Abs. 2 Nr. 1 ZPO die Bezeichnung des Urteils, gegen das die Berufung gerichtet wird, enthalten, sowie die Erklärung, dass gegen dieses Urteil Berufung eingelegt werde. Sie muss von einem bei dem Berufungsgericht zugelassenen Rechtsanwalt unterschrieben sein. Berufungsgericht ist für Entscheidungen des Amtsgerichts gemäß § 72 Satz 1 GVG das Landgericht, für Entscheidungen der Landgerichte das Oberlandesgericht gemäß § 119 Abs. 1 Nr. 2 GVG.

[72] Diese ist zwingend gemäß § 519 Abs. 3 ZPO beizufügen.

[73] Häufig erfolgt die Berufungseinlegung zunächst fristwahrend, um deren Erfolgsaussicht in Ruhe prüfen zu können. Die Berufung ist gemäß § 520 Abs. 1 ZPO zu begründen. Das kann sogleich mit der Berufungseinlegung oder gesondert erfolgen. Um bis zum Ablauf der Berufungsbegründungsfrist gemäß § 520 Abs. 2 Satz 1 ZPO die Entstehung unnötiger Kosten zu vermeiden, weil evtl. die Berufung zurückgenommen wird, erfolgt häufig die Bitte an gegnerischen Prozessbevollmächtigten, sich zunächst nicht zur Akte zu melden, vgl. eingehend *Saenger/Ullrich/Siebert*, § 519, Rn. 27 ff. Für die Begründung stellt § 520 Abs. 3 Satz 2 Ziff. 1 bis 4 ZPO besondere Voraussetzungen auf, ohne deren Einhaltung die Berufung unzulässig ist, vgl. insoweit eingehend *Saenger/Ullrich/Siebert*, § 520, Rn. 22 f.

[74] Gemäß § 567 Abs. 1 ZPO findet die sofortige Beschwerde gegen im ersten Rechtszug ergangene Entscheidungen der Amts- und Landgerichte statt, wenn dies im Gesetz ausdrücklich bestimmt ist oder durch die ohne mündliche Verhandlung mögliche Entscheidung ein das Verfahren betreffendes Gesuch zurückgewiesen wurde.

[75] Da die sofortige Beschwerde gegen eine Vielzahl verschiedener Entscheidungen statthaft ist, ist das Rubrum der Beschwerdeschrift jeweils anzupassen. Z.B. kann gegen einen, ein Ablehnungsgesuch wegen Befangenheit eines Richters zurückweisenden Beschluss gemäß § 46 Abs. 2 ZPO sofortige Beschwerde

gegen

...

Beklagten/Kläger/Antragsgegner und Beschwerdegegner,

(– Prozessbevollmächtigte I. Instanz: ... –)

legen wir für den Kläger/Beklagten/Antragsteller gegen den Beschluss des ... vom ... (Az.: ...)

sofortige Beschwerde

ein.

Begründung

... ◀

Erläuterungen

eingelegt werden. Die regelmäßige Notfrist zur Beschwerdeeinlegung beträgt gemäß § 569 Abs. 1 Satz 1 ZPO zwei Wochen. Gemäß § 567 Abs. 2 ZPO ist die Beschwerde nur zulässig, wenn der Wert des Beschwerdegegenstandes 200 € übersteigt. Das kann etwa bei der sofortigen Beschwerde gemäß § 91 a Abs. 2 Satz 1 ZPO gegen einen § 91a-Beschluss zu beachten sein. Zusätzlich ist diese nur zulässig, wenn in der Hauptsache die Berufungswertgrenze des § 511 ZPO überschritten ist (§ 91 a Abs. 2 Satz 2). Im Prozesskostenhilfeverfahren kann der Antragsteller bei Ablehnung der Prozesskostenhilfe gemäß § 127 Abs. 2 Satz 2 und 3 ZPO sofortige Beschwerde einlegen. In diesem besonderen Fall beträgt die Notfrist zur Einlegung der Beschwerde gemäß § 127 Abs. 2 Satz 3 ZPO einen Monat. Auch hier gilt die Wertgrenze des § 511 ZPO, § 127 Abs. 2 Satz 2 Hs. 2 ZPO.

3. Eilverfahren und vollstreckungsrechtliche Verfahren nach dem 8. Buch der ZPO[76]

[76] Das 8. Buch der ZPO enthält neben den allgemeinen Vorschriften betreffend die Zwangsvollstreckung aus Endurteilen (§§ 704 ff.) und sonstigen Titeln (§§ 794 ff.) sowie den besonderen Vorschriften für die verschiedenen Vollstreckungsverfahren (§§ 803 ff.), auch die Eilverfahren bei drohendem Rechtsverlust.

a) Antrag auf Anordnung des dinglichen/persönlichen Arrestes

▶ **Muster 11: Antrag Arrestanordnung**

An das

Amts-/Landgericht[77]

Arrestantrag

In dem Arrestverfahren

des ...

– Antragsteller –

(Verfahrensbevollmächtigte: ...)[78]

gegen

den ...

– Antragsgegner –

beantrage ich namens und in Vollmacht des Antragstellers (wegen der Dringlichkeit ohne mündliche Verhandlung durch den Vorsitzenden allein)[79],

(a) wegen einer Darlehensforderung des Antragstellers gegen den Antragsgegner in Höhe von ... € nebst Zinsen hieraus in Höhe von ... seit dem ... den dinglichen Arrest in das gesamte Vermögen des Antragstellers anzuordnen.[80]

[77] Arrestgericht ist entweder das Gericht der Hauptsache oder das Amtsgericht, in dessen Bezirk sich der mit dem Arrest zu belegende Gegenstand bzw. die entspr. Person befindet, § 919 ZPO. Auch diese Gerichtsstände sind gemäß § 802 ZPO ausschließlich.

[78] Da das Arrestgesuch auch zu Protokoll der Geschäftsstelle erklärt werden kann (§ 920 Abs. 3 ZPO), kann es auch dann, wenn Arrestgericht ein Gericht mit Anwaltszwang ist, ohne Anwalt gestellt werden (§ 78 Abs. 1 und 3 ZPO). Kommt es aufgrund des Gesuchs zur mündlichen Verhandlung, wird allerdings die Vertretung durch einen Anwalt erforderlich.

[79] Die Entscheidung durch den Vorsitzenden allein ist gemäß § 944 ZPO möglich, wenn die Erledigung des Antrages eine mündliche Verhandlung nicht erfordert. In Sachen, in denen gemäß § 348 Abs. 1 Satz 1 ZPO der originäre Einzelrichter zuständig ist, wird dies nicht praktisch.

[80] Weil der Arrestantrag nur wegen einer Geldforderung oder wegen eines Anspruchs, der in eine Geldforderung übergehen kann, statthaft ist (§ 926 ZPO), muss diese Forderung gegen den Antragsgegner im Antrag genau bezeichnet werden. Durch die Anordnung des dinglichen Arrests kann Vermögen des Schuldners/Antrags-gegners für die etwaige spätere Zwangsvollstreckung wegen der Forderung nach dem Hauptsacheprozess vorläufig gesichert werden. Der weiterhin mögliche persönliche Arrest gegen den Schuldner durch eine Freiheitsbeschränkungen ist ultima ratio, wenn der dingliche Arrest nicht ausreicht (vgl. § 918 ZPO).

(b) in Vollziehung des Arrestes die Forderung des Antragsgegners gegen den ... in Höhe von ... € bis zu einem Höchstbetrag von ... € zu pfänden[81] und dem Antragsgegner aufzugeben, sich jeder Verfügung über die Forderung zu enthalten sowie dem Drittschuldner aufzugeben, nicht mehr an den Antragsgegner zu leisten.

Es wird gebeten, dem Antragsteller zu meinen Händen zwei Ausfertigungen des Arrestbefehls zu erteilen.[82]

Begründung[83]

Dem Antragsteller steht gegen den Antragsgegner ein Anspruch auf Kaufpreiszahlung für ihm gelieferte Hosen zu.

Glaubhaftmachung[84]: Vorlage von Lieferschein und Rechnung

Der Antragsgegner hat die Absicht geäußert, sein ganzes Vermögen zu verkaufen und den Erlös verspielen zu wollen.

Glaubhaftmachung: Eidesstattliche Versicherung des ...[85]

Unterschrift, Rechtsanwalt ◀

b) Antrag auf Erlass einer einstweiligen Verfügung[86]

▶ **Muster 12: Antrag einstweilige Verfügung**

...

An das

Amtsgericht/Landgericht

...

Antrag auf Erlass einer einstweiligen Verfügung

In dem einstweiligen Verfügungsverfahren

des ...

Antragstellers,

(– Verfahrensbevollmächtigter: ... –)

gegen

Antragsgegner,

(wegen Herausgabe zur Sicherstellung)

(vorläufiger) Streitwert: ... €[87]

Erläuterungen

[81] Im Eilverfahren ist der Anwalt stets auch mit der Vollstreckung der sichernden Anordnung befasst. Zur Beschleunigung ist es zulässig und zweckmäßig, die Vollziehung gleichzeitig zu beantragen. Die Vorschriften über die Zwangsvollstreckung sind entsprechend anzuwenden, soweit nicht die §§ 929 ff. ZPO Abweichendes bestimmen. Das Arrestgericht ist gemäß § 930 Abs. 1 ZPO für die Vollziehung des Arrestes durch Pfändung zuständig. Die Pfändung erfolgt nach den allgemeinen Grundsätzen (§§ 829 ff. ZPO), allerdings findet eine Überweisung gemäß § 835 ZPO nicht statt, da es im Eilverfahren grds. nur um Sicherung, nicht um Befriedigung geht.

[82] Dies erleichtert die Zustellung, die die Partei gemäß §§ 929 Abs. 3 Satz 2, 829 Abs. 2 Satz 1 ZPO selbst bewirken muss.

[83] Die Begründung muss zu den Voraussetzungen des Arrestanspruchs (der in der Durchsetzung gefährdeten Geldforderung) und des Arrestgrundes (Besorgnis der Vereitelung oder Erschwerung der Vollstreckung, § 917 Abs. 1 ZPO) Ausführungen enthalten.

[84] An die Stelle des Strengbeweises tritt die Glaubhaftmachung gemäß § 294 ZPO. Gemäß Abs. 1 kommt zu den Strengbeweismitteln die eidesstattliche Versicherung als Mittel der Glaubhaftmachung hinzu, auch als Gegenglaubhaftmachung. Nach Abs. 2 sind nur präsente Mittel der Glaubhaftmachung zulässig.

[85] Die Erstellung einer formal korrekten eidesstattlichen Versicherung muss beherrscht werden. Dem Eingangssatz betreffend die Bedeutung der eidesstattlichen Versicherung folgt die inhaltliche Erklärung des Versichernden. Vgl. das Muster bei *Saenger/Ullrich/Siebert*, § 294, Rn. 1.

[86] Die einstweilige Verfügung ist ein zweites mögliches Eilverfahren in den Fällen, in denen es nicht um die Sicherung der Durchsetzung von Geldforderungen geht. Die Sicherungsverfügung (§ 935 ZPO) dient dabei der Verhinderung einer Veränderung, die die Gefahr der Vereitelung der Verwirklichung eines Rechts begründen würde, die Regelungsverfügung (§ 940 ZPO) regelt einen einstweiligen Zustand in Bezug auf ein streitiges Rechtsverhältnis zur Abwendung wesentlicher Nachteile oder zur Verhinderung drohender Gewalt. Die dritte Fallgruppe, die Leistungsverfügung, ist nur in besonderen Fällen zulässig, in denen ausnahmsweise aus besonderen Gründen vom Verbot der Vorwegnahme der Hauptsache durch das Eilverfahren abgesehen werden kann. Z.B. Besitzschutzanspruch aus § 861 BGB oder vorläufige Leibrentenzahlung bis zur Entscheidung in der Hauptsache.

[87] Die Streitwertangabe ist auch in Eilverfahren dann zweckmäßig, wenn sie zur Bestimmung der Zuständigkeit, hier des für den Erlass der einstweiligen Verfügung gemäß § 937 Abs. 1 ZPO zuständigen Gerichts, erforderlich ist.

An dieser Stelle soll zudem auf die besondere Zuständigkeit des Amtsgerichts der belegenen Sache gemäß § 942 Abs. 1 ZPO hingewiesen werden. Wird dieses angerufen, bestimmt es im Falle des Erlasses der beantragten einstweiligen Verfügung eine Frist, innerhalb der die Ladung des Gegners zur mündlichen Verhandlung über die Rechtmäßigkeit der

beantrage ich namens und in Vollmacht des Antragstellers – wegen Dringlichkeit ohne mündliche Verhandlung durch den Vorsitzenden allein – im Wege der einstweiligen Verfügung:

dem Antragsgegner aufzugeben, den Pkw Toyota MR2, Fahrgestell-Nr. GHV948727, sowie die zugehörigen drei Fahrzeugschlüssel und Fahrzeugbrief zur Verwahrung an den Gerichtsvollzieher, hilfsweise an einen vom Gericht zu bestellenden Sequester herauszugeben;[88]

Begründung[89]

... ◀

c) Widerspruchsschrift gemäß § 924 bzw. §§ 924, 935 ZPO und besondere Anträge (z.B. § 926 f. ZPO)

▶ **Muster 13: Widerspruch**

...

erheben wir namens und mit Vollmacht des Antragsgegners

Widerspruch[90]

gegen den/die am ... erlassene(n) und am ... zugestellte(n) Arrestbefehl/einstweilige Verfügung.

Im Termin zur mündlichen Verhandlung werden wir beantragen,

den Arrestbefehl/die einstweilige Verfügung vom ... aufzuheben und den Antrag auf seinen/ihren Erlass zurückzuweisen.[91]

(Hilfsweise wird beantragt,

dem Antragsteller (gemäß § 926 Abs. 1 ZPO) aufzugeben, binnen einer vom Gericht zu bestimmenden Frist Klage zu erheben.)[92]

(Bereits vorab beantragen wir,

die Vollziehung des Arrestes/der einstweiligen Verfügung mit sofortiger Wirkung ohne – notfalls gegen – Sicherheitsleistung einzustellen.)[93]

Begründung

...[94] ◀

Erläuterungen

einstweiligen Verfügung bei dem Gericht der Hauptsache zu beantragen ist. Wird der Antrag beim Amtsgericht der belegenen Sache aus praktischen Gründen gestellt, kommt es stets zum Nachverfahren vor dem Gericht der Hauptsache. Der Anwalt kann die Zweckmäßigkeit des Antrages anstelle eines solchen direkt beim Gericht der Hauptsache erörtern müssen.

[88] Der Inhalt des beispielhaften Antrages wegen der Sicherung eines Herausgabeanspruchs spiegelt die Vorläufigkeit und die Vermeidung der Vorwegnahme der Herausgabe dadurch wider, dass diese an einen Gerichtsvollzieher, hilfsweise Sequester begehrt wird. Zu weiteren Mustern vgl. *Saenger/Ullrich/Siebert*, §§ 935 ff.; sowie *Beck'sches Prozessformularbuch*, I.R. 4, 7 bis 12.

[89] Zur Begründung des Antrags ist zum Verfügungsanspruch und zum Verfügungsgrund (Eilbedürftigkeit) vorzutragen. Im Falle der Leistungsverfügung auch zu den Gründen für die Ausnahme vom Verbot der Vorwegnahme der Hauptsache.

[90] Sowohl im Arrest- als auch im einstweiligen Verfügungsverfahren kann das Gericht durch Beschluss entscheiden. In diesem Fall steht dem Antragsgegner die Möglichkeit des Widerspruchs gemäß § 924 bzw. §§ 924, 935 ZPO zu. In der Anwaltsklausur kann für den Antragsgegner als Mandanten die Möglichkeit des Widerspruchs zu prüfen und die Widerspruchsschrift zu entwerfen sein.

[91] Der Antragsgegner beantragt die Aufhebung des durch Beschluss erlassenen Arrestbefehls bzw. der einstweiligen Verfügung in Anpassung an die gegebene verfahrensmäßige Situation. Der Antragsteller wird Bestätigung des Antrags gemäß § 925 Abs. 2 ZPO beantragen.

[92] Es handelt sich hier um eine Möglichkeit, entweder gemäß § 926 Abs. 1 ZPO die Durchführung des Hauptsacherechtsstreits zu erzwingen oder gemäß § 926 Abs. 2 ZPO im Falle der Nichtdurchführung des Hauptsacherechtsstreits durch einen weiteren Antrag die Aufhebung des Arrestes/der einstweiligen Verfügung durch Endurteil mit entsprechend günstiger Kostenfolge zu erreichen.

[93] Da der Widerspruch keine die Vollziehung hemmende Wirkung hat (§ 924 Abs. 3 Satz 1 ZPO), besteht die Möglichkeit, dass das Gericht gemäß §§ 924 Abs. 3 Satz 2, 707 Abs. 1 Satz 1, ggf. i.V.m. § 936 ZPO die Vollziehung ohne oder gegen Sicherheitsleistung vorläufig einstellt.

[94] Zur Begründung des Widerspruchs müssen Ausführungen dazu erfolgen, weshalb der Arrest-/Verfügungsanspruch und/oder der Arrest-/Verfü-

Erläuterungen

gungsgrund nicht bestehen bzw. nicht glaubhaft gemacht worden sind.

d) Vollstreckungsabwehrklage gemäß § 767 ZPO

Muster 14: Vollstreckungsabwehr- sowie Titelgegenklage

...[95]

...gericht ...[96]

die Zwangsvollstreckung aus dem am ... verkündeten Urteil des ...gerichts ... (Az.: ...) für unzulässig zu erklären.

Begründung

...[97]

[95] Auch hier folgt die Klagschrift den allgemeinen Regeln, jedoch drehen sich die Parteirollen im Verhältnis zu dem ursprünglichen Rechtsstreit um: der ursprüngliche Beklagte wird zum Kläger, der ursprüngliche Kläger wird zum Beklagten. Zu 88: Die Überschrift lautet „**Vollstreckungsabwehrklage gemäß § 767 ZPO**".

[96] Das Gericht des ersten Rechtszuges ist gemäß §§ 767 Abs. 1, 802 ZPO ausschließlich zuständig.

[97] Da mit der Vollstreckungsabwehrklage nur bestimmte, nach Rechtskraft des streitgegenständlichen Urteils entstandene Einwendungen geltend gemacht werden können (§ 767 Abs. 2 ZPO) und diese nicht nachgeschoben werden dürfen (§ 767 Abs. 3 ZPO.), muss die Begründung bereits alle zulässigen Einwendungen enthalten.

e) Drittwiderspruchsklage gemäß § 771 ZPO[98]

Muster 15: Drittwiderspruchsklage

...

...gericht ...[99]

gegen[100]

1. den ...,

Beklagten zu 1.,

2. den ...

Beklagten zu 2.,

...

(1) die Zwangsvollstreckung aus dem am ... verkündeten Urteil des ...gerichts ... (Az.: ...) in den Gabelstapler RIMIN 304, Bau-Nr. 756KLP, für unzulässig zu erklären.

(2) den Beklagten zu 2. zu verurteilen, den Gabelstapler RIMIN 304, Bau-Nr. 756KLP, an den Kläger herauszugeben.[101]

Begründung

Der Beklagte zu 2.) wurde durch das o.g. Urteil verurteilt, ... Der Beklagte zu 1.) betreibt aus diesem Urteil die Zwangsvollstreckung ... Jedoch ist der Kläger Eigentümer des o. g. Gabelstaplers ...[102]

[98] Auch die Drittwiderspruchsklage ist wie die Vollstreckungsabwehrklage grundsätzlich eine normale Klage, die zur Verdeutlichung in der Überschrift aber als „**Drittwiderspruchsklage gemäß § 771 ZPO**" bezeichnet wird. Sie führt als besonderer prozessualer Einstieg in der Referendarausbildung häufig zur materiellrechtlichen Prüfung von Eigentumsverhältnissen.

[99] § 771 Abs. 1 ZPO bestimmt i.V.m. § 802 ZPO die ausschließliche örtliche Zuständigkeit des Gerichts, in dessen Bezirk die Zwangsvollstreckung stattfindet.

[100] Die Klage kann gemäß § 771 Abs. 2 ZPO zugleich gegen Gläubiger und Schuldner des Ursprungsrechtsstreits bzw. im Zwangsvollstreckungsverfahren gerichtet werden.

[101] Der Antrag zu 1. muss den Gegenstand der Vollstreckung, an dem der Kläger ein der Zwangsvollstreckung entgegenstehendes Recht zu haben meint, genau bezeichnen. Neben dem Antrag zu 1. kann etwa zugleich von demjenigen, der die Sache in Besitz hat, die Herausgabe verlangt werden (§ 260 ZPO). Zusätzlich kann noch Vollstreckungsschutz gemäß §§ 771 Abs. 3, 769, 770 ZPO begehrt werden.

[102] In der Begründung muss die Vollstreckungssituation dargelegt werden, gegen die sich die Klage richtet. Die weitere Darstellung muss das mit der Klage geltend gemachte Recht des Klägers schlüssig darlegen.

Erläuterungen

f) Vollstreckungserinnerung gemäß § 766 Abs. 1 ZPO[103]

▶ **Muster 16: Vollstreckungserinnerung**

...

An das

Amtsgericht ...

– Vollstreckungsgericht –[104]

In der Zwangsvollstreckungssache

Name ./. Name

lege ich namens und im Auftrag des ...

gegen die Pfändung des ... durch den Gerichtsvollzieher ... (Az.: ...)[105]

Erinnerung

ein.

Begründung

Der Gerichtsvollzieher ... hat im Rahmen der Zwangsvollstreckung aus dem Urteil des ...gerichts ... vom ... (Az.: ...) den/die/das ... gepfändet.

Die Pfändung des ... war jedoch unzulässig, weil ...[106]

... ◀

[103] Mit der Vollstreckungserinnerung können Einwendungen gegen das Vollstreckungsverfahren („die Art und Weise der Zwangsvollstreckung") erhoben werden. Diese können insbesondere die regelmäßigen formellen Voraussetzungen für den Beginn der Zwangsvollstreckung (Titel gemäß §§ 704 oder 794 ZPO, Klausel gemäß §§ 724 ff. ZPO, Zustellung gemäß § 750 ZPO) sowie die Einhaltung der für die jeweilige besondere Art der Zwangsvollstreckung einzuhaltende Verfahren (z.B. gemäß §§ 829 ff. ZPO für die Pfändung geltenden Vorschriften einschließlich der Einhaltung der Pfändungsschutzvorschriften.) betreffen. Die sichere Abgrenzung von Einwendungen i.S.v. § 766 Abs. 1 ZPO gegenüber § 767 ZPO ist wichtig. In einer Anwaltsklausur sind diese Einwendungen im Gutachten voneinander zu trennen und nur die jeweils zulässigen in der entsprechenden Antragsschrift darzulegen.

[104] Ausschließlich zuständig ist gemäß § 802 ZPO das Vollstreckungsgericht. Vollstreckungsgericht ist gemäß § 764 Abs. 2 ZPO regelmäßig das Amtsgericht, in dessen Bezirk das Vollstreckungsverfahren stattfinden soll oder stattfindet.

[105] Im Antrag ist die konkret angegriffene Vollstreckungsmaßnahme genau zu bezeichnen, im Übrigen ist ein präziser Antrag bezüglich der vom Gericht begehrten Entscheidung nicht erforderlich.

[106] In der Darstellung der zulässigen Einwendungen werden in Klausuren Kenntnisse über das Vollstreckungsverfahren abgefragt.

g) Sofortige Beschwerde gemäß § 793 ZPO[107]

▶ **Muster 17: Sofortige Beschwerde**

... [108]

In dem Rechtsstreit/Prozesskostenhilfeverfahren/etc.[109]

des ...

Klägers/Beklagten/Antragstellers und Beschwerdeführers[110],

– Prozessbevollmächtigte: ... –

gegen

...

Beklagten/Kläger/Antragsgegner und Beschwerdegegner,

(– Prozessbevollmächtigte I. Instanz: ... –)

legen wir für den Kläger/Beklagten/Antragsteller gegen den Beschluss des ... vom ... (Az.: ...)

[107] Gemäß § 793 ZPO ist gegen Entscheidungen, die im Zwangsvollstreckungsverfahren ohne mündliche Verhandlungen ergehen können, die sofortige Beschwerde gemäß § 567 ZPO statthaft. Das betrifft Beschlüsse (nicht jedoch Urteile i.R.v. §§ 767, 771 ZPO), mit Ausnahme derer, gegen die die Erinnerung gemäß § 766 ZPO statthaft ist.

[108] Schriftsatz beginnt wie in Muster 1 mit dem Anwaltsbriefkopf und der Gerichtsanschrift.

[109] Gemäß § 567 Abs. 1 ZPO findet die sofortige Beschwerde gegen im ersten Rechtszug ergangene Entscheidungen der Amts- und Landgerichte statt, wenn dies im Gesetz ausdrücklich bestimmt ist oder durch die ohne mündliche Verhandlung mögliche Entscheidung ein das Verfahren betreffendes Gesuch zurückgewiesen wurde.

[110] Da die sofortige Beschwerde gegen eine Vielzahl verschiedener Entscheidungen statthaft ist, ist das Rubrum der Beschwerdeschrift jeweils anzupassen. Z.B. kann gegen einen, ein Ablehnungsgesuch wegen Befangenheit eines Richters zurückweisenden Beschluss gemäß § 46 Abs. 2 ZPO sofortige Beschwerde eingelegt werden. Die regelmäßige Notfrist zur Beschwerdeeinlegung beträgt gemäß § 569 Abs. 1 Satz 1 ZPO zwei Wochen. Gemäß § 567 Abs. 2 ZPO ist die Beschwerde nur zulässig, wenn der Wert des Beschwerdegegenstandes 200 € übersteigt. Das kann

Erläuterungen

sofortige Beschwerde

ein.

Begründung

... ◀

etwa bei der sofortigen Beschwerde gemäß § 91 a Abs. 2 Satz 1 ZPO gegen einen § 91a-Beschluss zu beachten sein. Zusätzlich ist diese nur zulässig, wenn in der Hauptsache die Berufungswertgrenze des § 511 ZPO überschritten ist (§ 91 a Abs. 2 Satz 2). Im Prozesskostenhilfeverfahren kann der Antragsteller bei Ablehnung der Prozesskostenhilfe gemäß § 127 Abs. 2 Satz 2 und 3 ZPO sofortige Beschwerde einlegen. In diesem besonderen Fall beträgt die Notfrist zur Einlegung der Beschwerde gemäß § 127 Abs. 2 Satz 3 ZPO einen Monat. Auch hier gilt die Wertgrenze des § 511 ZPO, § 127 Abs. 2 Satz 2 Hs. 2 ZPO.

III. Schreiben an Mandanten/Gegner/ gegnerischen Bevollmächtigten[111]

▶ Muster 18: Anwaltliches Schreiben

...

Herrn/Herrn Rechtsanwalt ...[112]

Anschrift

Datum

Mein Az: ....   Ihr Schreiben vom ...[113]

Sehr geehrte/r ...,

1. Schreiben an den Mandanten

Bezug nehmend auf Ihr/Ihren ... vom ... teile ich Ihnen folgendes mit:[114]

...

2. Schreiben an den Gegner oder gegnerischen Bevollmächtigten

wird namens und in Vollmacht, unter Bezugnahme auf die beigefügte Originalvollmacht[115], für ... der

Rücktritt

von dem ...vertrag vom ... erklärt.

...

Unterschrift, Rechtsanwalt ◀

[111] In der Praxis, aber auch in der Anwaltsklausur, kann ein Schreiben (nicht „Schriftsatz", siehe Rn. 14) an den Mandanten, seinen Gegner bzw. dessen außergerichtlich bereits bevollmächtigten Vertreter zu fertigen sein.

[112] Ob eine an den Gegner gerichtete Erklärung diesem persönlich oder an dessen Bevollmächtigten zu richten ist, hängt davon ab, ob der Bevollmächtigte existiert und bekannt ist. Ist das der Fall, ist die Erklärung an den Bevollmächtigten zu richten, um den Vertretungsauftrag des Gegners zu respektieren.

[113] Wie in geschäftlichen Schreiben stets üblich, ist in irgendeiner Form der Gegenstand des Schreibens (Betreff, worum es geht) stichwortartig sowie der Anknüpfungspunkt (Bezug, worauf man antwortet bzw. reagiert) zu nennen.

[114] Inhalt der Mitteilung an den Mandanten kann das Ergebnis der gutachterlichen Prüfung der Erfolgsaussichten des Mandantenbegehrens mit kurzer verständlicher Begründung sein. Soweit sich verschiedene Möglichkeiten ergeben haben, ist dem Mandanten im Hinblick auf die von ihm genannten Prioritäten zu einer Möglichkeit zu raten und dieser Rat unter Darstellung seiner Vor- und Nachteile zu begründen.

[115] Werden für den Mandanten gegenüber dem Gegner gestaltende, gemäß § 130 BGB zugangsbedürftige. Willenserklärungen (Rücktritt, Kündigung, (Ab)Mahnung, Anfechtung usw.) abgegeben, ist wegen § 174 Satz 1 BGB unbedingt eine Originalvollmacht beizufügen. Unterbleibt dies und weist der Gegner oder dessen Bevollmächtigten die Erklärung aus diesem Grund unverzüglich zurück, ist sie unwirksam. Kann wegen der Unwirksamkeit eine Frist nicht mehr eingehalten werden, begründet das die eigene Haftung. Das Risiko, die Kenntnis der Bevollmächtigung nach Satz 2 nachweisen zu müssen, sollte der vorsichtige Anwalt vermeiden.

Erläuterungen

C. Gerichtliche Entscheidungen

I. Das erstinstanzliche Zivilverfahren

1. Der Prozesskostenhilfebeschluss[116]

[116] Erstinstanzliche Zivilverfahren beginnen häufig mit der Stellung eines Prozesskostenhilfeantrages i.S.d. §§ 114 ff. ZPO. Ist lediglich Prozesskostenhilfe (PKH) unter Beifügung eines Klagentwurfs beantragt bzw. die Klage von der Bewilligung der PKH anhängig gemacht worden, ist zunächst nur über diese zu entscheiden. Gemäß § 14 Nr. 1 GKG entfällt durch die Bewilligung von PKH die Voraussetzung des § 12 Abs. 1 Satz 1 GKG, dass eine Klage nur nach Zahlung der Verfahrensgebühr zugestellt wird.

a) Ablehnung von Prozesskostenhilfe

Muster 19: Ablehnungsbeschluss Prozesskostenhilfe

Az.: ...

Beschluss[117]

In dem Prozesskostenhilfeverfahren[118]

des Minderjährigen ..., vertreten durch seine Eltern A. und B ..., Anschrift[119],

– Antragsteller –

– Verfahrensbevollmächtigte: Rechtsanwälte ... in ... –

gegen

Frau ..., Anschrift,

– Antragsgegnerin –

– Verfahrensbevollmächtigte: Rechtsanwälte ... in ... –[120]

hat ... das ...gericht ... durch ... am ...[121]

beschlossen:

Der Antrag des Antragstellers auf Bewilligung von Prozesskostenhilfe (vom ...) wird zurückgewiesen.[122]

Gründe[123]

I.

Unter dem 19. Februar 2010 hat der Antragsteller die Bewilligung von Prozesskostenhilfe für folgende Anträge beantragt: ...

II.[124]

Die Voraussetzungen für die Bewilligung von Prozesskostenhilfe liegen nicht vor. Gemäß § 114 Satz 1 ZPO erhält eine Partei, die nach ihren per-

[117] Die Entscheidung ergeht ohne mündliche Verhandlung durch Beschluss (vgl. §§ 127 Abs. 1 Satz 1, 128 Abs. 4 ZPO). Dem Aktenzeichen folgt als Überschrift lediglich „Beschluss“.

[118] Über den Prozesskostenhilfeantrag wird in dem vom Rechtsstreit getrennt zu betrachtenden „Prozesskostenhilfeverfahren“ entschieden.

[119] Da eine Zustellungen an den Vertretungsberechtigten erfolgen muss (§ 170 ZPO), kommt es unbedingt auf dessen Anschrift an. Möglich ist es auch, jeweils die Anschrift der Partei und ihres Vertreters zu nennen.

[120] Zu den übrigen Parteibezeichnungen vgl. den entspr. Antrag in Muster 1 mit Anm. 21 bis 27.

[121] Das entscheidende Gericht, Spruchkörper des Gerichts sowie Datum der Beschlussfassung müssen nicht unbedingt in das Rubrum aufgenommen werden. Diese Informationen können auch unter dem Beschluss angefügt werden. Die Gleichförmigkeit mit dem Urteil erleichtert jedoch die praktische Umsetzung. Die für die eine Entscheidung erlernte Form kann für die andere Entscheidungsform ebenfalls genutzt werden. Zu den Einzelheiten bezüglich der genauen Benennung von Gericht und Spruchkörper vgl. die Darstellung des zivilgerichtlichen Urteils.

[122] Ein PKH-Antrag wird zurückgewiesen. Achten Sie auf die richtige Formulierung.

[123] Die Begründung von Beschlüssen wird üblicherweise mit „Gründe“ überschrieben. Die Gründe können hinsichtlich Sachverhaltsdarstellung und anschließender rechtlicher Würdigung lediglich noch in Abschnitt I. und II. unterteilt werden. In der Praxis wird häufig von einer gesonderten Sachverhaltsdarstellung abgesehen und sogleich mit dem unter II. Dargestellten begonnen.

[124] Der vorstehende Formulierungsvorschlag steht wie auch alle übrigen Formulare in dem Bemühen, die Begründung, soweit im vorliegenden Rahmen möglich, im klaren Urteilsstil darzustellen, die für eine gute Referendararbeit, sei es in der Ausbildung, sei es in der Prüfung, unentbehrlich ist. Die konsequente Darstellung im Urteilsstil ist für den Leser verständlicher und sie diszipliniert die eigenen Gedanken. Am Anfang steht das Gesamtergebnis, hier der Umstand, dass der Antrag zurückzuweisen ist. Sodann werden unter ausdrücklicher Bezugnahme auf die genau zitierten Normen die notwendigen gesetzlichen Voraussetzungen dargestellt. Dem schließt sich der

sönlichen und wirtschaftlichen Verhältnissen die Kosten der Prozessführung nicht, nur zum Teil oder nur in Raten aufbringen kann, auf Antrag Prozesskostenhilfe, wenn die beabsichtigte Rechtsverfolgung hinreichende Aussicht auf Erfolg bietet und nicht mutwillig erscheint. Diese Voraussetzungen liegen hier nicht/nicht alle/nur zum Teil vor.

Zwar ist der Antragsteller bedürftig im Sinne von § 115 ZPO ...

Jedoch hat die von ihm beabsichtigte Rechtsverfolgung des Antragstellers keine Aussicht auf Erfolg. Denn ...

Das Verfahren ist gerichtsgebührenfrei; Kosten werden nicht erstattet (§ 118 Abs. 1 Satz 4 ZPO).[125]

Unterschrift(en) ◀

b) Tenor bei der Bewilligung von Prozesskostenhilfe

▶ **Muster 20: Tenor Bewilligung Prozesskostenhilfe**

Name des Antragstellers ./. Name des Antragsgegners[126]

... beschlossen:

Der Antragstellerin wird Prozesskostenhilfe bewilligt.[127]

Ihr wird Rechtsanwalt ... in ... (zu den Sätzen eines ortsansässigen Rechtsanwaltes) beigeordnet.[128]

(Die Zahlung monatlicher Raten[129] in Höhe von ... € wird angeordnet.)[130] ◀

Erläuterungen

Zwischensatz über deren Vorliegen an. Anschließend erfolgt die Darstellung zu den einzelnen Voraussetzungen jeweils getrennt. Wiederum hat jede Einzeldarstellung ein Teilergebnis am Anfang, „Der Antragsteller ist bedürftig" etc.

Die Ergebnisse zu den einzelnen Voraussetzungen sind sodann wiederum auf der Grundlage der einschlägigen Normen und unter Subsumtion des Sachverhalts in der nächsten Argumentationsstufe darzustellen. So müssen zu § 115 ZPO die Voraussetzungen dargestellt und bejaht oder verneint werden. In diesem Rahmen sind dann etwaige Anspruchsgrundlagen und deren Voraussetzungen darzustellen.

[125] Es handelt sich hier um einen schlichten Hinweis bzgl. der Kosten des Verfahrens, eine Kostenentscheidung i.e.S. gibt es nicht.

[126] Beim bewilligenden PKH-Beschluss reicht das sog. kleine Rubrum „Name des Antragstellers ./. Name des Antragsgegners" aus.

[127] Die Bewilligung hat neben der Wirkung des § 14 Nr. 1 GKG die in § 122 ZPO geregelten Wirkungen.

[128] Zur Beiordnung siehe schon Muster 1 Anm. 28. Der Zusatz in Klammern erfolgt zur Vermeidung erhöhter Kosten, wenn die Partei ohne Not einen Bevollmächtigten wählt, der nicht am Gerichtssitz zugelassen ist, vgl. § 121 Abs. 4 ZPO.

[129] Die Anordnung von Ratenzahlungen gemäß § 120 ZPO sowie Berechnung der Ratenzahlung gemäß § 115 ZPO ist praktisch äußerst bedeutsam, im Examen kaum.

[130] Wird PKH zwar in der Sache für alle beabsichtigten Anträge bewilligt, jedoch mit der Anordnung von Ratenzahlungen, ist hinsichtlich dieser Anordnung eine Begründung erforderlich. Im Übrigen muss die Bewilligung von PKH nicht begründet werden.

c) Tenor bei teilweiser Bewilligung von Prozesskostenhilfe

▶ Muster 21: Tenor teilweise Bewilligung von Prozesskostenhilfe

...[131]

... beschlossen:

Der Antragstellerin wird Prozesskostenhilfe bewilligt, soweit mit der Klage ...; im übrigen wird der Antrag zurückgewiesen.[132]

...[133]

Gründe

...[134] ◀

Erläuterungen

[131] Rubrum wie Muster 19 mit Anm. 118 bis 121.

[132] PKH kann für die im Klagentwurf enthaltenen Anträge bzw. beim Antrag des Beklagten hinsichtlich der beabsichtigten Rechtsverteidigung auch nur teilweise bewilligt und im Übrigen abgelehnt werden. Entsprechend differenziert ist zu tenorieren.

[133] Bzgl. Beiordnung und Ratenzahlung s.o. Muster 1 Anm. 28 und Muster 20 Anm. 130.

[134] Nur soweit für bestimmte Anträge oder einen Teil eines Antrages PKH abgelehnt wird, ist dies zu begründen.

2. Der Beweisbeschluss[135]

a) Der bloße Beweisbeschluss

▶ Muster 22: Beweisbeschluss

Az.: ...

Beweisbeschluss

In dem Rechtsstreit/selbständigen Beweisverfahren[136]

Name des Klägers ./. Name des Beklagten[137]

hat das ... am .../auf die mündliche Verhandlung vom ...[138]

beschlossen:

I. Es soll Beweis erhoben werden über folgende Behauptungen

1. des Klägers,
   a) das ihm von dem Beklagten veräußerte Kfz sei bei Übergabe mangelhaft gewesen; der Rahmen sei so verzogen gewesen, dass das Fahrzeug nicht mehr verkehrssicher sei;
   b) ...
2. der Beklagten

...[139]

durch Vernehmung folgender Zeugen:

(1) Vorname Nachname, (Anschrift) Bl. d. A., vom Kläger benannt zu 1. a)

...

[135] Beweisbeschlüsse können einfach oder in Verbindung mit Hinweisen oder einem Vergleichsvorschlag gemäß § 278 Abs. 6 ZPO erlassen werden. Die Form des Beweisbeschlusses ist recht frei. Sie folgt inhaltlich im Wesentlichen den sachlichen Erfordernissen.

[136] Beweisbeschlüsse können in einem laufenden Rechtsstreit oder im Rahmen eines selbständigen Beweisverfahrens ergehen. Im laufenden Rechtsstreit kann das Gericht gemäß § 139 ZPO durch Hinweise oder gemäß § 144 Abs. 1 ZPO durch die Anordnung einer Augenscheinseinnahme oder der Begutachtung durch einen Sachverständigen auf den Inhalt des Beweisbeschlusses Einfluss nehmen, im selbständigen Beweisverfahren nicht.

[137] Da keine Vollstreckung aus dem Beschluss erfolgt, reicht ein kurzes Rubrum aus.

[138] Der Beschluss kann als Beschluss gemäß § 358 a ZPO oder in der mündlichen Verhandlung ergehen. Wird er in einem der mündlichen Verhandlung nachfolgenden Verkündungstermin verkündet, ergeht er „auf die mündliche Verhandlung vom", § 329 Abs. 1 ZPO. Dies wird in der Praxis nicht immer klar beachtet.

[139] Der inhaltliche Aufbau des Beweisbeschlusses wird durch die entscheidungserheblichen streitigen Behauptungen der Parteien und die hierfür jeweils gegebene Beweislast bestimmt. Nur wer dies inhaltlich sicher beherrscht (Tatsachen-Rechtsansichten, unstreitig-streitig), kann einen sauberen Beweisbeschluss entwerfen. Nur über Tatsachen kann Beweis erhoben werden, nur streitige Tatsachen sind beweisbedürftig. An dieser Stelle soll daher wieder an das oben vorgestellte Prüfungsblatt erinnert werden. Hat man dieses für alle relevanten rechtlichen Voraussetzungen zusammengestellt, kann man daraus die im Beweisbeschluss aufzunehmenden Punkte entnehmen.

(3) Vorname Nachname, (Anschrift) Bl. d. A., vom Beklagten gegenbeweislich benannt zu 1 a) sowie zu 2.[140]

II. Jede Partei hat für die von ihr benannten Zeugen innerhalb von 2 Wochen einen Auslagenvorschuss von je 200,00 €[141] einzuzahlen oder eine Gebührenverzichtserklärung des Zeugen beizubringen.

III. Termin zur Fortsetzung der mündlichen Verhandlung und ggf. Durchführung der Beweisaufnahme wird nach Ablauf der unter Ziff. II. genannten Frist anberaumt werden.[142] ◄

Erläuterungen

[140] Nach der Benennung der streitigen Tatsachen folgt die Aufzählung der angebotenen Beweismittel, die so dargestellt werden, dass die Zuordnung zwischen Tatsache und Beweisantritt sowie des jeweiligen Beweisführers deutlich gemacht wird. Spätestens hier bemerkt man, ob für jeden Zeugen eine ladungsfähige Anschrift mitgeteilt worden ist, vgl. §§ 373, 403, 420 f., 445 Abs. 1 ZPO.

[141] Gemäß § 17 Abs. 1 GKG soll die Vornahme der Handlung von der vorherigen Zahlung eines zur Deckung der Auslagen hinreichenden Vorschusses abhängig gemacht werden, wenn diese mit Auslagen verbunden sind, und zwar von demjenigen, der die Handlung beantragt hat.

[142] Würde der Auslagenvorschuss nicht fristgerecht eingezahlt werden, würde gemäß Ziff. III. lediglich Termin ohne die Ladung der benannten Zeugen anberaumt. Wenn im Falle der verspäteten Zahlung eine rechtzeitige Ladung der Zeugen nicht mehr möglich ist, kann das Beweisangebot gemäß § 296 Abs. 2 ZPO ggf. wegen unentschuldigter Verspätung zurückgewiesen werden.

b) Der Hinweis- und Beweisbeschluss

► **Muster 23: Hinweis- und Beweisbeschluss**

Az.: ...

Hinweis- und Beweisbeschluss

...beschlossen:

I. Der Kläger/Die Beklagte/Die Parteien wird/werden darauf hingewiesen, dass ...[143]

II. Es soll Beweis erhoben werden über folgende Behauptungen ... ◄

[143] In einem kombinierten Beschluss können prozessleitende Hinweise zur Sach- und Rechtslage erfolgen. In einem solchen Hinweis kann das Gericht klarstellen, von welchem Sachverhalt es nach seiner vorläufigen Einschätzung ausgeht bzw. erforderlichenfalls zur Klarstellung unklaren Parteivortrags auffordern. Der Adressat eines Hinweises richtet sich ebenfalls nach der nach dem materiellen Recht jeweils gegebenen Darlegungs- und Beweislast. Auch an dieser Stelle kann die sorgfältige Verwendung des oben dargestellten Prüfungsblattes (Anm. 4) der Formulierung eines klaren Hinweises dienen.

3. Das Zivilurteil[144]

a) Rubrum[145]

(1) Landgerichtliches Urteil

► **Muster 24: Rubrum Urteil Landgericht**

Az.:...

Landgericht Kiel

Urteil

Im Namen des Volkes[146]

In dem Rechtsstreit

des Herrn ..., Anschrift,

– Kläger –[147]

– Prozessbevollmächtigte: Rechtsanwälte Hinze und Partner in ... –

gegen

[144] Das Zivilurteil ist **die** Entscheidungsform in der zivilrechtlichen Ausbildung. Sie in ihren gemäß § 313 ZPO erforderlichen verschiedenen Elementen zu beherrschen ist eine wesentliche Voraussetzung für den Erfolg im Examen.

[145] Am Anfang des Urteils steht das Rubrum, dessen Erstellung für das Examen ausreichend eingeübt werden muss. Es besteht aus der Einhaltung bloßer Formalien etwa je nach Übung eines Gerichtsbezirks einerseits sowie andererseits aus den gemäß § 313 Abs. 1 Nr. 1 bis 3 ZPO erforderlichen Daten vom Aktenzeichen bis zum Eingang für die Tenorierung „für Recht erkannt:".

[146] Nach dem Aktenzeichen und der Nennung des Gerichts wird bei den meisten Gerichten vor, gelegentlich auch nach der aus § 311 Abs. 1 ZPO folgenden weiteren Überschrift „Im Namen des Volkes" die Art des erlassenen Urteils bezeichnet. Das Endurteil i.S.d. § 300 Abs. 1 ZPO heißt „Urteil", ferner kann es sich z.B. um ein Teilurteil (§ 301 ZPO), ein Vorbehaltsurteil (§ 302 ZPO), ein Zwischenurteil (§§ 303, 304 ZPO) oder ein Verzichts- und Anerkenntnisurteil (§§ 306, 307 ZPO) handeln. Letzteres kann auch in der Form des Teil-Verzichts- oder Teil-Anerkenntnisurteils auftreten.

die DreiMann GmbH, vertreten durch den Geschäftsführer ..., Anschrift,

– Beklagte –

– Prozessbevollmächtigte: Rechtsanwälte Kunze und Kollegen in ... –

(Herr ..., Anschrift,

Streithelfer,)[148]

hat die .... Zivilkammer des Landgerichts Kiel[149] durch die Richterin am Landgericht ... als Einzelrichterin/durch den Vorsitzenden Richter am Landgericht Müller, die Richterin am Landgericht Meier und den Richter Schulze[150]

auf die mündliche Verhandlung vom .../im schriftlichen Verfahren gemäß § 128 Abs. 2 ZPO mit Schriftsatzfrist bis zum ...[151]

für Recht erkannt: ◀

(2) Amtsgerichtliches Urteil

▶ **Muster 25: Rubrum Urteil Amtsgericht**

Az.: ...

Amtsgericht Kiel

Urteil

Im Namen des Volkes

In dem Rechtsstreit

des Herrn ..., Anschrift,

Klägers,

(– Prozessbevollmächtigte: Rechtsanwalt Hinze in ... –)[152]

gegen

1. Frau ..., Anschrift,

Beklagte zu 1.,

2. Herrn ..., Anschrift,

Beklagten zu 2.,[153]

(– Prozessbevollmächtigte zu 1. und 2.[154]: Rechtsanwalt ... in ... –)

hat das Amtsgericht Kiel[155] durch die Richterin am Amtsgericht ...[156] auf die mündliche Verhandlung vom ...

für Recht erkannt: ... ◀

Erläuterungen

[147] Zu den grundlegenden Parteibezeichnungen vgl. oben Muster 2 Anm. 33 bis 35.

[148] Sofern eine der Parteien des Rechtsstreits einem Dritten gemäß §§ 72 ff. ZPO den Streit verkündet hat **und** dieser auf der einen oder anderen Seite dem Rechtsstreit beigetretenen ist, ist er formal am Rechtsstreit beteiligt und wird im Rubrum als Streithelfer hinter der Partei aufgeführt, auf deren Seite er beigetreten ist.

[149] Sodann folgt die Bezeichnung des Gerichts (§ 313 Abs. 1 Nr. 2) einschließlich des konkreten Spruchkörpers, hier ist die jeweilige Zivilkammer i.S.v. §§ 60, 71 GVG zu nennen.

[150] Gemäß § 313 Abs. 1 Nr. 2 ZPO sind auch die Richter zu bezeichnen, die an der Entscheidung mitgewirkt haben und den Spruchkörper bilden, und zwar regelmäßig mit ihrem Titel. Das kann am Landgericht der Einzelrichter gemäß §§ 348 f. ZPO oder die Kammerbesetzung gemäß § 75 GVG sein (vgl. auch §§ 21fm, 21 g GVG).

[151] Gemäß § 313 Abs. 1 Nr. 3 ZPO ist der Tag der letzten mündlichen Verhandlung zu nennen. Im schriftlichen Verfahren tritt an dessen Stelle die nach Zustimmung der Parteien gemäß § 128 Abs. 2 Satz 2 ZPO gesetzte Frist.

[152] Da in zivilrechtlichen Streitigkeiten vor den Amtsgerichten gemäß § 23 GVG kein Anwaltszwang besteht (§ 78 Abs. 1 Satz 1 ZPO) kann die Angabe von Prozessbevollmächtigten ganz entfallen. Denkbar ist grundsätzlich auch das Auftreten eines Bevollmächtigten, der nicht Rechtsanwalt ist, wenn er gemäß § 79 Abs. 2 Satz 2 ZPO zu den vertretungsberechtigten Personen gehört.

[153] Gemäß §§ 59, 60 ZPO können mehrere Personen als Streitgenossen gemeinschaftlich klagen oder verklagt werden. Sofern Streitgenossen am Rechtsstreit beteiligt sind, werden sie nacheinander mit laufender Nummerierung aufgeführt. Die Nummerierung erfolgt sowohl vor den individuellen Parteidaten als auch bei der Bezeichnung der Parteirollen, im obigen Beispiel: Beklagte zu 1. und Beklagter zu 2.

[154] Werden Streitgenossen von demselben Prozessbevollmächtigten vertreten, wird dieser nach beiden Streitgenossen aufgeführt. Mit dem Zusatz „... zu 1. und 2." wird die Vertretung beider Parteien klargestellt. Haben die Streitgenossen verschiedene Prozessbevollmächtigte, werden diese jeweils in der gewohnten Form nach der jeweiligen Partei aufgeführt.

[155] Den Amtsgerichten stehen gemäß § 22 Abs. 1 GVG Einzelrichter vor. Es existieren keine Spruchkörper i.S.v. § 21 g Abs. 1 GVG wie bei den Land- und Oberlandesgerichten (dort werden Kammern bzw. Senate gebildet). Deshalb genügt die bloße Bezeichnung des entscheidenden Amtsgerichts. Zuweilen ist es üblich, mit Spiegelstrichen die tätige Abteilung hinzuzusetzen (- 12. Abteilung -).

[156] Der mitwirkende Richter wird wiederum mit seinem Titel aufgeführt. Nicht zu erwähnen ist hier die Funktion des Richters (Richter auf Probe) bzw. des Richters am Amtsgericht in der mündlichen Verhandlung, die er „als Vorsitzender" i.S.v. § 136 Abs. 1 ZPO leitet. Unterscheiden Sie stets Amt und Funktion!

Erläuterungen

(3) Klage und Widerklage

▶ Muster 26: Rubrum Klage und Widerklage

...

In dem Rechtsstreit

des Herrn ..., Anschrift,

Klägers und Widerbeklagten,[157]

(– Prozessbevollmächtigte: ... –)

gegen

Frau ..., Anschrift,

Beklagte und Widerklägerin,

... ◀

[157] Im Falle der Entscheidung über Klage und Widerklage ist das Rubrum entsprechend um die zusätzliche Parteirolle zu ergänzen. Im weiteren Verlauf des Urteils taucht die doppelte Parteirollenbezeichnung nicht mehr auf. Der Kläger und Widerbeklagte wird nur noch als „Kläger", die Beklagte und Widerbeklagte nur noch als Beklagte bezeichnet. Erhebt bei beklagten Streitgenossen nur einer der Streitgenossen Widerklage gegen den Kläger, wird dieser zum „Beklagten zu 1. und Widerkläger", der „Beklagte zu 2." bleibt so stehen. Die Erhebung der Widerklage auch gegen einen bislang Unbeteiligten als „Drittwiderbeklagten" ist zulässig. Beispiel hierfür ist die Haftpflichtversicherung des an einem Verkehrsunfall beteiligten Klägers, die der beklagte Unfallgegner neben dem Kläger mit der Widerklage mitverklagt.

b) Tenor[158]

[158] Nach dem Rubrum folgt gemäß § 313 Abs. 1 Nr. 4 ZPO die „Urteilsformel", der sog. Tenor, der üblicherweise optisch eingerückt wird. Er besteht in der Regel aus drei Teilen, nämlich dem Tenor zur Hauptsache, der Kostenentscheidung und der Entscheidung über die vorläufige Vollstreckbarkeit. Weitere Entscheidungen wie z.B. die Zulassung der Berufung gemäß § 511 Abs. 4 ZPO können hinzukommen.

(1) Klagabweisung

▶ Muster 27: Tenor Klageabweisung

Die Klage wird abgewiesen.[159]

Die Kosten des Rechtsstreits hat der Kläger zu tragen.[160]

Das Urteil ist vorläufig vollstreckbar.[161] Der Kläger kann die Vollstreckung abwenden durch Sicherheitsleistung in Höhe von 110 % des aufgrund des Urteils vollstreckbaren Betrages, wenn nicht der Beklagte vor der Vollstreckung Sicherheit in Höhe von 110 % des jeweils zu vollstreckenden Betrages leistet./ Das Urteil ist vorläufig vollstreckbar gegen Sicherheitsleistung in Höhe von 110 % des jeweils zu vollstreckenden Betrages.[162] ◀

[159] Der klagabweisende Tenor weist keine besonderen Probleme auf.

[160] Die Entscheidung über die Prozesskosten muss gemäß § 308 Abs. 2 ZPO von Amts wegen ergehen. Die volle Kostenlast beruht auf § 91 Abs. 1 Satz 1 ZPO. Wegen alternativer Formulierungsmöglichkeiten bzgl. der Kostenentscheidung vgl. die nachfolgenden Beispiele, in denen weitere mögliche Varianten formuliert sind.

[161] Gemäß §§ 708, 709 ZPO sind die dort aufgeführten Urteile für vorläufig vollstreckbar zu erklären. Ob dies ohne oder mit Sicherheitsleistung erfolgt, hängt von der Art des Urteils ab.

[162] Die Entscheidung über die vorläufige Vollstreckbarkeit beim klagabweisenden Urteil hängt gemäß § 708 Nr. 1 Alt. 2 ZPO von der Höhe der durch den Beklagten vollstreckbaren Kosten ab, weil diese allein vollstreckbar sind. Betragen diese bis zu 1.500 €, sind sie ohne Sicherheitsleistung vorläufig vollstreckbar und gemäß § 711, 709 Satz 2 ZPO ist die Befugnis zur Abwendung der Vollstreckung durch den Kläger als Vollstreckungsschuldner zu tenorieren. Übersteigen die Kosten 1.500 €, ist das Urteil wie vorstehend gemäß § 709 Satz 1 und 2 ZPO gegen Sicherheitsleistung für vorläufig vollstreckbar zu erklären. Hier sind beide Möglichkeiten nacheinander dargestellt.

Erläuterungen

(2) Stattgebendes Zahlungsurteil

▶ **Muster 28: Tenor stattgebendes Zahlungsurteil**

Der Beklagte wird verurteilt, an den Kläger 7.600,00 € zu zahlen.[163]

Die Kosten des Rechtsstreits werden dem Beklagten auferlegt.

Das Urteil ist gegen Sicherheitsleistung in Höhe von 110 % des jeweils zu vollstreckenden Betrages vorläufig vollstreckbar.[164] ◀

[163] Auch die Verurteilung zur Zahlung ist leicht zu formulieren.

[164] Vorläufige Vollstreckbarkeit gegen Sicherheitsleistung durch Verhältnisbestimmung i.S.v. § 709 Satz 1 und 2 ZPO, weil in der Hauptsache die Verurteilung 1.250 € übersteigt (§ 708 Nr. 11 Alt. 1 ZPO).

(3) Stattgebendes Herausgabeurteil

▶ **Muster 29: Tenor stattgebendes Herausgabeurteil**

Der Beklagte wird verurteilt, an den Kläger die Micropumpe Sidona, Gerätenummer XY987, herauszugeben.[165]

Der Beklagte trägt die Kosten des Rechtsstreits.

Das Urteil ist gegen Sicherheitsleistung in Höhe von 9.000,00 €[166] vorläufig vollstreckbar. ◀

[165] Vgl. Muster 2 Anm. 7 zum entsprechenden Antrag. Da mit dem Urteil nunmehr der Vollstreckungstitel geschaffen wird, muss der herauszugebende Gegenstand hinreichend bestimmt sein. Was für das Examen bzgl. des Antrages gelernt wird, gilt genauso für den Tenor. Diese sind im Idealfall identisch.

[166] Beim Herausgabeanspruch ist § 709 Satz 2 ZPO nicht anwendbar, weil nicht „wegen einer Geldforderung zu vollstrecken ist". Die Höhe der Sicherheitsleistung ist an dem möglichen Schadensersatzanspruch des § 717 Abs. 2 Satz 1 ZPO zu orientieren.

(4) Stattgebendes Feststellungsurteil

▶ **Muster 30: Tenor stattgebendes Feststellungsurteil**

Es wird festgestellt, dass der Kläger Eigentümer der Micropumpe Sidona, Gerätenummer XY987, ist.

Der Beklagte hat die Kosten des Rechtsstreits zu tragen.

Das Urteil ist wegen der Kosten vorläufig vollstreckbar. ...[167] ◀

[167] Da der Feststellungstenor nicht vollstreckbar ist, kann der Kläger nur wegen der Kosten vollstrecken. Die vorläufige Vollstreckbarkeit richtet sich je nach Höhe der Kosten nach § 708 Nr. 11 Alt. 2 oder 709 Satz 1 und 2 ZPO. Es ist wie Muster 27 Anm. 4 auf die eine oder andere Weise zu formulieren.

(5) Teilweise Stattgabe und teilweise Klagabweisung

▶ **Muster 31: Tenor teilweise Stattgabe und teilweise Abweisung**

Der Beklagte wird verurteilt, an den Kläger 5.000,00 € zu zahlen. Im Übrigen wird die Klage abgewiesen.[168]

Die Kosten des Rechtsstreits tragen der Kläger zu 1/3, der Beklagte zu 2/3.[169]

Das Urteil ist vorläufig vollstreckbar[170] für den Kläger gegen Sicherheitsleistung in Höhe von 110 % des jeweils zu vollstreckenden Betrages.

[168] Hat die Klage mit ihrem Antrag nur zum Teil Erfolg, so darf die „Klagabweisung im Übrigen" nicht vergessen werden, auch nicht in der Eile der Prüfung, weil die mit der Klage anhängig gemachten Anträge vollständig zu „bescheiden" sind. Wird bei einem Urteil tatsächlich ein von einer Partei geltend gemachter Haupt- oder Nebenanspruch oder Kostenpunkt übergangen, so ist das Urteil gemäß § 321 ZPO auf Antrag durch nachträgliche Entscheidung zu ergänzen.

[169] Die verhältnismäßige Kostenteilung bei teilweisem Obsiegen und Unterliegen beruht regelmäßig auf § 92 Abs. 1 Satz 1 Alt. 2 ZPO.

[170] Bei teilweisem Obsiegen und Unterliegen sind zwei Entscheidungen über die vorläufige Vollstreckbarkeit zu treffen, weil beide Seiten sowohl Vollstreckungsgläubiger als auch Vollstreckungsschuldner sind. Beide Richtungen sind je für sich zu betrachten.

ERLÄUTERUNGEN

Der Kläger kann die Vollstreckung abwenden durch Sicherheitsleistung in Höhe von 110 % des aufgrund des Urteils vollstreckbaren Betrages, wenn nicht der Beklagte vor der Vollstreckung Sicherheit in Höhe von 110 % des jeweils zu vollstreckenden Betrages leistet. ◀

Hier gilt für die Vollstreckung durch den Kläger wegen der Zahlung, die höher ist als 1.250 € § 709 Satz 1 und 2 ZPO. Die Vollstreckung durch den Beklagten wegen 2/3 seiner Kosten liegt bei einem zugrundeliegenden Gesamtstreitwert von 7.500 € unter der Grenze des § 708 Nr. 11 Alt. 2 ZPO, weshalb hier eine Abwendungsbefugnis gemäß § 711 ZPO zu formulieren ist.

(6) Klage und Widerklage jeweils teilweise stattgebend

▶ **MUSTER 32: TENOR TEILWEISE STATTGEBENDE KLAGE UND WIDERKLAGE**

Der Beklagte wird verurteilt, an den Kläger 3.000,00 € zu zahlen. Der Kläger wird auf die Widerklage verurteilt, an den Beklagten den Pkw Toyota MR2, Fahrgestell-Nummer GHV948727, herauszugeben. Im Übrigen werden Klage und Widerklage abgewiesen.[171]

Die Kosten des Rechtsstreits werden gegeneinander aufgehoben.[172]

Das Urteil ist vorläufig vollstreckbar für den Kläger gegen Sicherheitsleistung in Höhe von 110 % des jeweils zu vollstreckenden Betrages, für den Beklagten in Höhe von 12.000 €.[173] ◀

[171] Lauteten die ursprünglichen Anträge von Klage und Widerklage auf mehr als im positiven Teil des Tenors enthalten, sind beide „im Übrigen" abzuweisen.

[172] Ist der Wert des gegenseitigen Obsiegens und Unterliegens (annähernd) gleich (vgl. hierzu auch § 92 Abs. 2 Nr. 1 ZPO), können die Kosten statt sie zu teilen nach § 92 Abs. 1 Satz 1 Alt. 1 ZPO gegeneinander aufgehoben werden. In Folge der Kostenaufhebung werden die Gerichtskosten geteilt (§ 92 Abs. 1 Satz 2 ZPO), die außergerichtlichen Kosten trägt jedoch jede Partei selbst.

[173] Bei Kostenaufhebung kann/können nur die Hauptsacheentscheidung(en) sowie der Anspruch des Klägers auf Erstattung der Hälfte der vorgeschossenen Gerichtskosten vollstreckt werden. Die außergerichtlichen Kosten spielen keine Rolle, weil sie von jeder Partei selbst zu tragen sind. Hieran orientieren sich die Entscheidung über die vorläufige Vollstreckbarkeit hinsichtlich Kläger und Beklagten. Betreffend den Herausgabeanspruch des Beklagten findet hier § 709 Satz 1 ZPO (nicht auch Satz 2!) Anwendung.

(7) Urteile nach Einspruch gegen ein Versäumnisurteil[174]

[174] Urteile nach Einspruch gegen ein Versäumnisurteil sind davon geprägt, dass mit dem Versäumnisurteil bereits ein vorläufig vollstreckbarer Titel „in der Welt" ist. Damit muss man sicher umgehen können. Auch das Versäumnisurteil (VU) hat drei Entscheidungen im Tenor: 1. Der Beklagte wird verurteilt, an den Kläger ... € zu zahlen. 2. Der Beklagte hat die Kosten des Rechtsstreits zu tragen. 3. Das Urteil ist vorläufig vollstreckbar. Die Entscheidung zu 3. beruht auf § 708 Nr. 2 ZPO. Die Abwendungsbefugnis gemäß § 711 ZPO entfällt.

(a) Das Versäumnisurteil bleibt bestehen

▶ **MUSTER 33: TENOR AUFRECHTERHALTENES VERSÄUMNISURTEIL**

Das Versäumnisurteil vom ... wird aufrechterhalten.[175]

Der Beklagte trägt auch die weiteren Kosten des Rechtsstreits.[176]

Das Urteil ist vorläufig vollstreckbar. Dem Beklagten wird nachgelassen, die Vollstreckung durch Sicherheitsleistung in Höhe von 110 % des aufgrund des Urteils vollstreckbaren Betrages abzuwenden, wenn nicht der Kläger vor der Vollstreckung Sicher-

[175] § 343 Satz 1 ZPO gibt die Formulierung vor: Soweit die neue Entscheidung mit der in dem VU enthaltenen Entscheidung übereinstimmt, ist auszusprechen, dass diese Entscheidung „aufrechtzuerhalten" ist, mehr nicht!

[176] Die Aufrechterhaltung der Entscheidung im VU bezieht die darin zu 2. enthaltene Kostenentscheidung (siehe Rn. 98) mit ein. Deshalb muss nur noch nach § 91 Abs. 1 Satz 1 ZPO über die weiteren Kosten entschieden werden.

[177] Über die vorläufige Vollstreckbarkeit ist neu zu entscheiden. Sie richtet sich nach den allgemeinen Regeln der §§ 708, 709 ZPO. Liegt die Verurteilung im VU im Rahmen des § 708 Nr. 11 Alt. 1 ZPO, bleibt es bei der vorläufigen Vollstreckbarkeit ohne Sicherheitsleistung, liegt sie darüber, ist § 709 Satz 1 (und 2) anzuwenden und – nur dann – gemäß § 709

Erläuterungen

heit in Höhe von 110 % des jeweils zu vollstreckenden Betrages leistet./Das Urteil ist vorläufig vollstreckbar gegen Sicherheitsleistung in Höhe von 110 % des jeweils zu vollstreckenden Betrages. Die Vollstreckung aus dem Versäumnisurteil darf nur gegen Leistung dieser Sicherheit fortgesetzt werden.[177] ◀

Satz 3 ZPO (wie vorstehend) über die Fortsetzung der Vollstreckung aus dem VU zu entscheiden.

(b) Das Versäumnisurteil wird aufgehoben

▶ **Muster 34: Tenor aufgehobenes Versäumnisurteil**

Das Versäumnisurteil vom ... wird aufgehoben und die Klage abgewiesen.[178]

Der Kläger hat die Kosten des Rechtsstreits zu tragen.[179]

Das Urteil ist vorläufig vollstreckbar ...[180] ◀

[178] Auch wenn sich das VU im Ergebnis als falsch erweist, gibt § 343 Satz 1 und 2 ZPO den Tenor vor: Der Titel muss „aus der Welt", d.h. aufgehoben werden. In einem zweiten Schritt muss dann über den wieder offenen Klagantrag entschieden werden.

[179] Über die Kosten ist nach Aufhebung des VU insgesamt neu zu entscheiden.

[180] Die Entscheidung über die vorläufige Vollstreckbarkeit ist je nach Sachlage wie oben dargestellt neu zu treffen.

(c) Teilweises Aufrechterhalten und teilweises Aufheben

▶ **Muster 35: Tenor teilweise aufrechterhaltenes Versäumnisurteil**

Das Versäumnisurteil vom ... wird aufrechterhalten, soweit der Beklagte verurteilt worden ist, an den Kläger 90.000,00 € zu zahlen. Im Übrigen werden das Versäumnisurteil vom ... aufgehoben und die (weitergehende) Klage abgewiesen.[181]

Von den Kosten des Rechtsstreits tragen der Kläger 30 % und der Beklagte 70 %.[182]

Das Urteil ist vorläufig vollstreckbar gegen Sicherheitsleistung in Höhe von 110 % des jeweils zu vollstreckenden Betrages. Die Vollstreckung aus dem Versäumnisurteil darf nur gegen Leistung dieser Sicherheit fortgesetzt werden.[183] ◀

[181] In Kombination von Aufrechterhaltung und Aufhebung des VU ist dies entsprechend dem Beispiel zu formulieren. Wegen der Rangerhaltung etwaiger Vollstreckungsmaßnahmen aufgrund des VU (§§ 776, 775 Nr. 1 ZPO) sollte eine Formulierung, die das VU gänzlich aufhebt und den Tenor inhaltlich insgesamt neu fasst, vermieden werden (vgl. *Thomas/Putzo*, § 343, Rn. 3).

[182] Bei der kombinierten Entscheidung ist die Kostenentscheidung – nicht ganz logisch, aber allein praktisch – anerkannter Maßen insgesamt neu zu fassen.

[183] Für die vorläufige Vollstreckbarkeit gilt in beiden Richtungen § 709 Satz 1 und 2 ZPO, weil jeweils die eine oder andere Grenze des § 708 Nr. 11 ZPO überschritten ist. § 709 Satz 3 ZPO betrifft nur den Kläger.

(8) Stufenklage

(a) Teilurteil über Auskunft[184]

▶ **Muster 36: Teilurteil**

Az ...

...[185]

Der Beklagte wird verurteilt, dem Kläger über ... Auskunft zu erteilen.

[184] Das zweite Teilurteil über die Versicherung der Richtigkeit und Vollständigkeit der Auskunft an Eides statt (vgl. Muster 2 Anm. 13) fällt in der Praxis häufig weg.

[185] Im Rubrum ist das erste Urteil über den bestehenden Auskunftsanspruch als „Teilurteil" zu bezeichnen (vgl. Muster 24 Anm. 146). Allgemein zur Stufenklage vgl. oben Muster 2 Anm. 42 bis 44, mit Verweisen zu verschiedenen Auskunftsansprüchen und deren Formulierung in Antrag und entsprechendem Tenor. Der Vorbehalt der Kostenentscheidung

Die Kostenentscheidung bleibt dem Schlussurteil vorbehalten.

Das Urteil ist gegen Sicherheitsleistung in Höhe von ... € vorläufig vollstreckbar.[186] ◀

(b) Schlussurteil (nur bzgl. 3. Stufe)

▶ **Muster 37: Tenor Schlussurteil**

Der Beklagte wird verurteilt, an den Kläger die goldene Uhr, Marke Rolex, Seriennr. FTG234, sowie das Sparbuch Nr. 5324 der Fördesparkasse (aus dem Nachlass des am 9.8.2008 verstorben Name) herauszugeben.[187]

...[188] ◀

c) Tatbestand

(1) Tatbestand im Allgemeinen

▶ **Muster 38: Tatbestand**

Tatbestand[189]

Der Kläger begehrt von dem Beklagten die Räumung und Herausgabe eines von dem Beklagten gemieteten Wohnhausgrundstückes sowie Zahlung von Miete.[190]

Der Beklagte mietete mit Mietvertrag vom ... von dem Kläger das in der X-Straße in 12345 Musterhausen belegene Wohnhaus. Die monatliche Miete beträgt 1.000 €. ...

Der (Formular-)Mietvertrages lautet auszugsweise wie folgt:

§ 4 „Die Aufrechnung durch den Mieter ist ausgeschlossen."

Seit dem Januar 2010 zahlte der Beklagte keine Miete mehr. ...[191]

(Der Kläger behauptet, § 4 des Mietvertrages sei mit dem Beklagten ausführlich besprochen und gesondert vereinbart worden.)[192]

(Der Kläger meint, bei der in § 4 enthaltenen Bestimmung handele es sich um eine Individualvereinbarung.)[193] Hierzu behauptet er, ...[194]

Der Kläger beantragt,

Erläuterungen

folgt aus dem Grundsatz, dass über die Kosten grundsätzlich einheitlich zu entscheiden ist.

[186] § 709 Satz 1 ZPO ist anzuwenden. § 708 Nr. 11 ZPO setzt eine „vermögensrechtliche Streitigkeit" voraus, die bei der Auskunft nicht vorliegt. Deshalb handelt es sich um ein „anderes Urteil" i.S.v. § 709 Satz 1 ZPO. Die Höhe der Sicherheit richtet sich nach dem Aufwand des Auskunftsverpflichteten.

[187] Über den zwischenzeitlich aufgrund der Auskunft konkretisierten Leistungsantrag ist nach den allgemeinen Grundsätzen zu entscheiden.

[188] Über die Kosten und die vorläufige Vollstreckbarkeit ist ebenfalls nach den allgemeinen Grundsätzen zu entscheiden. Bei der Kostenentscheidung sind die erste und ggf. zweite Stufe zu berücksichtigen.

[189] Nach dem Tenor folgt gemäß § 313 Abs. 1 Nr. 5 ZPO der Tatbestand, der im Urteil als solcher zu überschreiben ist. Zum Inhalt vgl. auch § 313 Abs. 2 ZPO.

[190] Im Einleitungssatz soll der Streitgegenstand knapp dargestellt werden. Die an „wer begehrt von wem was?" orientierte Formulierung ist meist zielführend. Die Erwähnung des einschlägigen Rechtsgebietes ist ggf. für die Zuständigkeitsbestimmung des Gericht und des Berufungsgerichts praktisch.

[191] Die weitere Darstellung beginnt mit dem unstreitigen wesentlichen Sachverhalt sprachlich im Imperfekt. Dieser müsste aus den Prüfungsblättern (vgl. Anm. 4) ohne weiteres zusammengestellt werden können. Willenserklärungen, die Gegenstand von Auslegung oder Würdigung sein können, sind auszugsweise zu zitieren.

[192] Nach dem unstreitigen Sachverhalt wird üblicherweise der streitige Klägervortrag dargestellt. Dieser sollte regelmäßig auf die für die Schlüssigkeit der Klage relevanten Fakten beschränkt werden, die sie auf Ihr Prüfungsblatt (Rn. 4) übertragen haben. In Prüfungsarbeiten fehlt es nicht selten überhaupt an streitigem Vortrag, weil es nur um einen einfachen Sachverhalt und zu klärende Rechtsfragen geht.

[193] Rechtsansichten sind nur dann darzustellen, wenn sie für das Verständnis des Rechtsstreits unentbehrlich sind. Das ist in Klausuren selten. Um den Tatbestand auch aus Zeitgründen knapp zu halten, sollten die Rechtsmeinungen weggelassen und vielmehr in den Entscheidungsgründen angesprochen werden.

[194] Sofern man Rechtsansichten darstellt, kann man hierfür relevante streitige Tatsachen mit der vorgeschlagenen Formulierung gut in Bezug zu der Rechtsansicht setzen.

Erläuterungen

den Beklagten zu verurteilen,

1. das in der X-Straße in 12345 Musterhausen belegene Wohnhaus zu räumen und an ihn1 herauszugeben,
2. an ihn 5.000,00 € nebst Zinsen in Höhe von fünf Prozentpunkten über dem jeweiligen Basiszinssatz auf 1.000,00 € seit dem 5. Januar 2010, auf weitere 1.000,00 € seit dem 4. Februar 2010, auf weitere ... zu zahlen.

Der Beklagte beantragt,

die Klage abzuweisen.[195]

(Der Beklagte behauptet, ...)[196]

(Der Beklagte meint, ...)

Das Gericht hat Beweis[197] erhoben durch Vernehmung der Zeugen ... und ... sowie durch Einholung eines schriftlichen Sachverständigengutachtens. Wegen des Inhalts und des Ergebnisses[198] der Beweisaufnahme wird auf den Beweisbeschluss vom ..., (Bl. ... d. A.), das schriftliche Gutachten des Sachverständigen Dipl.-Ing. Schubert (Bl. ... d. A.) sowie das Protokoll der mündlichen Verhandlung vom ..., (Bl. ... d. A.) Bezug genommen.[199]

Die Klageschrift/Der Schriftsatz vom ... ist am ... dem ... zugestellt worden.[200] ◀

[195] Die Anträge sind gemäß § 313 Abs. 2 Satz 1 ZPO hervorzuheben.

[196] Streitiger Beklagtenvortrag ist nur darzustellen, wenn es sich um qualifiziertes Bestreiten oder um vom Kläger wiederum bestrittenen Vortrag des Beklagten, für den dieser darlegungs- und beweispflichtig ist, handelt.

[197] Regelmäßig abschließend erfolgt die Darstellung der Prozessgeschichte sprachlich im Perfekt, soweit Wesentliches wie etwa eine Beweisaufnahme (BA) stattgefunden hat. Dieser Punkt kann auch ganz entfallen.

[198] Der „Inhalt" der BA meint das Beweisthema, das „Ergebnis" meint den Ertrag der BA, also das Gutachten, die Zeugenaussagen usw. Die sorgfältige Darstellung enthält beides.

[199] Die konkrete Bezugnahme auf einzelne Schriftsätze, Protokolle und andere Unterlagen sieht § 313 Abs. 2 Satz 2 ZPO ausdrücklich vor. Die allgemeine ergänzende Bezugnahme hinsichtlich des Sach- und Streitstandes auf die zwischen den Parteien gewechselten Schriftsätze nebst Anlagen ist zwar in der Praxis üblich, in der Prüfung sollte sie jedoch vermieden werden.

[200] Die Erwähnung der Zustellung von Schriftsätzen ist dann erforderlich, wenn sie für den Eintritt einer Rechtsfolge Bedeutung hat (vgl. Prüfungsblatt, Anm. 4). Wenn in einem Antrag „... Zinsen ab Rechtshängigkeit" verlangt werden, ist das z.B. der Fall.

(2) Klage und Widerklage

▶ **Muster 39: Tatbestand Widerklage**

Tatbestand

Die Parteien streiten um wechselseitige Ansprüche[201] aus zwei Kaufverträgen über Pumpen. (Der Kläger begehrt Zahlung eines Kaufpreises, der Beklagte Gewährleistung).

Der Beklagte kaufte am 7.9.2009 eine Masterpumpe ECO-Tec I, SerienNr. SDF0275, zum Kaufpreis von 5.500,00 €. Ferner kaufte er am 15.10.2009 eine Masterpumpe ECO-Tec III, SerienNr. AEF0265, zum Kaufpreis von 10.500,00 €.[202]

[201] Der Einleitungssatz bei Klage und Widerklage kann mit der Formulierung „streiten um wechselseitige Ansprüche aus ..." im Regelfall gut auf den Punkt gebracht werden. Aber auch hier kann im Einzelfall die „Wer begehrt was von wem?"-Darstellung klarer sein.

[202] Bei der Darstellung des Tatbestandes bei Klage und Widerklage ist der unstreitige Sachverhalt soweit möglich insgesamt voranzustellen. Sofern dies nicht möglich ist, etwa weil der mit der Widerklage geltend gemachte Anspruch auf einem gänzlich anderen Lebenssachverhalt beruht, der aber dennoch innerhalb der Grenze des § 33 ZPO liegt, kann man auch zunächst alles wie gewohnt zur Klage darstellen, und zwar bis zum streitigen Beklagtenvortrag (vgl. dazu weiter unten Anm. 207).

[203] Soweit möglich und verständlich, ist sämtlicher streitiger Vortrag des Klägers zu Klage und Widerklage vor seinem Klagantrag darstellen.

Der Kläger behauptet, ...[203]

Der Kläger beantragt, ...[204]

den Beklagten zu verurteilen, an ihn 5.000,00 € nebst Zinsen in Höhe von fünf Prozentpunkten über dem jeweiligen Basiszinssatz auf 1.000,00 € seit dem 5. Januar 2010 zu zahlen.

Der Beklagte beantragt,

die Klage abzuweisen.

Widerklagend beantragt er,

den Kläger zu verurteilen, an ihn eine neue Masterpumpe ECO-Tec III zu liefern.

Der Kläger beantragt,

die Widerklage abzuweisen.

Der Beklagte behauptet, ...[205]

(Der Beklagte meint, ...)

(Der Kläger behauptet/meint, ...)[206]

...[207] ◀

(3) Beklagter macht Einreden und Gegenrechte geltend[208]

▶ **Muster 40: Tatbestand Einreden und Gegenrechte**

Tatbestand

...

Der Kläger beantragt, ...

Der Beklagte beantragt, ...

(Der Beklagte behauptet/meint, ...)

Der Beklagte erklärt (hilfsweise)[209] die Aufrechnung mit einer ...forderung in Höhe von ... € aus dem ...vertrag vom ...

(Hierzu behauptet er, ...)[210]

Der Beklagte erhebt die Einrede der Verjährung.[211]

... ◀

Erläuterungen

[204] Sodann folgen die Anträge zu Klage und Widerklage, und zwar zunächst die Anträge beider Parteien zur Klage. Dem Klagabweisungsantrag des Beklagten folgt dann sein Widerklagantrag und sodann der Klagabweisungsantrag des Klägers zur Widerklage.

[205] Nach den Anträgen zur Widerklage sind der streitige Vortrag des Beklagten zu Klage und Widerklage sowie ggf. dessen Rechtsansichten aufzuführen.

[206] Vortrag des Klägers, mit dem er auf den Vortrag des Beklagten erwidert hat, ist soweit möglich und verständlich bereits vor dem Antrag des Klägers darzustellen (siehe schon oben Anm. 3). Sofern die Darstellung dieser Erwiderung allerdings ohne vorherige Darstellung des Beklagtenvortrags unverständlich wäre, ist sie nach dem Vortrag des Beklagten darzustellen. Das gilt für jedes Urteil, nicht nur im Fall von Klage und Widerklage.

[207] Kann man den unstreitigen Sachverhalt und ggf. den streitigen Tatsachenvortrag sowie die Rechtsansichten der Parteien zur Widerklage nicht wie vorstehend im Zusammenhang darstellen, ist es üblich, die entsprechenden Punkte zur Widerklage **einschließlich** der die Widerklage betreffenden Anträge in einem zweiten Teil des Tatbestandes in der gewohnten Reihenfolge (unstreitiger Sachverhalt zur Widerklage, str. Vortrag des Beklagten zur Widerklage, Widerklagantrag des Beklagten, Antrag betreffend die Widerklage des Klägers, str. Vortrag des Klägers zur Widerklage) darzustellen.

[208] Macht der Beklagte Einreden geltend, sind diese im Zusammenhang mit seinem streitigen Vortrag darzustellen. Sie sind insbesondere aufgrund des Gebots der Verständlichkeit und Klarheit des Tatbestandes in der Reihenfolge darzustellen, in der sie nachfolgend in den Entscheidungsgründen erörtert werden. Die Erklärung der Aufrechnung kann auch im unstreitigen Teil aufgeführt werden.

[209] Verteidigt sich der Beklagte hinsichtlich der gegen ihn geltend gemachten Forderung, indem er anspruchsbegründende Tatsachen bestreitet, kann er für den Fall, dass der Kläger diese beweist, hilfsweise aufrechnen. Verteidigt er sich nur mit der (Haupt)Aufrechnung, wird diese direkt nach dem Antrag dargestellt.

[210] Wird der die zur Aufrechnung gestellte Forderung begründende Tatsachenvortrag des Beklagten vom Kläger ganz oder teilweise bestritten, kann der diesbezügliche streitige Beklagtenvortrag durch diese Formulierung im unmittelbaren verständlichen Bezug zu der Forderung dargestellt werden.

[211] Ein weiteres Beispiel ist die Einrede der Verjährung, die gegebenenfalls im Tatbestand erwähnt werden muss. Auch hierzu kann es wiederum streitigen, vom Beklagten zu beweisenden, Tatsachenvortrag geben.

(4) Einspruch gegen Versäumnisurteil[212]

▶ **Muster 41: Einspruch Versäumnisurteil**

Tatbestand

Der Kläger begehrt von dem Beklagten ...

Der Beklagte veräußerte ...

Der Kläger behauptet, ...

(Der Kläger meint, ...)

In der mündlichen Verhandlung vom ... ist der (ordnungsgemäß geladene) Beklagte nicht erschienen.[213]

Der Kläger hat ursprünglich beantragt,

> den Beklagten zu verurteilen, an ihn 5.000,00 € zu zahlen.

Auf Antrag des Klägers ist gegen den Beklagten ein entsprechendes Versäumnisurteil erlassen worden.[214] Dieses Versäumnisurteil ist dem Beklagten/Beklagtenvertreter am ... zustellt worden. Hiergegen hat der Beklagte mit Schriftsatz vom ..., eingegangen bei Gericht am ..., Einspruch eingelegt.[215]

Der Kläger beantragt nunmehr,

> das Versäumnisurteil vom ... aufrechtzuerhalten.

Der Beklagte beantragt,

> das Versäumnisurteil vom ... aufzuheben und die Klage abzuweisen.[216]

(Der Beklagte behauptet, ...)[217]

(Der Beklagte meint, ...)

... ◀

(5) Stufenklage – Tatbestand des ersten Teilurteils[218]

▶ **Muster 42: Stufenklage**

...

Der Kläger beantragt,

> den Beklagten zu verurteilen, ihm Auskunft zu erteilen über ...

Der Beklagte beantragt,

> die Klage abzuweisen.

... ◀

Erläuterungen

[212] Bei der Entscheidung nach einem zulässigen Einspruch gegen ein Versäumnisurteil wird der Prozess gemäß § 342 ZPO in die Lage zurückversetzt, in der er sich vor Eintritt der Versäumnis befand. Da zunächst über die Zulässigkeit des Einspruchs zu befinden ist, ist als Entscheidungsgrundlage hierfür im Anschluss an den streitigen Klägervortrag die Prozessgeschichte bezüglich des Versäumnisurteils im Perfekt darzustellen.

[213] Die prozessuale Situation bei Erlass des VU benötigt man u.U. für die Prüfung von § 344 ZPO, falls auf den Einspruch eine abändernde Entscheidung erfolgt, nicht hingegen für die Zulässigkeit des Einspruchs.

[214] Es ist der Inhalt des in Form des VU entstandenen Titels darzustellen. Dabei ist klarzustellen auf welchen Antrag des Klägers welche Entscheidung getroffen worden ist. Das kann wie vorstehend erfolgen oder umgekehrt: „Auf entsprechenden Antrag des Klägers ist VU erlassen worden dahingehend, dass der Beklagte verurteilt worden ist, ... (wie Antrag des Klägers).

[215] Die Prozessgeschichte bezüglich der Prüfung der Zulässigkeit des Einspruchs, insbesondere der Einhaltung der Frist gemäß § 339 Abs. 1 ZPO, ist darzustellen.

[216] Zu den an die prozessuale Situation angepassten Anträgen bezüglich der Aufrechterhaltung bzw. Aufhebung des VU vgl. oben Muster 5 Anm. 59.

[217] Nach den Anträgen erfolgt ggf. die weitere Darstellung des Vortrags des Beklagten ohne Besonderheiten.

[218] Bei der Stufenklage ergeben sich nur für das erste und ggf. das zweite Teilurteil aus dem Umstand Besonderheiten, dass über jede Stufe getrennt verhandelt wird, im Tatbestand daher jeweils nur der Antrag darzustellen ist, über den gerade verhandelt worden ist, hier der Auskunftsantrag in der ersten Stufe der Stufenklage. Die seitens des Beklagten beantragte Klagabweisung bezieht sich entsprechend zunächst nur auf diese Stufe. Über alle Anträge auf allen Stufen ist nur einheitlich zu entscheiden, wenn die Stufenklage unzulässig ist oder bereits bei der Prüfung des Auskunftsanspruchs festgestellt wird, dass dem Leistungsanspruch schon die Anspruchsgrundlage fehlt (*Saenger/Ullrich/Siebert*, § 254, Rn. 9).

d) Entscheidungsgründe[219]

(1) Entscheidungsgründe im Allgemeinen

(a) Ohne Besonderheiten bei der Zulässigkeit

▶ MUSTER 43: ENTSCHEIDUNGSGRÜNDE

Entscheidungsgründe

Die (zulässige) Klage ist begründet.[220]

Der Kläger hat gegen den Beklagten einen Anspruch auf Zahlung von 5.500,00 € aus § 823 Abs. 1 BGB.[221]

Nach dieser Vorschrift kann, wer von einem anderen am Körper vorsätzlich und widerrechtlich verletzt worden ist, von diesem Ersatz des ihm hierdurch entstandenen Schadens verlangen. Diese Voraussetzungen liegen hier vor.[222]

Der Beklagte hat den Kläger am Körper verletzt. (Eine Körperverletzung liegt vor, wenn ...) Er hat dem Kläger mit der Faust ins Gesicht geschlagen und ihm dabei zwei Schneidezähne ausgeschlagen.[223]

Dies geschah auch widerrechtlich, denn der Beklagte handelte nicht in Notwehr im Sinne von § 227 BGB. Nach dieser Vorschrift ist eine Handlung nicht widerrechtlich, wenn sie erforderlich war, um einen gegenwärtigen rechtswidrigen Angriff abzuwehren.[224] Diese Voraussetzungen liegen nicht vor.[225] Der Beklagte hat nicht bewiesen, dass der Kläger ihn angegriffen hat.[226] Der Zeuge X hat schon nicht bestätigt, dass der Kläger mit erhobenen Fäusten auf den Beklagten zugestürzt sei. Der Zeuge Y hat zwar angegeben, dass dies so gewesen sei. Seine Aussage ist jedoch nicht glaubhaft. Seine Darstellung wirkte nach ihrem Inhalt wie auch nach dem Tonfall des Zeugen offensichtlich auswendig gelernt. Auf Nachfragen bezüglich Details

ERLÄUTERUNGEN

[219] Gemäß § 313 Abs. 1 Nr. 6 ZPO folgen dem Tatbestand die als solche üblicherweise zu überschreibenden Entscheidungsgründe. Gemäß § 313 Abs. 3 ZPO enthalten die Entscheidungsgründe eine kurze Zusammenfassung der Erwägungen, auf denen die Entscheidung in tatsächlicher und rechtlicher Hinsicht beruht. Die Formulierung dieser Entscheidungsgründe im klaren Urteilsstil stellt einen Schwerpunkt in der Referendarausbildung dar. Die nachfolgende Darstellung bemüht sich insbesondere um Formulierungsvorschläge, in denen der Urteilsstil klar erkennbar und nach Möglichkeit auch auf andere Fälle übertragbar ist.

[220] Die Entscheidungsgründe sind mit dem Gesamtergebnis zu beginnen. Zur Zulässigkeit der Klage sollten nur dann Ausführungen erfolgen, wenn es hierzu etwas zu sagen gibt. Andernfalls ist sogleich das allgemeine Ergebnis der Begründetheit mitzuteilen.

[221] Sodann wird das konkrete Ergebnis, orientiert an dem Satz „Wer gegen wen was woraus?“, bezüglich des ersten geprüften Anspruchs mitgeteilt.

[222] Nach dem Ergebnis ist der Inhalt der Norm (Anspruchsgrundlage) darzustellen, die im Ergebnissatz genannt ist, weil deren Voraussetzungen für die weitere Darstellung benötigt werden. Aus dem jeweiligen Gesetzestext sind nur die Voraussetzungen zu entnehmen, die im konkreten Fall Anwendung finden. Die übrigen Alternativen (hier: „Leben, ..., ... Gesundheit, Freiheit, Eigentum ...“) sind überflüssig. Mit dem Zwischensatz (Diese Voraussetzungen ...) kann man geschickt zum nächsten Punkt überleiten.

[223] Bei der Darstellung zu den einzelnen Voraussetzungen der Anspruchsgrundlage ist wiederum auf jeder weiteren Stufe der Urteilsstil einzuhalten. Das Ergebnis steht vorweg: „... Körper verletzt“. Benötigt man noch eine Definition zur Ergänzung der rechtlichen Voraussetzung für die Subsumtion, wird diese sogleich angefügt.

[224] Häufig sind gesetzliche Voraussetzungen durch weitere Normen zu ergänzen, deren Inhalt wiederum darzustellen ist.

[225] Wiederum ist auf den relevanten Sachverhalt überzuleiten.

[226] Liegt zu einer Voraussetzung streitiger Vortrag vor, beginnt die Sachverhaltsdarstellung mit dem Ergebnis der ggf. durchgeführten Beweisaufnahme.

[227] Die Beweiswürdigung nimmt idealerweise für jedes Beweismittel auf die Ergiebigkeit (hier Unergiebigkeit der Aussage des X, Ergiebigkeit der Aussage von Y) und ggf. die Überzeugungskraft (hier keine Überzeugungskraft bei Y) Bezug.

[228] Unproblematisches kann ggf. kurz festgestellt werden.

[229] Nach dem dargestellten Muster ist auch hinsichtlich der Begründung des festgestellten oder ggf. nicht festgestellten Schadens vorzugehen. Gibt es

konnte er überhaupt keine weiteren Angaben machen. ...[227]

Der Beklagte handelte auch vorsätzlich.[228]

Dem Kläger ist durch den Faustschlag ein Schaden in Höhe der geltend gemachten Klagforderung entstanden. Dieser Betrag war zur Wiederherstellung des vollständigen Gebisses des Klägers erforderlich. Der Sachverständige Zahnarzt Dr. F hat zur Überzeugung des Gerichts diesen Kostenaufwand bestätigt ...[229]

Der Zinsanspruch des Klägers folgt aus §§ 291, 288 Abs. 1 BGB.[230]

Die Kostenentscheidung folgt aus § 91 Abs. 1 Satz 1 ZPO. Die Entscheidung über die vorläufige Vollstreckbarkeit beruht auf § 709 Satz 1 und 2 ZPO.[231]

Unterschrift[232] ◀

Erläuterungen

mehrere Schadenspositionen, sind diese erforderlichenfalls einzeln abzuarbeiten. Wenn die Höhe unstreitig ist, kann einfach subsumiert werden, wenn die Höhe des Schadens streitig ist, ist das Ergebnis der Beweisaufnahmen wie vorstehend zu erörtern.

[230] Auch die Nebenansprüche sind wenigstens kurz zu begründen. Allerdings ist bei dieser gebräuchlichen Kurzform Vorsicht geboten, weil die eigentliche inhaltliche Begründung fehlt, sie aber die sichere Prüfung der Voraussetzungen der Normen voraussetzt.

[231] Auch die Entscheidung über die Kosten und die vorläufige Vollstreckbarkeit sind zu begründen. Auch hier gilt, dass die übliche Kurzform die Gefahr birgt, dass eine genaue inhaltliche Prüfung am Normtext unterbleibt und Fehler gemacht werden. Das Abschreiben des Normtextes hat auch eine Disziplinierungsfunktion, die helfen kann, Fehler zu vermeiden.

[232] Gemäß § 315 Abs. 1 Satz 1 ZPO ist das Urteil von den Richtern, die an der Entscheidung mitgewirkt haben, zu unterschreiben. Das gilt ggf. auch für die Handelsrichter in der Kammer für Handelssachen am Landgericht.

(b) Besonderheiten bei der Zulässigkeit

▶ **Muster 44: Entscheidungsgründe – Besonderheiten bei Zulässigkeit**

Entscheidungsgründe

Die Klage hat (teilweise) Erfolg.

Die Klage ist zulässig.[233]

Insbesondere[234] ist das Amtsgericht Kiel für die Entscheidung des Rechtsstreits sachlich und örtlich zuständig.

Das Amtsgericht ist gemäß § 23 Ziff. 2 a GVG sachlich zuständig.[235] Hiernach sind die Amtsgerichte zuständig für Streitigkeiten über Ansprüche aus einem Mietverhältnis über Wohnraum oder über den Bestand eines solchen Mietverhältnisses. Das ist hier gegeben, weil der Kläger von dem Beklagten die Herausgabe und Räumung des von dem Beklagten gemieteten Wohnhauses begehrt.[236]

Das Amtsgericht Kiel ist auch örtlich zuständig. Gemäß § 29 a Abs. 1 ZPO ...[237]

Die Klage ist begründet. Der Kläger hat gegen den Beklagten einen Anspruch auf ... aus §§ ...[238] ◀

[233] Sind Fragen zur Zulässigkeit der Klage erörterungswürdig, lautet das Gesamtergebnis „Die Klage ist zulässig.“.

[234] Mit dieser Formulierung wird deutlich gemacht, dass nicht zu allen denkbaren Zulässigkeitsfragen Stellung genommen wird, sondern nur zu einigen ausgewählten.

[235] Mit diesem Satzes wird nur das zutreffende Ergebnis mitgeteilt. Eine Begründung desselben fehlt und muss sich anschließen.

[236] Mit der dem Ergebnis nachfolgenden inhaltlichen Begründung anhand des Normtextes zeigt man, dass man auch weiß, weshalb das Ergebnis richtig ist.

[237] Hier wäre die Zuständigkeit entsprechend Anm. 236 zu begründen. Zu ausschließlichen sowie besonderen Gerichtsständen sollten i.d.R. Ausführungen erfolgen, weil die Anrufung eines Gerichts, das nicht der allgemeine Gerichtsstand des Beklagten ist, Anlass zur Überprüfung der eigenen Zuständigkeit gibt.

[238] Den Ausführungen zur Zulässigkeit folgen sodann die Ausführungen zur Begründetheit.

(2) Entscheidungsgründe bei Feststellungsklage

▶ **Muster 45: Entscheidungsgründe Feststellungsklage**

Entscheidungsgründe

Die Klage ist zulässig. Insbesondere ist das gemäß § 256 Abs. 1 ZPO erforderliche Feststellungsinteresse gegeben.[239] Nach dieser Vorschrift kann u.a. Klage auf Feststellung des Bestehens eines Rechtsverhältnisses erhoben werden, wenn der Kläger ein rechtliches Interesse daran hat, dass das Rechtsverhältnis festgestellt werde. Diese Voraussetzung liegt hier vor. Der Kläger hat ein berechtigtes Interesse an der Feststellung, dass der Beklagte ihm zum Ersatz des ihm aus dem Verkehrsunfall vom ... entstandenen weiteren Schadens verpflichtet ist, weil ihm andernfalls die Verjährung seiner weiteren möglicherweise noch entstehenden Schäden droht. ... ◀

Erläuterungen

[239] Bei einer Feststellungsklage sind zum Feststellungsinteresse stets Ausführungen zu machen, weil es sich um eine besondere Zulässigkeitsvoraussetzung handelt. Dass es vorliegt, ist ggf. konkret zu begründen. Das Feststellungsinteresse besteht dann nicht, wenn das Rechtsschutzziel etwa mit einer Leistungsklage besser erreicht werden kann. Das Feststellungsinteresse kann auch im Laufe des Rechtsstreits entfallen, z.B. bei der negativen Feststellungsklage, wenn widerklagend oder in einem anderen Rechtsstreit der Gegner die umgekehrte Leistungsklage erhebt, sobald er verhandelt hat und die Klage ohne Zustimmung des Gegners gemäß 269 Abs. 1 ZPO nicht mehr zurückgenommen werden kann. Zur unnötigen Vermeidung des kostenverursachenden Unterliegens mit der Feststellungsklage, sollte diese dann für erledigt erklärt werden.

(3) Entscheidungsgründe bei Klage und Widerklage

▶ **Muster 46: Entscheidungsgründe Widerklage** 52

Entscheidungsgründe

Die Klage hat Erfolg, die Widerklage ist nur zum Teil begründet.[240]

Die zulässige Klage ist begründet. ...

[240] Ist über Klage und Widerklage zu entscheiden, ist zunächst die Klage vollständig, dann die Widerklage entsprechend abzuarbeiten. Vermischungen beider Teile etwa durch Vorabprüfung von Zulässigkeit von Klage und Widerklage vor der Begründetheit der Klage sind zu vermeiden. Im Falle der Besitzschutzklage mit petitorischer Widerklage kann es ausnahmsweise sinnvoll sein, zunächst das Ergebnis der petitorischen Widerklage zu begründen.

Die Widerklage ist zulässig.

Insbesondere liegen die Voraussetzungen von § 33 ZPO vor.[241] Nach dieser Vorschrift kann bei dem Gericht der Klage eine Widerklage erhoben werden, wenn der Gegenanspruch mit dem in der Klage geltend gemachten Anspruch im Zusammenhang steht. Das ist hier der Fall. Die mit der Widerklage seitens des Beklagten geltend gemachten Schäden an seinem Kfz rühren aus demselben Verkehrsunfall wie die mit der Klage geltend gemachten Ansprüche.

Die Widerklage ist (teilweise) begründet. ... ◀

[241] Behandelt man mit der Rechtsprechung § 33 Abs. 1 ZPO nicht allein als eine besondere Gerichtsstandsbestimmung, sondern als besondere Zulässigkeitsvoraussetzung, führt bei einem an sich unständigen Gericht die rügelose Einlassung nicht schon zum Vorliegen der Zulässigkeit der Klage. Vielmehr ist diese nur zulässig, wenn es den in § 33 Abs. 1 ZPO genannten Sachzusammenhang gibt, was entsprechend konkret auf den Sachverhalt bezogen zu begründen ist. Hierzu sollten stets Ausführungen gemacht werden.

(4) Entscheidungsgründe bei Einspruch gegen Versäumnisurteil

▶ Muster 47: Entscheidungsgründe Versäumnisurteil

Entscheidungsgründe

Die Klage hat (keinen/teilweise) Erfolg.[242]

Der Einspruch ist zulässig. Er ist insbesondere fristgerecht eingelegt worden. Gemäß § 339 Abs. 1 ZPO beträgt die Einspruchsfrist zwei Wochen und beginnt mit der Zustellung des Versäumnisurteils. Diese Frist ist eingehalten. Gemäß § 222 Abs. 1 ZPO i.V.m. mit § 188 Abs. 2 1. Alt. BGB endete die Frist mit Ablauf des 15.11.2007.[243] Am 15.11.2007 ist der Einspruch bei Gericht eingegangen.

Die zulässige Klage ist begründet/teilweise begründet/unbegründet. ◀

4. Der § 91 a ZPO-Beschluss[244]

a) Beschluss bei übereinstimmender Erledigungserklärung

▶ Muster 48: Beschluss übereinstimmende Erledigungserklärung

Az.: ...

Beschluss

In dem Rechtsstreit[245] ...

Klägers, [246]

gegen

... Beklagten,

...

beschlossen:

(1) Eine Partei trägt alle Kosten

Der Kläger/der Beklagte hat die Kosten des Rechtsstreits zu tragen.[247]

(Der Streitwert wird auf 2.000 € festgesetzt.)[248]

Erläuterungen

[242] Sofern man entsprechenden Empfehlungen mancher Ausbildungsbücher folgend – entgegen der Praxis der Gerichte – die Rechtsfolge des § 342 ZPO aufführen möchte, sollte diese vor der Zulässigkeitsprüfung eingefügt werden: (Durch den zulässigen Einspruch ist der Rechtsstreit gemäß § 342 ZPO in die Lage zurückversetzt worden, in der er sich vor dem Erlass des Versäumnisurteils befand.)

[243] Soweit bei der Prüfungen der Einhaltung von Fristen das Fristende zu bestimmen ist, reicht genau genommen die vorstehende Feststellung mit Nennung der einschlägigen Normen nicht aus. Eine vollständige Begründung müsste noch den Normtext der genannten Vorschriften darstellen und erläutern, weshalb die Frist am 15.11.1007 endete. Das könnte wie folgt aussehen: „Gemäß § 188 Abs. 2 1. Alt. BGB endigt im Falle des § 187 Abs. 1 BGB eine Frist, die nach Wochen bestimmt ist, mit Ablauf desjenigen Tages der letzten Woche, der durch seine Benennung dem Tage entspricht, in den das Ereignis fällt. Es handelt sich hier um eine Ereignisfrist im Sinne von § 187 Abs. 1 BGB, weil die Frist mit der Zustellung des Versäumnisurteils zu laufen beginnt. Nach der Benennung entspricht der Dienstag, 15.11.2007, derjenigen des Dienstag, 1.11.2007.“ Auch wenn dieser Umfang der Ausführungen überzogen scheinen mag, Unsicherheiten in der Anwendung der darin dargestellten Vorschriften können gerade bei Fristenberechnungen Fehler hervorrufen und besonders in der anwaltlichen Tätigkeit zur Haftung führen.

[244] Wenn beide Parteien den Rechtsstreit übereinstimmend für erledigt erklären bzw. dieser als auch durch den Beklagten für erledigt erklärt gilt (in Fällen, in denen der Beklagte der Erledigungserklärung des Klägers nicht widerspricht, nachdem ihm diese mit entsprechender Belehrung über diese Fiktion zugestellt worden ist), ist gemäß § 91 a Abs. 1 Satz 1 ZPO durch Beschluss über die Kosten des Rechtsstreits zu entscheiden.

[245] Die Entscheidung ergeht noch „in dem Rechtsstreit“.

[246] Zu den weiteren Einzelheiten zum Rubrum beim Beschluss im Allgemeinen siehe schon oben beim Prozesskostenhilfebeschluss Muster 19 Anm. 3 bis 5.

[247] Der Tenor des Beschlusses enthält entsprechend nur noch die Entscheidung über die Kosten. Eine Entscheidung über die vorläufige Vollstreckbarkeit erfolgt nicht, weil die §§ 704, 708, 709 ZPO nur für Urteile gelten.

[248] Es ist möglich und in der Praxis auch durchaus üblich, den Streitwert des Rechtsstreits zugleich im selben Beschluss mit festzusetzen. Formal korrekt dürfte es sein, einen gesonderten Streitwertbeschluss

(2) Kostenteilung/Kostenaufhebung

Die Kosten des Rechtsstreits tragen der Kläger zu ...%, der Beklagte zu ...%./[249]

Die Kosten des Rechtsstreits werden gegeneinander aufgehoben.

Gründe[250]

I.[251]

Der Kläger begehrte ursprünglich[252] von den Beklagten die Zahlung von Maklercourtage.

...[253]

Besonderheiten der Prozessgeschichte[254]

II.[255]

(Es war gemäß § 91 a Abs. 1 ZPO zu entscheiden, weil der Kläger den Rechtsstreit mit Schriftsatz vom ... für erledigt erklärt und der Beklagte dieser Erledigungserklärung nach Zustellung des Schriftsatzes und Belehrung gemäß § 91 a Abs. 1 Satz 2 ZPO nicht binnen zwei Wochen der Erledigungserklärung nicht widersprochen hat.)[256] ◀

Erläuterungen

nach Abschluss des Rechtsstreits gemäß § 63 Abs. 2 Satz 1 GKG zu erstellen, weil gegen beide Beschlüsse unterschiedliche Rechtsmittel gegeben sind. Gegen den § 91a-Beschluss ist nach Abs. 2 die sofortige Beschwerde gegeben. Gegen den Streitwertbeschluss findet gemäß § 68 Abs. 1 Satz 1 GKG die Beschwerde statt, wenn der Wert des Beschwerdegegenstands 200 Euro übersteigt.

[249] Das Ergebnis der Kostenentscheidung kann, wenn die Kosten nicht allein von einer Partei zu tragen sind, wie bei § 92 ZPO entweder auf eine verhältnismäßige Teilung oder aber bei passender Quote auch auf Kostenteilung lauten.

[250] Die gesamte Begründung trägt die Überschrift „Gründe".

[251] Unter I. erfolgt die Sachverhaltsdarstellung, wenn man die Begründung der Entscheidung vollständig darstellen will. Ein solches Vorgehen ist in der Prüfung angezeigt, sofern kein anderslautender Bearbeiterhinweis gegeben wird. Die Darstellung entspricht dem Tatbestand des Urteils.

[252] Im Einleitungssatz kann bereits angedeutet werden, dass sich prozessual zwischenzeitlich etwas verändert hat.

[253] Die weitere Sachverhaltsdarstellung entspricht im Wesentlichen dem Tatbestand des Urteils, allerdings sind die ursprünglichen Anträge im Perfekt („Der Kläger hat beantragt, ... Der Beklagte hat beantragt, ...") darzustellen, weil diese durch die Erledigungserklärungen zur Prozessgeschichte geworden sind.

[254] Schließlich ist am Ende des Abschnittes I. die besondere Prozessgeschichte die Erledigungserklärungen betreffend darzustellen. Im Normalfall erklärt zunächst der Kläger den Rechtsstreit für erledigt, etwa wenn der Beklagte die mit der Klage geltend gemachte Forderung nach Klagerhebung erfüllt hat, und der Beklagte erklärt den Rechtsstreit ebenfalls für erledigt. Zur leichteren Herbeiführung dieser prozessualen Situation hat der Gesetzgeber die in § 91 a Abs. 1 Satz 2 ZPO enthaltene, unter Rn. 133 dargestellte Fiktion geschaffen. Würde der Beklagte nicht für erledigt erklären, wäre die Erledigungserklärung des Klägers in einen Antrag auf Feststellung der Erledigung des Rechtsstreits umzudeuten. Hierüber wäre durch Urteil zu entscheiden, und zwar erforderlichenfalls auch erst nach Beweisaufnahme. Demgegenüber ist Entscheidungsgrundlage des § 91a-Beschlusses „der **bisherige** Sach- und Streitstand".

[255] Unter II. ist die rechtliche Begründung entsprechend den Entscheidungsgründen vorzunehmen.

[256] Eine ganz vollständige Begründung müsste zunächst darstellen, weshalb gemäß § 91 a Abs. 1 ZPO entschieden werden kann.

b) Besonderheiten in der Prozessgeschichte bzgl. der Erledigung[257]

(1) Ausdrückliche beiderseitige Erledigungserklärung

▶ Muster 49: Prozessgeschichte beiderseitige Erledigungserklärung

Die Parteien haben den Rechtsstreit (in der mündlichen Verhandlung vom ...) übereinstimmend für erledigt erklärt./ ◀

(2) Gesetzliche Fiktion der Erledigungserklärung des Beklagten

▶ Muster 50: Prozessgeschichte Fiktion der Erledigungsgeschichte

Der Kläger hat den Rechtsstreit mit Schriftsatz vom ... für erledigt erklärt. Dieser Schriftsatz ist dem Beklagten am ... zugestellt worden mit dem Hinweis, dass über die Kosten des Rechtsstreits unter Berücksichtigung des bisherigen Sach- und Streitstandes nach billigem Ermessen entschieden werden wird, wenn er nicht binnen zwei Wochen nach Zustellung der Erledigungserklärung widerspricht. Der Beklagte hat sich nicht erklärt. ◀

c) Begründungsunterschiede

(1) Begründung im Falle entscheidbarer Erfolgsaussicht

▶ Muster 51: Entscheidungsbegründung bei entscheidbarer Erfolgsaussicht

Die Kosten des Rechtsstreits waren dem Kläger/dem Beklagten aufzuerlegen. Nach § 91 a Abs. 1 ZPO entscheidet das Gericht, wenn die Parteien den Rechtsstreit in der Hauptsache für erledigt erklärt haben, über die Kosten unter Berücksichtigung des bisherigen Sach- und Streitstandes nach billigem Ermessen[258]. Dabei ist insbesondere auf die Erfolgsaussichten der erhobenen Klage abzustellen.

Wäre der Rechtsstreit nicht übereinstimmend für erledigt erklärt worden, wäre die Klage nach dem gegenwärtigen Sachstand aller Voraussicht nach abzuweisen gewesen/hätte die Klage nach dem gegenwärtigen Sachstand aller Voraussicht nach Erfolg gehabt.

Erläuterungen

[257] Wird nur ein Teil des Rechtsstreits übereinstimmend für erledigt erklärt, erfolgt die Entscheidung gemäß § 91 a Abs. 1 ZPO in dem Urteil, in dem über den noch rechtshängigen Teil der Klage entschieden wird. Sie wird am Ende nach der Kostenentscheidung bezüglich des nicht erledigten Teils der Klage eingefügt. Inhaltlich würde sie genauso lauten wie im hiesigen Beschluss.

[258] Das „billige Ermessen" richtet sich vom Grundsatz zunächst nach der nach dem gegenwärtigen Sach- und Streitstand gegebenen Erfolgsaussicht der Klage bzw. ggf. der Klage und Widerklage. Waren verschiedene Klaganträge rechtshängig, ist diese Frage für jeden Antrag gesondert zu entscheiden. Ergibt die Prüfung der Erfolgsaussichten, dass Kläger oder Beklagter obsiegt hätten, sind entsprechend dem Rechtsgedanken des § 91 Abs. 1 Satz 1 ZPO dem einen oder dem anderen die Kosten aufzuerlegen.

Die Klage war zwar zulässig, aber unbegründet .../Die Klage war zulässig und begründet ...[259] ◀

(2) Begründung bei offener Beweis- oder Rechtslage

▶ **Muster 52: Entscheidungsbegründung bei offener Beweis- und Rechtslage**

Die Kosten des Rechtsstreits waren gegeneinander aufzuheben. Nach § 91 a Abs. 1 ZPO entscheidet das Gericht, wenn die Parteien den Rechtsstreit in der Hauptsache für erledigt erklärt haben, über die Kosten unter Berücksichtigung des bisherigen Sach- und Streitstandes nach billigem Ermessen. Dabei ist insbesondere auf die Erfolgsaussichten der erhobenen Klage abzustellen. Ist zum Zeitpunkt der Erledigungserklärung die Erfolgsaussicht offen, weil eine Entscheidung ohne Beweisaufnahme nicht möglich ist, sind die Kosten gegeneinander aufzuheben.[260] Das war hier der Fall.

Wäre der Rechtsstreit nicht übereinstimmend für erledigt erklärt worden, wäre zur Entscheidung über den vom Kläger geltend gemachten Anspruch auf ... aus § ... nach dem gegenwärtigen Sachstand Beweis zu erheben gewesen[261]. Nach § 433 Abs. 2 BGB kann der Verkäufer von dem Käufer die Zahlung des Kaufpreises verlangen, wenn die Parteien einen wirksamen Kaufvertrag geschlossen haben. Streitig war, ob der Kaufvertrag wirksam geschlossen wurde, weil der Beklagte bestritten hat, dass der Zeuge G zum Vertragsabschluss für ihn bevollmächtigt war ...[262] ◀

II. Allgemeines Rechtsmittelverfahren[263]

Erläuterungen

[259] Über diesen prozessualen Einstieg können im Examen in materiellrechtlicher Hinsicht die gleichen Anspruchsprüfungen abgeprüft werden wie bei einer Klage. Insofern existiert kein Unterschied. Die Formulierung unterscheidet sich dann nur in zeitlicher Hinsicht. Es heißt statt „Die Klage ist ...“ nunmehr „Die Klage war zulässig und begründet“.

Neben der Erfolgsaussicht können auch die Rechtsgedanken der verschiedenen sonstigen Kostenvorschriften bei der Entscheidung nach billigem Ermessen herangezogen werden, wenn diese Anwendung finden. Bei einem Teilanerkenntnis kann insoweit für einen Teil des Rechtsstreits § 93 ZPO zu berücksichtigen sein. Weitere Vorschriften sind insofern u.a. §§ 95, 96, 269 Abs. 3, 344 ZPO.

[260] Ist zum Zeitpunkt der Erledigungserklärungen der Rechtsstreit offen, bleibt die Erfolgsaussicht unklar und die Kosten sind gegeneinander auszuheben bzw. es ist, wenn dies nur für einen Teil der Klage gilt, in der anzustellen Gesamtberechnung für diesen Teil eine Quote von 50 zu 50 anzunehmen.

[261] Um dieses Ergebnis zu begründen, muss dargestellt werden, über welchen erheblichen Tatsachenvortrag Beweis zu erheben gewesen wäre. Erheblichkeit ist anzunehmen, wenn die Tatsache von der Gegenseite bestritten wurde. Gleiches gilt, wenn der Fall nur durch Entscheidung einer schwierigen Rechtsfrage zu entscheiden gewesen wäre und unklar ist, wie diese Entscheidung ausgegangen wäre.

[262] Sind für verschiedene Teile einer insgesamt für erledigt erklärten Klage die Erfolgsaussicht nur zum Teil offen oder nur zum Teil die unter Muster 51 Anm. 259 Abs. 2 genannten Vorschriften maßgebend, so ist unter Berücksichtigung der jeweiligen Streitwerte und Quoten wegen des Grundsatzes der Einheitlichkeit der Kostenentscheidung eine Gesamtquote zu bilden.

[263] Von einer Darstellung zum Revisionsurteil wird auch hier abgesehen, weil dies für die Ausbildung praktisch ohne Bedeutung ist.

1. Das Urteil des Berufungsgerichts[264]

▶ Muster 53: Rubrum Berufungsurteil

Az.: ...

Landgericht .../Oberlandesgericht ...

Urteil

Im Namen des Volkes

...[265]

hat die ... Zivilkammer des Landgerichts .../der ... Zivilsenat des Oberlandesgerichts ... durch ...[266] ◀

Erläuterungen

[264] Gemäß § 525 Satz 1 ZPO gelten die Verfahrensvorschriften des ersten Rechtszuges und damit auch § 313 ZPO entsprechend soweit nachfolgend nichts anderes geregelt ist. Für den Tatbestand und die Entscheidungsgründe regelt § 540 Abs. 1 ZPO zwar Besonderheiten, jedoch entspricht der Urteilskopf des Berufungsurteils dem erstinstanzlichen Urteil. Das jeweilige Berufungsgericht ist zu benennen, die Urteilsbezeichnung folgt dem jeweiligen Verfahren (Urteil, Teilurteil, Anerkenntnisurteil usw.) und es ergeht im Namen des Volkes.

[265] Die Parteibenennung und die Parteirollenbezeichnung sowie die Darstellung der Prozessbevollmächtigten erfolgt genauso wie in der Berufungsschrift (oben Muster 9 Anm. 2), nur dass nunmehr auch die Prozessbevollmächtigten des Berufungsbeklagten eingetragen werden können.

[266] Ist das Landgericht Berufungsgericht, ist Spruchkörper die Zivilkammer, beim Oberlandesgericht ist Spruchkörper der Zivilsenat. Unter den besonderen Voraussetzungen des § 526 Abs. 1 ZPO kann das Berufungsgericht durch Beschluss den Rechtsstreit einem seiner Mitglieder als Einzelrichter zur Entscheidung übertragen.

a) Tenor

(1) Zurückweisung der Berufung

▶ Muster 54: Tenor Zurückweisung Berufung

Die Berufung des Klägers/Beklagten gegen das am ... verkündete Urteil des ...gerichts ... wird zurückgewiesen.[267]

Die Kosten des Berufungsverfahrens trägt der Kläger/Beklagte.[268]

Das Urteil ist vorläufig vollstreckbar ...[269]

(Die Revision wird zugelassen.)[270] ◀

[267] Bleibt die Berufung ohne Erfolg, wird sie „zurückgewiesen".

[268] Die Kostenentscheidung bei der erfolglosen Berufung beruht auf § 97 Abs. 1 ZPO.

[269] Die Entscheidung über die vorläufige Vollstreckbarkeit folgt den allgemeinen Vorschriften gemäß §§ 704 ff. Allerdings erlangt § 713 ZPO eine größere Relevanz.

[270] Im Falle der Entscheidung, dass die Revision zugelassen wird, ist dies in den Tenor aufzunehmen.

(2) (Teilweise) erfolgreiche Berufung

▶ Muster 55: Tenor (teilweise) erfolgreiche Berufung

Auf die Berufung des Klägers/Beklagten wird das am ... verkündete Urteil des ...gerichts ... (teilweise) geändert:[271]

Der Beklagte wird verurteilt, .../Die Klage wird abgewiesen (, soweit ...). (Im Übrigen wird die Berufung zurückgewiesen.)

Die Kosten des Rechtsstreits trägt der Beklagte/Kläger. (Von den Kosten des Rechtsstreits haben der Kläger ..., der Beklagte ... zu tragen.)[272]

Das Urteil ist vorläufig vollstreckbar .... ◀

[271] Bezüglich eines ändernden Urteils geben die §§ 511 ff. ZPO keine Formulierung vor, außer in dem Fall, dass gemäß § 538 Abs. 2 ZPO ausnahmsweise die angefochtene Entscheidung aufgehoben und der Rechtsstreit zur erneuten Verhandlung an das Gericht des ersten Rechtszuges zurückverwiesen wird. Soweit das angefochtene Urteil geändert wird, wird der Tenor zur Hauptsache neu gefasst und, soweit dies nur teilweise geschieht, die Berufung im Übrigen zurückgewiesen.

[272] Kostenentscheidung beruht auf § 91 ZPO, wenn die Berufung vollen Erfolg hat, und auf §§ 92, 97 ZPO, wenn eine Quotelung erfolgt.

Erläuterungen

b) Begründung[273]

[273] Von einer eingehenden Darstellung der Begründung des Berufungsurteils gemäß § 540 ZPO unter Berücksichtigung der in § 529 ZPO geregelten Prüfungsumfangs wird hier abgesehen, weil sie nicht Schwerpunkt der Ausbildung ist und zu sehr von den Gepflogenheiten des jeweiligen Berufungsgerichts abhängt. Entsprechende Ausführungen würden den Rahmen der vorliegenden Darstellung sprengen.

2. Beschluss des Beschwerdegerichts

▶ **Muster 56: Rubrum Beschwerdebeschluss**

... [274]

– ... und Beschwerdeführer –

...

– ... und Beschwerdegegner –

... ◀

[274] Der Eingang des Rubrums wird wie beim § 91a-Beschluss erstellt, allerdings ist die Parteirollenbezeichnung jeweils um den Beschwerdeführer bzw. Beschwerdegegner zu ergänzen (vgl. Muster 48). Was vor dieser Bezeichnung steht, hängt davon ab, wer die Beschwerde eingelegt hat.

Die Bezeichnung der entscheidenden Richter hängt davon ab, ob der gesamte Spruchkörper oder der Einzelrichter entschieden hat. Das Beschwerdegericht entscheidet durch eines seiner Mitglieder als Einzelrichter, wenn die angefochtene Entscheidung von einem Einzelrichter oder einem Rechtspfleger erlassen wurde, § 568 ZPO.

a) Tenor

(1) Zurückweisung der Beschwerde[275]

▶ **Muster 57: Tenor Zurückweisung Beschwerde**

Die Beschwerde des ... gegen den Beschluss des ...gerichts ... vom ... wird zurückgewiesen.

Die Kosten des Beschwerdeverfahrens trägt der .... ◀

[275] Im Falle der erfolglosen Beschwerde wird diese – wie die Berufung - „zurückgewiesen". Die Kostenentscheidung beruht wiederum auf § 97 Abs. 1 ZPO.

(2) (Teilweise) erfolgreiche Beschwerde[276]

▶ **Muster 58: Tenor (teilweise) erfolgreiche Beschwerde**

Auf die Beschwerde des ... wird der Beschluss des ...gerichts ... vom ... (teilweise) geändert:

... 1 (, soweit ...). (Im Übrigen wird die Beschwerde zurückgewiesen.)

Die Kosten des ... 1 trägt der .... (Von den Kosten des ... haben der Kläger ..., der Beklagte ... zu tragen.) ◀

[276] Soweit der angefochtene Beschluss auf die Beschwerde geändert wird, wird dies ausgesprochen und in der Sache die geänderte Sachentscheidung zusätzlich tenoriert. Bleibt die Beschwerde teilweise ohne Erfolg, wird sie insoweit „im Übrigen zurückgewiesen". Wegen der Kostenentscheidung vgl. Muster 55 Anm. 272.

b) Begründung[277]

[277] Bei der Begründung der Beschwerdeentscheidung können die oben dargestellten Grundsätze für die Abfassung von Beschlüssen herangezogen werden. Im den Sachverhalt berichtenden Teil sind zunächst der Inhalt und das Ergebnis der ersten Instanz darzustellen, wobei die Darstellung von Behauptungen und Rechtsansichten sowie der Anträge im Perfekt dargestellt wird (Prozessgeschichte für die zweite Instanz, „hat behauptet, ...", „hat gemeint, ...", „hat beantragt, ..."). Sodann ist das Rechtsmittel mit seiner Begründung und die Erwiderung des Beschwerdegegners darzustellen. Die Anträge in der Beschwerde-

Erläuterungen

instanz können, müssen aber nicht wie im Urteil dargestellt werden.

Die rechtliche Begründung der Beschwerdeentscheidung orientiert sich an der jeweiligen Sachentscheidung, die angefochten worden ist.

III. Eilverfahren und vollstreckungsrechtliche Verfahren nach dem 8. Buch der ZPO

1. Arrest gemäß §§ 916 ff. ZPO[278]

a) Arrestbeschluss am Beispiel des dinglichen Arrestes

▶ **Muster 59: Beschluss dinglicher Arrest**

Az.: ...

Beschluss

In dem Arrestverfahren

des ...

Antragstellers,

...

Antragsgegner,[279]

...[280]

b e s c h l o s s e n:

...[281]

Die Vollziehung des Arrestes wird gehemmt und der Antragsgegner darf die Aufhebung der Vollstreckungsmaßnahmen beantragen, wenn er Sicherheit in Höhe von ... € leistet.[282]

...[283]

Die Kosten des Verfahrens hat der Antragsgegner zu tragen.

Gründe

...[284] ◀

[278] Das Arrestverfahren ist in der Ausbildung durchaus bedeutsam. Die Entscheidung über ein Arrestgesuch ergeht ohne mündliche Verhandlung gemäß § 922 Abs. 1 Satz 1 ZPO durch Beschluss. Allerdings wird in Examensarbeiten ein Arrestbeschluss nicht zu erstellen sein, weil er nur auf einseitigen Vortrag ergeht und nicht zwingend einer Begründung bedarf. Für den Fall einer auf Widerspruch gegen ihn gemäß § 925 Abs. 1 ZPO durch Endurteil abzufassenden Entscheidung sollte er bekannt sein.

[279] Wie im Antrag auf Anordnung des (dinglichen) Arrests bleibt es beim Beschluss bei der Bezeichnung als Antragsteller und Antragsgegner.

[280] Da das Gericht der Hauptsache zuständiges Gericht ist, können für die Bezeichnung von etwaigem Spruchkörper sowie der Richter die zum Urteil (Muster 24) erfolgten Ausführungen entsprechend herangezogen werden.

[281] In der Hauptsache entspricht der Tenor dem oben dargestellten Antrag, siehe Muster 11 Anm. 80.

[282] Gemäß § 923 ZPO ist ein Geldbetrag festzustellen, durch dessen Hinterlegung die Vollziehung des Arrestes gehemmt wird. Vgl. zudem auch § 921 ZPO.

[283] Entsprechend dem zu Muster 11 Anm. 81 dargestellten Antrag kann auch zugleich schon die Pfändung eines bestimmten Anspruchs einschließlich der hierfür erforderlichen Nebenentscheidungen (Verfügungsverbot und Drittschuldnererklärung) entschieden werden.

[284] In der Begründung sind die Voraussetzungen für die Anordnung des dinglichen Arrests darzulegen. Beim Arrestbefehl kann in der Praxis auch auf eine Begründung verzichtet werden.

b) Arresturteil (nach Widerspruch gemäß § 924 ZPO)

▶ **Muster 60: Arresturteil**

...[285]

In dem Arrestverfahren

des ...

Arrestklägers,

...

[285] Das Rubrum sieht grundsätzlich wie das Urteil im Allgemeinen (vgl. Muster 24) aus. Es wird lediglich das **„Arrestverfahren"** konkret benannt sowie die neuen Parteirollen, die sich insbesondere auch vom Arrestbefehl zum Arresturteil verändern!

[286] Wenn der Arrest zu Recht angeordnet worden ist, ist gemäß § 925 Abs. 2 ZPO wie dargestellt zu tenorieren. Sofern auf den Arrestantrag sogleich Termin anberaumt wird, würde der Tenor im Arresturteil genauso lauten wie im Arrestbeschluss (auch: Arrestbefehl).

[287] Die Kostenentscheidung über die weiteren Kosten beruht auf § 91 Abs. 1 Satz 1 ZPO.

Arrestbeklagten,

... auf die mündliche Verhandlung vom ...

für Recht erkannt:

Der Arrestbefehl vom ... wird bestätigt[286]

Der Arrestbeklagte hat auch die weiteren Kosten des Verfahrens zu tragen.[287]

Tatbestand

...[288]

Entscheidungsgründe

Der Arrestbefehl war zu bestätigen, weil er zu Recht erlassen worden ist. Der Arrestkläger hat einen Anordnungsanspruch und einen Anordnungsgrund glaubhaft gemacht.

...[289] ◀

Erläuterungen

[288] Der Tatbestand des Arresturteils ist nach den allgemeinen Grundsätzen aufzubauen mit unstreitigem und streitigem Vortrag sowie den Anträgen. Ggf. ist die Prozessgeschichte zusätzlich darzustellen (Arrestbefehl, Widerspruch). Inhaltlich soll der Tatbestand die für die Anordnung relevanten Fakten enthalten. Es ist Vortrag erforderlich bezüglich des Arrestanspruchs und des Arrestgrundes. Zum Arrestanspruch entspricht der Vortrag demjenigen, der auch zur Begründung eines Anspruchs in einer Klage dargestellt wird. Zum Arrestgrund müssen Umstände dargestellt werden, die den Arrestgrund im Sinne von § 917 ZPO ausfüllen, also begründen, dass zu besorgen ist, dass ohne Verhängung des Arrestes die Vollstreckung des Urteils vereitelt bzw. erschwert wird.

[289] Im Hinblick auf die Darstellung des Anordnungsanspruchs ist vor allem im Examen eine Darstellung angezeigt, wie sie für das Urteil im Allgemeinen aufgezeigt worden ist. Ähnlich wie beim § 91a-Beschluss bildet der Arrest einen anderen prozessualen Einstieg in eine bestimmte materiellrechtliche Prüfung. Soweit es auf die Glaubhaftmachung von streitigen Tatsachen anstelle des Beweises ankommt, ist diese ggf. unter Berücksichtigung der Besonderheiten gemäß § 294 ZPO entsprechend angepasst zu begründen.

2. Einstweilige Verfügung gemäß §§ 935, 940 ZPO

a) Beschluss

▶ **Muster 61: Beschluss einstweilige Verfügung**

... In dem einstweiligen Verfügungsverfahren ...[290]

b e s c h l o s s e n:

Dem Antragsgegner wird (bis zur Entscheidung in der Hauptsache) untersagt, wörtlich oder sinngemäß über den Antragsteller folgende Behauptungen aufzustellen oder zu verbreiten: ...[291]

Dem Antragsgegner wird für jeden Fall der Zuwiderhandlung die Festsetzung eines Ordnungsgeldes bis zu 250.000 € und für den Fall, dass dieses nicht beigetrieben werden kann, zur Ordnungshaft oder Ordnungshaft von bis zu sechs Monaten, insgesamt bis zu zwei Jahren, angedroht.[292]

Der Antragsgegner hat die Kosten des Verfahrens zu tragen.[293]

Gründe

...[294] ◀

[290] Das Rubrum des Beschlusses im einstweiligen Verfügungsverfahren entspricht bis auf die Verfahrensbezeichnung demjenigen des Arrestbeschlusses.

[291] Untersagungsverfügungen sind praktisch sehr bedeutsam. Diesbezüglich sollten materiellrechtlich die Anspruchsgrundlagen für Unterlassungsansprüche bekannt sein. Soweit – bis zur Entscheidung in der Hauptsache – die begehrte Unterlassungsverfügung ergeht, findet praktisch unvermeidlich eine – zulässige – teilweise Vorwegnahme der Hauptsache statt, auch wenn durch die Formulierung eine vorläufige Entscheidung ergeht.

[292] Es ist möglich und praktisch zur Beschleunigung des etwaigen späteren Vollstreckungsverfahrens im Falle der Zuwiderhandlung die hierfür gemäß § 890 Abs. 2 ZPO erforderliche Androhung nach entsprechendem Antrag aufzunehmen.

[293] Die Kostenentscheidung beruht auf § 91 Abs. 1 Satz 1 ZPO. Eine Entscheidung über die vorläufige Vollstreckbarkeit ist bei der erlassenen einstweiligen Verfügung nicht erforderlich, weil diese nach ihrem Zweck (der Eilbedürftigkeit) sofort vollstreckbar sein muss.

[294] Begründung erfolgt zum Verfügungsanspruch, Verfügungsgrund und keiner unzulässigen Vorwegnahme der Hauptsache.

Erläuterungen

b) Urteil im einstweiligen Verfügungsverfahren

Muster 62: Urteil einstweiliges Verfügungsverfahren

...

In dem einstweiligen Verfügungsverfahren

des ...

Verfügungsklägers,

gegen ...

Verfügungsbeklagten,

... auf die mündliche Verhandlung vom ...[295]

für Recht erkannt

...[296]

[295] Das Rubrum sieht grundsätzlich wie das Urteil im Allgemeinen (vgl. Muster 24) aus. Es werden lediglich das „**einstweilige Verfügungsverfahren**" konkret benannt sowie die neuen Parteirollen aufgenommen, die sich insbesondere auch vom Beschluss zum Verfügungsurteil verändern.

[296] Hinsichtlich des Tenors, des Tatbestandes und der Entscheidungsgründe wird auf die Darstellung beim Arresturteil verwiesen, Muster 60 Anm. 2 bis 5. Wird auf den Verfügungsantrag sogleich mündlich verhandelt, lautet der Tenor des Urteils im einstweiligen Verfügungsverfahren wie der Tenor im entsprechenden Beschluss. Wegen der vorläufigen Vollstreckbarkeit im Falle der Ablehnung eines Arrestes oder einer einstweiligen Verfügung vgl. § 708 Nr. 6 ZPO.

3. Urteil im Rahmen einer Vollstreckungsabwehrklage gemäß § 767 ZPO[297]

Muster 63: Urteil Vollstreckungsabwehr- sowie Titelgegenklage

...

für Recht erkannt:

Die Zwangsvollstreckung aus dem am ... verkündeten Urteil des ...gerichts ... (Az.: ...) wird für unzulässig erklärt.[298]

Die Kosten des Rechtsstreits hat der Beklagte zu tragen.

Das Urteil ist vorläufig vollstreckbar ....[299]

...[300]

[297] Urteile im Rahmen einer Vollstreckungsabwehrklage weisen gegenüber Urteilen im Rahmen einer allgemeinen Zivilsache formal keine Besonderheiten auf.

[298] Der hier dargestellte Hauptsachetenor kehrt bei den Rechtsbehelfen im Vollstreckungsrecht in der Formulierung regelmäßig wieder.

[299] Obwohl es sich um ein Gestaltungsurteil handelt, ist gemäß § 775 Nr. 1 ZPO die Entscheidung über die vorläufige Vollstreckbarkeit erforderlich. Art je nach Streitwert gemäß §§ 708, 709 ZPO.

[300] Aus der Sache heraus ist der Tatbestand um die besondere verfahrensmäßige Vorgeschichte angereichert: Es ist darzustellen, dass das jetzt angerufene Gericht durch ein bestimmtes Urteil eine rechtskräftige Entscheidung erlassen hat, aus der nun Vollstreckung droht. Ferner sind die seitens des früheren Beklagten, also des jetzigen Klägers, gegen dieses Urteil nunmehr erhobenen Einwendungen darzustellen. In den Entscheidungsgründen sind die zulässigen von den unzulässigen Einwendungen zu trennen und die zulässigen in der Sache auf ihren Erfolg zu prüfen.

4. Urteil im Rahmen der Drittwiderspruchsklage gemäß § 771 ZPO

Muster 64: Urteil Drittwiderspruchsklage

...

für Recht erkannt:

Die Zwangsvollstreckung aus dem am ... verkündeten Urteil des ...gerichts ... (Az.: ...) in ... wird für unzulässig erklärt.

...[301]

[301] Das Urteil im Rahmen einer Drittwiderspruchsklage ist wie das Urteil im Rahmen einer Vollstreckungsabwehrklage grundsätzlich ein ganz normales Urteil. Es gelten daher die im Falle der Vollstreckungsabwehrklage unter Muster 63 Anm. 298 bis 300 gemachten Ausführungen entsprechend. Wie bei der Vollstreckungsabwehrklage ist auch über die Kosten und die vorläufige Vollstreckbarkeit zu entscheiden. Im Tatbestand ist das Ergebnis und soweit erforderlich der Inhalt des Urteils darzustellen, aus dem in den streitgegenständlichen Gegenstand vollstreckt wird. Ferner ist die Rechtsbeziehung des Klägers zu dem streitgegenständlichen Objekt darzulegen. In der Begründung muss also insbesondere die Vollstreckungssituation dargelegt werden, gegen die sich die Klage richtet. Die weitere Darstellung muss das mit der Klage geltend gemachte Recht des Klägers schlüssig darlegen.

Erläuterungen

5. Beschluss im Rahmen einer Vollstreckungserinnerung gemäß § 766 ZPO[302]

▶ **Muster 65: Beschluss Vollstreckungserinnerung**

... In der Zwangsvollstreckungssache

...

– Gläubiger –

gegen

...

– Schuldner und Erinnerungsführer –

... ◀

[302] Formal ist der Beschluss im Rahmen einer Vollstreckungserinnerung wie ein § 91a-Beschluss (Muster 48) aufzubauen. Lediglich die Bezeichnung des Verfahrens und der Beteiligten sind dem besonderen Verfahren angepasst. Die Beteiligten werden mit ihrer Rolle als Gläubiger und Schuldner charakterisiert. Der Schuldner wird als Erinnerungsführer gekennzeichnet. Auch ohne Antrag wird auf die berechtigte Erinnerung tenoriert, dass die Zwangsvollstreckung in zu bezeichnender Weise für unzulässig erklärt wird. Inhaltlich folgt die Begründung der Entscheidung der Systematik der Bestimmungen über die Art und Weise der Zwangsvollstreckung.

6. Beschluss über Sofortige Beschwerde gemäß § 793 ZPO[303]

[303] Der Beschluss über die Sofortige Beschwerde wird entsprechend dem allgemeinen Beschluss in einer Beschwerdesache (vgl. Muster 54 und 56) behandelt. Besonderheiten in formaler Hinsicht sind hier nicht zu beachten. Inhaltlich folgt die Beschlussbegründung den jeweiligen streitigen vollstreckungsrechtlichen Fragen.

2. Teil: Das strafrechtliche Verfahren

A. Die staatsanwaltlichen Entschließungen

I. Das Gutachten in der staatsanwaltlichen Anklageklausur

1. Das materiellrechtliche Gutachten

Muster 66: Materiellrechtliches Gutachten[1]

1. Tatkomplex: Das Geschehen am ...[2]

A. Hinreichender Tatverdacht bzgl. des Beschuldigten X[3]

I. Hinreichender Tatverdacht wegen ... gemäß § ... StGB durch das ...[4]

1. Prozessvoraussetzungen/Prozesshindernisse[5]

a. Anwendbarkeit deutschen Strafrechts nach §§ 3 ff. StGB

b. Strafmündigkeit nach §§ 19 StGB, 1 JGG

c. Verfolgungsverjährung nach §§ 78 ff. StGB

d. Strafklageverbrauch nach Art. 103 Abs. 3 GG

e. Strafantrag nach §§ 77 ff. StGB, insbesondere Erforderlichkeit und Wirksamkeit, bei relativen Antragsdelikten ggf. zu ersetzen durch das besondere öffentliche Interesse an der Strafverfolgung

f. Weitere Prozessvoraussetzungen/-hindernisse (vgl. unten zur Revisionsklausur, da sie dort von gesteigerter Bedeutung sind)

2. Die Tatbestandsmerkmale[6]

a. Objektiver Tatbestand

(1) Merkmal 1[7]

[1] Lesen Sie zunächst aufmerksam den Bearbeitervermerk! Er enthält die Aufgabenstellung. Bevor Sie dann mit dem Schreiben des Gutachtens beginnen, müssen Sie als Nächstes den feststehenden Sachverhalt ermitteln und gedanklich gliedern. Für eine gute Klausur ist insoweit entscheidend, dass Sie sämtliche Tathandlungen finden und nach den konkurrenzrechtlichen Grundsätzen der Handlungseinheit zu Tatkomplexen zusammenfassen. Beachten Sie daher stets: Die Handlung ist das zentrale Merkmal einer jeden strafrechtlichen Prüfung! Die meisten der folgenden Gliederungspunkte sind nur anzusprechen, wenn sich in der Klausur ein entsprechendes Problem stellt.

[2] Die aufgefundenen Tatkomplexe werden chronologisch auf mögliche Strafbarkeiten untersucht.

[3] Innerhalb der bestimmten Tatkomplexe ist die Prüfung stets mit dem Tat- bzw. Erfolgsnächsten zu beginnen; ein Grundsatz, der sich bereits aus der allgemeinen Überlegung ergibt, dass Teilnahme immer eine vorsätzliche und rechtswidrige Haupttat voraussetzt, mittelbare Täterschaft einen Defekt und es bei der Mittäterschaft unter Umständen keiner Zurechnung bedarf. Inzidentprüfungen sind, wenn irgend möglich, der Übersichtlichkeit halber zu vermeiden!

[4] Beginnen Sie im Hinblick auf die Konkurrenzen grundsätzlich mit dem schwersten Delikt. Eine Ausnahme ist bei der Prüfung von Grundtatbestand und Qualifikationstatbestand zu machen, wenn bereits der Grundtatbestand nicht volldeliktisch verwirklicht wurde. Sie verlieren sonst kostbare Zeit. Machen Sie stets deutlich, welche Tathandlung Sie prüfen!

[5] Setzen Sie Schwerpunkte. Wenn ein Delikt mangels Strafantrag oder aus anderem Grund nicht verfolgbar ist, stellen Sie dieses kurz fest. Inhaltliche Ausführungen sind dann verfehlt, mag das Problem akademisch auch noch so reizvoll sein.

[6] Die Beweiswürdigung hat am jeweiligen Merkmal zu erfolgen.

[7] Im Gegensatz zum Ersten Staatsexamen dürfen und müssen Sie Gutachtenstil, Urteilsstil und Feststellungsstil geschickt abwechseln, um den Anforderungen zu genügen. Insbesondere können Sie auch mehrere Tatbestandsmerkmale zusammenfassen.

[8] Sollten Sie einen Streitstand erörtern müssen, halten Sie sich an den bereits im Referendarexamen erlernten Aufbau. Stellen Sie also jede Ansicht kurz dar, wenden Sie die Ansicht auf den konkreten Fall

(a) Einleitungssatz bzw. Obersatz/ Nennung des zu prüfenden Merkmals

(b) Definition, ggf. streitig

Falls streitig:

(aa) Meinung 1[8]

(bb) Meinung 2

(cc) Meinung 3

(dd) Stellungnahme

(c) Subsumtion der vorgeworfenen Tatsachen[9]

(d) Beweisbarkeit der vorgeworfenen Tatsachen/Angabe der Beweismittel, ggf. umfassende Beweiswürdigung

Falls erforderlich:

(aa) Wiedergabe der Einlassung des Beschuldigten[10]

(bb) Wiedergabe sonstiger Beweismittel[11]

(cc) Beweiswürdigung i. e. S. und Verwertbarkeit[12]

(e) Zwischenergebnis zum Vorliegen des Merkmals 1

(2) Merkmal 2

entsprechend Merkmal 1

b. Subjektiver Tatbestand[13]

entsprechend dem objektiven Tatbestand

3. Rechtswidrigkeit[14]

4. Schuld[15]

5. Strafe

a. Rücktritt gemäß §§ 24 und 31 StGB[16]

b. Regelbeispiele[17]

c. Vertypte Strafmilderungsgründe[18]

d. Unbenannte Strafänderungsgründe

6. Ergebnis zum jeweiligen Delikt[19]

II. Hinreichender Tatverdacht wegen ... gemäß § ... StGB durch das ...

Erläuterungen

an und formulieren Sie dann ein Zwischenergebnis. Erst anschließend wenden Sie sich der nächsten Auffassung zu und gehen dort entsprechend vor. Kommen die Ansichten zu verschiedenen Ergebnissen, müssen Sie eine Stellungnahme verfassen, die mit einem Ergebnis zu schließen hat.

[9] Es bietet sich an, bereits vor der Beweiswürdigung festzustellen, ob das vorgeworfene Verhalten den Anforderungen der Norm genügt oder nicht, und erst anschließend zu prüfen, ob es dem Beschuldigten nachgewiesen werden kann. Auf diese Weise wird eine bessere Übersichtlichkeit erzielt, da Definition und Subsumtion unmittelbar aufeinander folgen. Zwingend ist diese Reihenfolge indes nicht.

[10] Formulieren Sie: „Der Beschuldigte hat allerdings bestritten", „hat sich dahingehend eingelassen", „hat gestanden" oder „hat eingeräumt". Der Inhalt der Einlassung ist im Konjunktiv wiederzugeben.

[11] Geben Sie die Bekundungen der Zeugen, den Inhalt eines Sachverständigengutachtens oder einer Urkunde bzw. das Ergebnis einer Inaugenscheinnahme kurz wieder.

[12] Würdigen Sie die Einlassung des Beschuldigten und die Strengbeweismittel im Urteilsstil. Achten Sie auf Realkennzeichen und Lügensignale! Aus einem Schweigen des Beschuldigten darf kein Rückschluss gezogen werden, anders bei Teilschweigen.

[13] Auch der Vorsatz und besondere Absichten müssen mit hinreichender Wahrscheinlichkeit nachweisbar sein. Das objektive Tatgeschehen lässt insofern häufig die nötigen Rückschlüsse zu. Insbesondere bei Tötungsdelikten sind aber hohe Anforderungen an einen entsprechenden Rückschluss zu stellen.

[14] Treffen Sie stets positive Feststellungen, z. B. „Der Beschuldigte handelte auch rechtswidrig (und schuldhaft)." Insbesondere im Rahmen der Schuld ist eine negative Feststellung, beispielsweise: „Entschuldigungsgründe sind nicht ersichtlich", unzureichend, da auch Schuldausschließungsgründe in Betracht kommen und bei Fahrlässigkeit die subjektive Sorgfaltspflichtverletzung und die subjektive Vorhersehbarkeit zu prüfen sind.

[15] Im Rahmen der Schuld sind insbesondere Irrtümer nach § 17 StGB, der Erlaubnistatbestandsirrtum und § 20 StGB zu prüfen.

[16] Prüfen Sie den Rücktritt schulmäßig, d. h. 1. Kein Fehlschlag, 2. Festlegen der Rücktrittsanforderungen (Rücktritt des Alleintäters oder Rücktritt mehrerer, beendeter oder unbeendeter Versuch) und 3. Vorliegen der Rücktrittanforderungen (z. B. Aufgabe der Tat und Freiwilligkeit).

[17] Regelbeispiele finden sich nicht nur in den aus dem Ersten Staatsexamen bekannten §§ 113 Abs. 2 oder 243 StGB. Dennoch kommt es im Zweiten Staatsexamen auch häufig auf die konkrete Strafererwartung an. Lesen Sie daher alle Absätze eines Straftatbestandes zumindest kurz an, um keinen entscheidenden Fehler zu machen.

[18] Unter vertypten Strafmilderungsgründen versteht man die Strafmilderungsvorschriften des Allgemeinen Teils, die auf § 49 StGB verweisen.

[19] Vergessen Sie nie, am Ende einer jeden Prüfung ein kurzes Ergebnis zu formulieren. Sie kontrollieren

entsprechend dem hinreichenden Tatverdacht hinsichtlich des ersten Tatbestands

III. Zwischenergebnis hinsichtlich des Beschuldigten X

B. Hinreichender Tatverdacht bzgl. des Beschuldigten Y
entsprechend dem hinreichenden Tatverdacht bzgl. X

2. Tatkomplex: Das Geschehen am ...

entsprechend dem 1. Tatkomplex

3. Komplex: Endergebnis und Konkurrenzen[20] ◀

2. Das prozessuale Gutachten

▶ **Muster 67: Prozessuales Gutachten**

a. Sachliche Zuständigkeit nach §§ 24 ff., 74 ff., 120 GVG[21]

b. Örtliche Zuständigkeit nach §§ 7 ff. StPO

c. Anklage, Strafbefehl nach § 407 StPO oder beschleunigtes Verfahren nach § 417 StPO[22]

d. Einstellungen nach §§ 153, 153 a, 170 Abs. 2 StPO, Teileinstellungen nach § 170 Abs. 2 StPO, Verweis auf den Privatklageweg nach §§ 374, 376 StPO, Absehen von der Verfolgung und Beschränkungen nach §§ 154, 154 a StPO[23]

(1) Erforderlichkeit von Einstellungsbescheid und Einstellungsnachricht[24]

(2) Mit oder ohne Rechtsbelehrung, § 171 StPO[25]

e. Haftbefehl oder Haftfortdauer[26]

(1) Dringender Tatverdacht

(2) Haftgrund

(3) Verhältnismäßigkeit

f. Notwendige Verteidigung nach §§ 140 ff. StPO[27]

g. Nebenklage nach §§ 395 ff. StPO

h. Vorläufige Entziehung der Fahrerlaubnis nach den §§ 111 a StPO, 69, 69 a StGB[28]

(1) Dringender Tatverdacht bzgl. einer Tat, die der Beschuldigte bei oder im Zusammenhang mit dem Führen eines Kraftfahrzeugs oder unter Verletzung der Pflichten eines Kraftfahrzeugführers begangen hat

Erläuterungen

sich hierdurch selbst und erleichtern dem Korrektor das Lesen Ihrer Arbeit.

[20] Den Konkurrenzen sollten Sie stets die notwendige Aufmerksamkeit widmen. Sie werden von vielen Bearbeitern oberflächlich oder überhaupt nicht behandelt, obwohl sie in der Praxis von zentraler Bedeutung sind, da sich insbesondere die echten Konkurrenzen der §§ 52, 53 f. StGB unmittelbar auf das Strafmaß auswirken.

[21] Betrachtet man die Vorschriften über die sachliche Zuständigkeit, wird nun auch klar, warum so großes Augenmerk auf die zu erwartende Strafe zu legen ist. Beachten Sie hinsichtlich der Unterscheidung zwischen Vergehen und Verbrechen insbes. auch § 12 Abs. 3 StGB! Für Jugendliche/Heranwachsende gelten die §§ 33 ff., 39 ff. JGG.

[22] Ein Strafbefehlsverfahren kommt in der Klausur nur in Betracht, wenn die Zuständigkeit des Strafrichters bejaht wurde. Die im Gesetzeswortlaut erwähnte Zuständigkeit des Schöffengerichts ist ein praktisch bedeutungsloses Relikt, das allein in den Fällen des § 408 a StPO zur Anwendung kommen kann, vgl. *Meyer-Goßner/Schmitt*, § 408 Rn. 5 f. Im Regelfall sollten Sie sich aus klausurtaktischen Gründen aber stets für eine Anklageschrift entscheiden, die „regelmäßig" von Ihnen erwartet wird, vgl. *Kaiser/Bracker*, Rn. 187, und *KG – Strafrechtsskript staatliche Sicht*, S. 4.

[23] Die §§ 154, 154 a StPO knüpfen an den prozessualen Tatbegriff an, der bereits Ihrem materiellrechtlichen Gutachten zugrunde liegt. Differenzieren Sie zwischen den Vorschriften auch sprachlich!

[24] Die Einstellungsnachricht richtet sich an den Beschuldigten, der Einstellungsbescheid an den (ggf. verletzten) Antragsteller.

[25] Eine Rechtsbelehrung muss erfolgen, wenn das Verfahren nicht aus Opportunitätsgründen eingestellt wurde und der Antragsteller zugleich Verletzter ist.

[26] Liegen die Voraussetzungen eines Haftbefehls vor, müssen Sie einen entsprechenden Haftbefehl oder die Haftfortdauer beantragen. Die Untersuchungshaft darf nach § 121 StPO grundsätzlich nicht über sechs Monate hinaus aufrechterhalten werden. Über die Fortdauer der Untersuchungshaft in den zulässigen Ausnahmefällen entscheidet das OLG. Die Frist ist zu berechnen und anzugeben, vgl. zur Fristberechnung *Meyer-Goßner/Schmitt*, § 121 Rn. 4 ff.

[27] In der Klausur muss die Bestellung eines Verteidigers insbes. bei einer Anklage zum Landgericht nach § 140 Abs. 1 Nr. 1 StPO, beim Vorliegen eines Verbrechens nach § 140 Abs. 1 Nr. 2 StPO, im Zusammenhang mit der Vollstreckung der Untersuchungshaft nach § 140 Abs. 1 Nr. 4 oder im Zusammenhang mit der Schwere der Tat nach § 140 Abs. 2 StPO beantragt werden. Die Bestellung eines Verteidigers

Erläuterungen

(2) Hoher Grad der Wahrscheinlichkeit, dass das Gericht den Beschuldigten für ungeeignet zum Führen von Kraftfahrzeugen halten und ihm die Fahrerlaubnis entziehen wird

i. Berufsverbot und Einziehung nach §§ 70 ff. und 73 ff. StGB

j. (Bestätigung der) Beschlagnahme nach §§ 94, 98 und 111 c StPO[29]

k. Herausgabe von nicht mehr benötigten Gegenständen nach §§ 111 n f. StPO

l. Anordnung der Notveräußerung nach § 111 p StPO

m. Belehrung über Entschädigungsansprüche nach §§ 2, 9 StrEG

n. Anregung der Mitwirkung eines dritten Richters bei Strafkammeranklage nach Nr. 113 Abs. 3 RiStBV

o. Dolmetscherbestellung nach §§ 185 GVG, 259 StPO

p. Mitteilungspflichten[30] ◀

wegen der Schwere der Tat ist ab einer Straferwartung von einem Jahr Freiheitsstrafe angezeigt, vgl. *Meyer-Goßner/Schmitt*, § 140 Rn. 23 a. Achten Sie auf entsprechende Anzeichen.

[28] Soweit *Kaiser/Bracker*, Rn. 225, raten, die Entziehung der Fahrerlaubnis nach §§ 69, 69 a StGB und ähnliche Nebenfolgen in einem selbständigen Abschnitt des materiellen Gutachtens zu behandeln, deckt sich dieser Vorschlag nicht mit dem ansonsten empfohlenen Aufbau und wird daher die Mehrzahl der Korrektoren verwirren. Da Sie Ihren Aufbau auch nicht erklären dürfen, ist es ratsam, die Nebenfolgen stets mit den prozessualen Fragestellungen – hier der vorläufigen Entziehung der Fahrerlaubnis nach § 111 a StPO – zu verknüpfen und diese in das prozessuale Gutachten zu integrieren. Die vorläufige Entziehung der Fahrerlaubnis wirkt nach § 111 a Abs. 3 S. 1 StPO zugleich als Anordnung bzw. Bestätigung der Beschlagnahme des Führerscheins, so dass Sie keinen weitergehenden Antrag auf Beschlagnahme stellen müssen.

[29] Die Voraussetzungen einer Beschlagnahme sind zu prüfen, wenn der Beschuldigte der Sicherstellung durch die Polizei widersprochen hat, vgl. § 94 Abs. 2 StPO. Beachten Sie die Beschlagnahmeverbote des § 97 StPO!

[30] Am Ende Ihres prozessualen Gutachtens sollten Sie noch kurz auf erforderliche Mitteilungen zu sprechen kommen. Die wichtigsten Mitteilungspflichten der MiStra sind die Nr. 13 – Bewährungsfälle, die Nrn. 15, 16 – Beamte, Richter und andere im öffentlichen Dienst Beschäftigte, die Nr. 32 – Jugendliche/Heranwachsende (vgl. auch § 70 JGG), die Nr. 42 – Ausländer sowie die Nr. 43 – Gefangene und Untergebrachte. Auch § 114 d Abs. 2 S. 2 StPO – Mitteilungen an die Vollzugsanstalt – ist in Klausuren häufig zu nennen. Seltener spielen die §§ 111 l und 459 i StPO eine Rolle. Ggf. muss das prozessuale Gutachten um weitere in der Klausur angelegte Prüfungspunkte ergänzt werden (z. B. Antrag auf Anordnung eines vorläufigen Berufsverbots nach § 132 a StPO). Aufgezählt sind jedoch die relevantesten.

3. Die Abschlussverfügung

Vgl. unten unter VIII.

4. Die Anklageschrift

Vgl. unten unter IX.

II. Das Gutachten in der staatsanwaltlichen Revisionsklausur

1. Zulässigkeit der Revision

▶ **Muster 68: Zulässigkeit Revision**

a. Statthaftigkeit der Revision nach §§ 333, 335 StPO[31]

b. Antragsberechtigung[32]

[31] Die Revision ist gemäß § 333 StPO gegen Urteile der Landgerichte sowie gegen erstinstanzliche Urteile der Oberlandesgerichte statthaft. Mit der Sprungrevision nach § 335 StPO und in Jugendstrafsachen ist die Überprüfung amtsgerichtlicher Urteile möglich.

[32] Die persönliche Antragsberechtigung bezeichnet den Kreis der zur Einlegung des Rechtsmittels befugten Verfahrensbeteiligten, die sachliche Antragsberechtigung das Fehlen von Umständen, welche zum Ausschluss eines Rechtsmittels führen, namentlich

(1) Persönliche Antragsberechtigung nach §§ 296 ff. StPO
(2) Sachliche Antragsberechtigung nach § 302 StPO

c. Beschwer[33]

d. Ordnungsgemäße Revisionseinlegung nach § 341 StPO
(1) Revisionseinlegungsfrist gemäß § 341 Abs. 1 und 2 StPO, ggf. Wiedereinsetzung in den vorigen Stand nach Maßgabe der §§ 44, 45 StPO[34]
Falls Wiedereinsetzung:
(a) Zulässigkeit des Wiedereinsetzungsantrags nach § 45 StPO
(aa) Statthaftigkeit der Wiedereinsetzung[35]
(bb) Antragsberechtigung[36]
(cc) Frist- und formgemäßer Wiedereinsetzungsantrag und Nachholung der versäumten Handlung nach § 45 StPO[37]
(b) Begründetheit des Wiedereinsetzungsantrags nach § 44 StPO[38]
(c) Ergebnis zur Wiedereinsetzung
(2) Formgemäße Revisionseinlegung gemäß § 341 Abs. 1 StPO[39]
(3) Adressat der Revisionseinlegung gemäß § 341 Abs. 1 StPO[40]
(4) Ergebnis zur Revisionseinlegung

e. Ordnungsgemäße Revisionsbegründung nach §§ 344, 345 StPO
(1) Revisionsbegründungsfrist gemäß § 345 Abs. 1 StPO[41]
(2) Form der Revisionsbegründung gemäß § 345 Abs. 2 StPO
entsprechend der Form der Revisionseinlegung
(3) Adressat der Revisionsbegründung gemäß § 345 Abs. 1 S. 1 StPO
entsprechend des Adressaten der Revisionseinlegung
(4) Inhalt der Revisionsbegründung[42]

Erläuterungen

Rücknahme und Verzicht. Eine vertiefte Auseinandersetzung mit den einzelnen Prüfungspunkten, die für die Zulässigkeit der Revision eine Rolle spielen, finden Sie u. a. bei *Fock/Gerhold*, S. 2 ff.

[33] Angeklagter und Nebenkläger sind durch ein Urteil beschwert, wenn sie durch die Entscheidung unmittelbar in ihren Rechten oder schutzwürdigen Interessen beeinträchtigt sind. Die Staatsanwaltschaft kann gegen jedes aus ihrer Sicht unrichtige Urteil Revision einlegen, um ihrer Funktion als objektive Behörde zu entsprechen. Der Privatkläger hat nach § 390 Abs. 1 StPO grundsätzlich dieselben Befugnisse wie die Staatsanwaltschaft, allerdings muss er konkret durch die Entscheidung beschwert sein, vgl. *Meyer-Goßner/Schmitt*, § 390 Rn. 2 f.

[34] Die Revisionseinlegungsfrist beträgt nach § 341 Abs. 1 StPO eine Woche und beginnt bei Anwesenheit des Angeklagten mit der Urteilsverkündung. Wurde das Urteil in Abwesenheit des Angeklagten verkündet, beginnt sie mit dessen Zustellung, sofern es nicht unter den Voraussetzungen des § 341 Abs. 2 StPO in Anwesenheit eines schriftlich bevollmächtigten Verteidigers verkündet worden ist. Die Fristberechnung richtet sich nach § 43 Abs. 1 StPO. Ist die Frist verstrichen, denken Sie stets an eine Wiedereinsetzung in den vorigen Stand nach Maßgabe der §§ 44, 45 StPO.

[35] Der Wiedereinsetzungsantrag ist statthaft bei jeder gesetzlichen oder richterlichen Frist, die keine absolute Ausschlussfrist ist.

[36] Berechtigt zur Einlegung ist jeder Verfahrensbeteiligte, der eine entsprechende Frist versäumt hat.

[37] Der Antrag auf Wiedereinsetzung muss schriftlich binnen einer Woche nach Wegfall des Hindernisses bei dem Gericht gestellt werden, dessen Frist zu wahren war. Die Wiedereinsetzungsfrist wird nach § 43 StPO berechnet, wobei die Kenntnis des Betroffenen vom Wegfall des Hindernisses maßgeblich ist. Der Antrag selbst muss ordnungsgemäß begründet werden, d. h. Angaben über die versäumte Frist, den Hinderungsgrund sowie den entsprechenden Sachverhalt enthalten. Tatsachen sind glaubhaft zu machen.

[38] Der Wiedereinsetzungsantrag ist gemäß § 44 StPO begründet, wenn der Antragsteller ohne Verschulden gehindert war, die Frist einzuhalten. Das Verschulden Dritter wird ihm nicht zugerechnet.

[39] Die Revision muss schriftlich oder zu Protokoll der Geschäftsstelle eingelegt werden und in deutscher Sprache abgefasst sein, vgl. § 184 S. 1 GVG.

[40] Adressat der Revisionseinlegung ist gem. § 341 Abs. 1 StPO grundsätzlich das Gericht, dessen Urteil angegriffen wird, der iudex a quo. Eine Ausnahme sieht § 299 StPO für inhaftierte Angeklagte vor.

[41] Die Revisionsbegründungsfrist beträgt einen Monat. Sie beginnt mit Ablauf der Revisionseinlegungsfrist zu laufen. War das Urteil zu diesem Zeitpunkt noch nicht zugestellt, beginnt die Frist mit ordnungsgemäßer Zustellung zu laufen.

[42] Der Revisionsführer muss deutlich machen, inwieweit er das Urteil angreift und die Aufhebung beantragen. Er muss die Begründung auf eine Sach- und/oder Verfahrensrüge stützen und bei der Verfah-

Erläuterungen

(a) Revisionsantrag nach § 344 Abs. 1, 1. und 2. Hs. StPO
(b) Revisionsbegründung nach § 344 Abs. 1, 3. Hs. StPO
(5) Ergebnis zur Revisionsbegründung
f. Ergebnis zur Zulässigkeit der Revision ◀

2. Begründetheit der Revision

▶ **Muster 69: Begründetheit Revision**

a. Von Amts wegen zu prüfende Verfahrensvoraussetzungen bzw. Verfahrenshindernisse[43]
(1) Verfassungsrechtliche Verfahrensvoraussetzungen/-hindernisse
(a) Immunität nach Art. 46 Abs. 2 GG
(b) Strafklageverbrauch oder anderweitige Rechtshängigkeit nach Art. 103 Abs. 3 GG
(2) Prozessrechtliche Verfahrensvoraussetzungen/-hindernisse
(a) Ordnungsgemäße Berufung[44]
(b) Exterritorialität nach § 18 GVG
(c) Sachliche Unzuständigkeit nach §§ 1, 6 StPO[45]
(d) Innehaltungsgebot nach § 154 e Abs. 2 StPO
(e) Fehlen einer wirksamen Anklageschrift gemäß § 200 StPO[46]
(f) Unbekannter Aufenthaltsort nach § 205 StPO
(g) Tod bzw. dauernde Verhandlungsunfähigkeit nach § 206 a StPO
(h) Fehlerhafter Eröffnungsbeschluss nach § 207 StPO[47]
(3) Materiellrechtliche Verfahrensvoraussetzungen/-hindernisse
(a) Anwendbarkeit deutschen Strafrechts nach §§ 3 ff. StGB
(b) Strafunmündigkeit nach § 19 StGB oder Minderjährigkeit nach § 80 JGG bei Privatklagen
(c) Mangelnde Verantwortungsreife nach §§ 1 Abs. 2 Hs. 1, 3 S. 1 JGG

rensrüge die den Mangel begründenden Tatsachen angeben.

[43] Die von Amts wegen zu berücksichtigenden Verfahrensvoraussetzungen müssen nicht gerügt werden. Sie sind stets zu beachten und daher auch in der Klausur zu prüfen. Eine vertiefte Auseinandersetzung mit den einzelnen Prüfungspunkten, die für die Begründetheit der Revision eine Rolle spielen, finden Sie u. a. bei *Fock/Gerhold*, Seite 11 ff. Ein Verfahrenshindernis besteht begrifflich, wenn ein Umstand vorliegt, der dem Verfahren entgegensteht. Eine Verfahrensvoraussetzung muss demgegenüber positiv gegeben sein.

[44] Im Falle der Revision gegen ein Berufungsurteil muss geprüft werden, ob überhaupt wirksam Berufung eingelegt wurde und ob das Berufungsurteil ordnungsgemäß ergangen ist. Ein beliebter Fehler des Berufungsverfahrens, der gerne in Revisionsklausuren eingebaut wird, ist, dass das Urteil des ersten Rechtszuges in der zweiten Instanz nicht verlesen wird. Sollte Ihre Klausur eine Revision gegen das Urteil einer kleinen Strafkammer behandeln, lesen Sie daher die §§ 312 ff. StPO sorgfältig und Sie werden mit einiger Sicherheit Fehler finden.

[45] Die sachliche Zuständigkeit ist im Hinblick auf Art. 101 Abs. 1 S. 2 GG als Verfahrensvoraussetzung ausgestaltet, so dass ihr Fehlen keinen bloßen Revisionsgrund nach § 338 Nr. 4 StPO begründet. Einer Rüge bedarf es daher nicht. Hauptfall in der Klausur dürfte sein, dass ein Verbrechen vor dem Amtsrichter verhandelt wurde. Die Zuständigkeit des Gerichts beurteilt sich auf Grundlage der Urteilsfeststellungen nach objektiven Gesichtspunkten. Die Anklage vor einem Gericht höherer Ordnung ist nach § 269 StPO zulässig, solange sie nicht auf Willkür beruht.

[46] Fehler der Anklageschrift führen nur dann zu deren Unwirksamkeit, wenn sie ihre Funktion (Information und Umgrenzung des Prozessstoffs) beeinträchtigen, im Übrigen nicht.

[47] Liegt kein Eröffnungsbeschluss vor oder ist er wegen schwerer Fehler unwirksam, hätte eine Hauptverhandlung nicht durchgeführt werden dürfen. Ein Verfahrenshindernis ist gegeben.

- (d) Strafantrag nach §§ 77 ff. StGB sowie Ermächtigung und Strafverlangen nach § 77 e StGB
- (e) Verjährung nach § 78 StGB

(4) Sonstige Verfahrensvoraussetzungen/-hindernisse
- (a) Niederschlagung, Straffreiheitsgesetz oder Begnadigung
- (b) Beschränkungen aufgrund einer Bedingung nach § 72 IRG
- (c) Verfahrensverzögerung oder sonstiger Verstoß gegen den Grundsatz des Fair Trial nach Art. 6 Abs. 1 S. 1 EMRK[48]

b. Verletzung von Verfahrensvorschriften/ Verfahrensrüge

(1) Gesetzesverletzung[49]
- (a) Absolute Revisionsgründe des § 338 Nrn. 1 bis 7 StPO[50]
  - (aa) Vorschriftswidrige Besetzung gemäß § 338 Nr. 1 StPO[51]
  - (bb) Teilnahme ausgeschlossener Richter gemäß § 338 Nr. 2 StPO
  - (cc) Teilnahme abgelehnter Richter gemäß § 338 Nr. 3 StPO[52]
  - (dd) Unzuständigkeit des Gerichts gemäß § 338 Nr. 4 StPO[53]
  - (ee) Vorschriftswidrige Abwesenheit gemäß § 338 Nr. 5 StPO[54]
  - (ff) Unzulässige Beschränkung der Öffentlichkeit gemäß § 338 Nr. 6 StPO[55]
  - (gg) Fehlende oder verspätete Urteilsbegründung gemäß §§ 338 Nr. 7, 275 Abs. 1 S. 2 und 4 StPO
- (b) Relative Revisionsgründe[56]
  - (aa) Verstoß gegen Beweisverwertungsverbote[57]
  - (bb) Fehlerhafte Ablehnung von Beweisanträgen nach §§ 244, 245 StPO[58]
  - (cc) Verstoß gegen den Grundsatz der persönlichen Vernehmung nach § 250 StPO

Erläuterungen

[48] In Einzelfällen kann eine übermäßige Verfahrensverzögerung bei einem schweren Verstoß gegen das Beschleunigungsgebot der Fortsetzung des Strafverfahrens entgegenstehen. Im Übrigen ist die Verzögerung im Urteil festzustellen und ggf. durch Anwendung der Vollstreckungslösung zu kompensieren, vgl. BGH, NStZ 2008, 234.

[49] Eine erfolgreiche Verfahrensrüge erfordert stets die Verletzung einer Verfahrensvorschrift. Bei einer Revision der Staatsanwaltschaft zugunsten des Angeklagten muss § 339 StPO beachtet werden. Hinsichtlich jeder Gesetzesverletzung müssen die Beweisbarkeit, die fehlende Präklusion sowie bei den relativen Revisionsgründen das Beruhen, d. h. die Punkte (2), (3) und (4), im Anschluss an die Gesetzesverletzung geprüft werden.

[50] Bei den absoluten Revisionsgründen wird fingiert, dass das Urteil auf der jeweiligen Gesetzesverletzung beruht, und der erforderliche Kausalzusammenhang zwischen Gesetzesverletzung und Unrichtigkeit des Urteils daher unwiderleglich vermutet. Das Beruhen ist nicht gesondert zu prüfen. Beachten Sie, dass § 338 Nr. 8 StPO nach h.M. keinen absoluten Revisionsgrund darstellt, vgl. *Meyer-Goßner/Schmitt*, § 338 Rn. 58.

[51] Die vorschriftswidrige Besetzung kann sich aus einem Verstoß gegen die Besetzungsvorschriften des GVG, einer falschen Geschäftsverteilung, einer unzulässigen Verhinderung oder Vertretung sowie einer unrichtigen Schöffenbesetzung ergeben.

[52] Im Zusammenhang mit § 338 Nr. 3 müssen Sie die gesetzlichen Ausschlussgründe sowie den Ausschluss wegen Besorgnis der Befangenheit nach den §§ 24 ff. StPO (ggf. i. V. m. § 31 Abs. 1 StPO) sorgfältig prüfen.

[53] § 338 Nr. 4 StPO betrifft nur die Nichtbeachtung von Verfahrensvorschriften über die örtliche Zuständigkeit sowie die Zuständigkeit besonderer Strafkammern nach den §§ 6 a und 16 StPO. Der Verfahrensfehler muss in der Hauptverhandlung gerügt worden sein. Die sachliche Unzuständigkeit fällt nicht in den Anwendungsbereich der Norm, vgl. *Meyer-Goßner/Schmitt*, § 338 Rn. 32.

[54] Eine Anwesenheitspflicht besteht für den Staatsanwalt und grundsätzlich den Urkundsbeamten der Geschäftsstelle sowie den Angeklagten (Ausnahmen §§ 231 ff., 247 StPO), bei notwendiger Verteidigung auch für den Verteidiger und u. U. für den Dolmetscher.

[55] Beachten Sie, dass § 338 Nr. 6 StPO nur gegeben ist, wenn der Verfahrensverstoß auf einem Verschulden des Gerichts beruht.

[56] Bei den relativen Revisionsgründen muss neben den Prüfungspunkten „Beweis“ und „Keine Präklusion“ auch geprüft werden, ob das Urteil auf dem jeweiligen Fehler beruht.

[57] Dies können ausdrückliche Verbote wie § 136 a StPO sein, aber auch ungeschriebene Verbote, die der BGH auf Grundlage der Rechtskreistheorie entwickelt hat.

[58] Echte Beweisanträge i. S. v. § 244 Abs. 3 S. 1 StPO können nur unter den engen Voraussetzungen des § 244 Abs. 3 S. 2 bis 5 StPO abgelehnt werden.

Erläuterungen

(dd) Fehlerhafte Schlussvorträge und fehlendes letztes Wort nach § 258 StPO[59]

(ee) Fehlerhafte Beweiswürdigung nach § 261 StPO[60]

(ff) Verstoß gegen die Hinweispflicht nach § 265 StPO

(gg) Unzulässige Beschränkung der Verteidigung nach § 338 Nr. 8 StPO

(hh) Sonstige Verfahrensverstöße

(2) Beweis[61]

(3) Beruhen[62]

(4) Keine Präklusion[63]

c. Verletzung von sachlich-rechtlichen Vorschriften/Sachrüge[64]

(1) Fehler bei der Sachverhaltsdarstellung/Darstellungsrüge[65]

(2) Fehler bei den Rechtsfolgen/Subsumtionsrüge

(a) Materielles Gutachten entsprechend dem materiellen Gutachten der Anklageklausur[66]

(b) Überprüfung des Rechtsfolgenausspruchs[67]

d. Ergebnis zur Begründetheit der Revision ◀

Sie sind von schlichten Beweisanregungen und Beweisermittlungsanträgen abzugrenzen. Bei Verschleppungsabsicht bedarf es nach § 244 Abs. 6 S. 2 StPO keiner Ablehnung.

[59] § 258 StPO ist verletzt, wenn das Gericht nach dem Schlusswort des Angeklagten wieder in die Verhandlung eintritt und das letzte Wort vor der Urteilsverkündung nicht erneut gewährt. Lesen Sie das Protokoll deshalb sorgfältig unter diesem Gesichtspunkt durch.

[60] Ein Verstoß gegen § 261 StPO liegt vor, wenn das Urteil auf Feststellungen gestützt wird, die nicht in die Hauptverhandlung eingeführt worden sind bzw. nicht durch die in der Hauptverhandlung verwendeten Beweismittel gewonnen wurden.

[61] Jeder Verfahrensverstoß muss bewiesen werden. Als Beweismittel dient vorrangig die positive und negative Beweiskraft des Sitzungsprotokolls nach § 274 StPO.

[62] Das Urteil beruht auf einem Fehler, wenn die Möglichkeit besteht, dass das angefochtene Urteil bei richtiger Anwendung des Gesetzes anders ausgefallen wäre.

[63] Rügepräklusion tritt ein, wenn der Revisionsführer den Verfahrensverstoß gemäß § 238 Abs. 2 StPO oder nach der Widerspruchslösung des BGH schon während der Hauptverhandlung hätte geltend machen müssen, dies aber versäumt hat.

[64] Im Rahmen der Sachrüge prüft das Gericht, ob die Tatsachenfeststellungen Lücken oder Mängel aufweisen (Darstellungsrüge), sowie die richtige Gesetzesanwendung inklusive Rechtsfolgenausspruch (Subsumtionsrüge).

[65] Darstellungsmängel sind gegeben, wenn ein zur Verurteilung erforderliches Tatbestandsmerkmal in den Sachverhaltsfeststellungen des Urteils nicht aufgeführt ist.

[66] Dem materiellen Gutachten sind die Urteilsgründe des zu überprüfenden Urteils ohne eigene Beweiswürdigung zugrunde zu legen.

[67] Der Rechtsfolgenausspruch ist darauf zu überprüfen, ob wesentliche Grundsätze der Strafzumessung außer Acht gelassen wurden, insbesondere, ob bereits für den Tatbestand erforderliche Merkmale erneut strafmodifizierend herangezogen wurden.

3. Ergebnis zu den Erfolgsaussichten der Revision und Revisionsantrag[68]

[68] Die Formulierung eines Revisionsantrags bildet das Ende einer Revisionsklausur. Sein Inhalt ergibt sich aus § 344 Abs. 1 StPO. Die im Regelfall nach § 354 Abs. 2 StPO zu beantragende Aufhebung des Urteils und Zurückverweisung der Sache könnte lauten: „Das Urteil des ..., Az.: ..., vom ..., wird mit den zugrunde liegenden Feststellungen aufgehoben und die Sache zur erneuten Verhandlung und Entscheidung an eine andere ... des ... zurückverwiesen."

Erläuterungen

III. Der klassische staatsanwaltliche Aktenvortrag

Muster 70: Aktenvortrag

1. Einleitungssatz

„Ich berichte über ein Ermittlungsverfahren, das die Staatsanwaltschaft ... gegen den erwachsenen/heranwachsenden/jugendlichen Beschuldigten ... wegen des Verdachts des ... und anderer Delikte führt. Dem Verfahren liegt folgender Sachverhalt zugrunde:"

2. Knappe Darstellung des Sachverhalts, der in der Hauptverhandlung bewiesen werden kann[69]

3. Einlassung des Beschuldigten

4. Angabe der übrigen Beweismittel und ggf. kurze Beweiswürdigung[70]

5. Zwischenergebnis

„Der vorgetragene Sachverhalt kann dem Beschuldigten aus diesen Gründen/mit den eben genannten Beweismitteln in einer möglichen Hauptverhandlung nachgewiesen werden."

6. Kurzer Entscheidungsvorschlag

„Ich schlage daher vor, den Beschuldigten wegen ... vor dem ... anzuklagen. Nun zu den Vorwürfen im Einzelnen:"

7. Rechtliche Würdigung

8. Aufbau entsprechend dem materiellen bzw. prozessualen Gutachten der Anklageklausur[71]

9. Endergebnis und Entscheidungsvorschlag[72]

[69] Aus Zeitgründen muss die Sachverhaltsdarstellung so weit wie möglich gestrafft werden. Sie muss kurz, prägnant und verständlich sein. Diese Ziele sind nur durch einen chronologischen Aufbau zu erreichen! Namen, Zahlen, Daten u. ä. sollten nur aufgenommen werden, wenn sie für die rechtliche Bewertung von Bedeutung sind.

[70] Eine Beweiswürdigung sollte an dieser Stelle lediglich erfolgen, wenn der Beschuldigte den gesamten Sachverhalt bestreitet. Im Übrigen gilt das bereits oben Gesagte entsprechend, d. h. Sie geben hier nur den Inhalt der wichtigsten Zeugenaussagen kurz wieder, benennen weitere Beweismittel und nehmen die Beweiswürdigung ansonsten am jeweiligen Merkmal in ihrem materiellrechtlichen Gutachten vor.

[71] Verwenden Sie den Gutachtenstil allenfalls sparsam! In Anbetracht der knappen Zeit ist es angebracht, die eigenen Ergebnisse grundsätzlich im Urteilsstil vorzustellen. Eine Ausnahme ist lediglich für die rechtlichen Kernpunkte der Lösung zu machen. Diese können Sie durch die Verwendung des Gutachtenstils besonders hervorheben. Die prozessualen Erwägungen sollten sich an das materielle Gutachten anschließen.

[72] Ihr Aktenvortrag schließt mit einem Entscheidungsvorschlag. Der Entscheidungsvorschlag am Ende des Vortrages sollte die Ergebnisse Ihres Kurzvorschlages durch die exakte Angabe der Konkurrenzen, des erkennenden Spruchkörpers und des Gerichtsstandes präzisieren. Widersprüche sind zu vermeiden.

IV. Der revisionsrechtliche Aktenvortrag

Entsprechend der Revisionsklausur.

V. Die interne Verfügung[73]

Muster 71: Interne Verfügung

Az.: ...

<u>Vfg.</u>[74]

[73] Interne Verfügungen sind nach *Soyka*, Rn. 77, solche, die sich ausschließlich an die Geschäftsstelle richten. Sie sind kein typischer Klausurgegenstand, spielen jedoch in der staatsanwaltlichen Praxis eine zentrale Rolle.

[74] Verfügungen beginnen mit der Nennung des Aktenzeichens oben links. Die Verfügung wird in der Überschrift mit der Abkürzung Vfg. oder einfach durch ein großes V. gekennzeichnet. Die Überschrift ist zu zentrieren und zu unterstreichen.

1.[75] Frau/Herrn AL/Dez

2. BZR[76] für den Beschuldigten Bl. ... d. A. erfordern

3. Az.: ... erfordern/beifügen[77]

4. Anfrage an den Antragsteller Bl. ... d. A., ob ...

Zusatz: ...[78]

5. Zu schreiben – formlos/PZU –

an den Antragsteller Bl. ... d. A.:

[Betreff:][79] Ermittlungsverfahren gegen ... in ... wegen des Verdachts des ... und anderer Straftaten

[Bezug:] Ihre Aussage vom ...

Sehr geehrte/geehrter Frau/Herr ...

...

Mit freundlichen Grüßen

6. Vermerk: ...[80]

7. AE an RA Bl. ... d. A. für ... Tage[81]

8. 1 Monat (Anklage?)[82]

Datum

Paraphe[83] ◀

VI. Die Ermittlungsverfügung[84]

▶ **Muster 72: Ermittlungsverfügung**

Az.: ... (EILT! VON HAND ZU HAND)[85]

Vfg.

1. Ggf. interne Verfügungen
   entsprechend den eben genannten Beispielen[86]
2. 1 Woche GENAU[87]
3. U. m. A.[88]
   der/dem ... (Amtsgericht, Kriminalpolizeistelle u. ä.)
   – Ermittlungsrichter –[89]
   in ...
   mit der Bitte übersandt, ... (beispielsweise einen Zeugen zu bestimmten Fragen zu vernehmen)[90]
   oder:
   mit dem Antrag übersandt, ... (beispielsweise gemäß § ... eine bestimmte Ermittlungsmaßnahme durchzuführen oder gemäß § 112

Erläuterungen

[75] Die einzelnen Verfügungspunkte werden durchnummeriert. Jede Verfügung enthält mindestens eine Frist, das Datum der Verfügung und die Unterschrift, bei internen Verfügungen die Paraphe.

[76] BZR ist ebenso wie schlicht R eine Abkürzung für den Bundeszentralregisterauszug. Auch Verkehrsregisterauszug (VZR) und Erziehungsregisterauszug (EZR) werden ggf. „erfordert".

[77] Akten, die sich außerhalb der eigenen Geschäftsstelle befinden, werden erfordert, solche, die sich innerhalb dieser befinden, beigefügt.

[78] Der Begriff „Zusatz" macht deutlich, dass die Anfrage aus mehreren Sätzen besteht, und sich die anschließenden Fragen nicht an den Urkundsbeamten selbst richten.

[79] Die Worte „Betreff" und „Bezug" werden heutzutage nicht mehr mitgeschrieben.

[80] Vermerke dienen der Information des Lesers und haben gegenüber der Geschäftsstelle keinen Weisungscharakter.

[81] AE meint Akteneinsicht, RA Rechtsanwalt und Bl. d. A. Blatt der Akten. Möglich wäre auch n. A. zu verfügen, nach Antrag.

[82] Alternativ kann verfügt werden: WVL nach 1 Monat bzw. Frist 1 Monat. Klammerzusätze stellen interne Merkhilfen des Dezernenten dar und werden von der Geschäftsstelle nicht beachtet.

[83] Eine Paraphe ist eine verkürzte Unterschrift bzw. ein verkürztes Namenszeichen bestehend aus nur wenigen Buchstaben. Auch die schlichte Angabe der Initialen ist denkbar.

[84] Bei der Ermittlungsverfügung handelt es sich um eine von *Soyka*, Rn. 83 und 88, als extern bzw. gemischt intern-extern bezeichnete Verfügung, da sie sich ausschließlich oder zumindest auch an Personen außerhalb der eigenen Geschäftsstelle richtet.

[85] Rechtsbündig können Hinweise auf eine besondere Eilbedürftigkeit angebracht werden, beispielsweise in Haftsachen. Hand zu Hand meint die persönliche Übergabe durch einen Boten. Die Klammern werden in der Praxis nicht gesetzt. Sie verdeutlichen hier lediglich, dass dieser Baustein nur in entsprechenden Fällen zu verwenden ist.

[86] Bevor die Akten versandt werden, können Sie weitere Verfügungen an die Geschäftsstelle richten.

[87] Da die Akten im Anschluss versandt werden, handelt es sich um eine so genannte Handaktenfrist. Teilweise wird dies durch den Zusatz: „HA-Frist 1 Woche" kenntlich gemacht. Die Frist ist vor der Versendung der Akten zu notieren.

[88] Abkürzung für urschriftlich mit Akten.

[89] Bei Gerichten wird in einer zweiten Zeile die Funktion des zuständigen Richters angegeben. Bei einer U. m. A.-Verfügung an eine Polizeidienststelle entfällt diese Zeile.

[90] An dieser Stelle können Sie jeden denkbaren Ermittlungsauftrag einfügen. Wurde bereits eine Vernehmung des jeweiligen Zeugen durchgeführt, formuliert man üblicherweise: „... den Zeugen ... zu folgenden Fragen ergänzend zu vernehmen."

Erläuterungen

Abs. 1 StPO einen Haftbefehl gegen den Beschuldigten zu erlassen)[91]
Begründung: Der Beschuldigte ... ist (dringend) verdächtig, in ... am ... (es folgen die gesetzlichen Merkmale der Tat, der Sachverhalt, die anzuwendenden Strafvorschriften sowie eine rechtliche Würdigung unter Angabe der Beweismittel)[92]
..., den ...[93]
Staatsanwaltschaft bei dem Landgericht
Unterschrift
Staatsanwalt ◀

[91] Gegenüber dem Richter stellen Sie Anträge. Gegenüber den Ermittlungspersonen der Staatsanwaltschaft formulieren Sie Bitten. Ausnahmsweise kann auch die Staatsanwaltschaft nach § 142 Abs. 4 StPO selbst den Pflichtverteidiger bestellen. Insoweit handelt es sich dann um eine interne Verfügung.

[92] Achten Sie darauf, dass alle Voraussetzungen der jeweiligen Ermittlungsmaßnahme mit Tatsachen begründet und für die Entscheidung erforderliche Angaben konkret bezeichnet sind. Bei dem Antrag auf Erlass eines Haftbefehls sind dies beispielsweise der Beschuldigte, dringender Tatverdacht hinsichtlich eines strafrechtlich relevanten Verhaltens, Tatzeit und Tatort, die gesetzlichen Merkmale der Straftat, die anzuwendenden Strafvorschriften sowie der Haftgrund, vgl. §§ 112 f., 114 StPO. Beweismittel sind anzugeben und ggf. kurz zu würdigen. Auch einen Hinweis auf die Verhältnismäßigkeit der Maßnahme sollte die Begründung enthalten. Im Optimalfall kann der jeweilige Richter also anhand Ihrer Ausführungen die jeweiligen Voraussetzungen überprüfen und Ihren Antrag im Anschluss zur Begründung seiner Entscheidung übernehmen.

[93] Bei externen oder gemischten Verfügungen, wozu die Ermittlungsverfügung zweifelsohne zählt, geben Sie am Ende neben dem Datum der Verfügung auch den Ort der Verfügung an. Die Paraphe wird durch die Angabe der jeweiligen Staatsanwaltschaft sowie der vollen Unterschrift samt Dienstbezeichnung ersetzt.

VII. Die Einstellungsverfügung[94]

▶ **Muster 73: Einstellungsverfügung**

Az.: ...

Vfg.

1. Ggf. interne Verfügungen entsprechend den oben genannten Beispielen
2. Vermerk: ...
3. Einstellung des Verfahrens (ggf. hinsichtlich einer näher zu bezeichnenden prozessualen Tat) gemäß § 170 Abs. 2 StPO (oder § 153 Abs. 1 S. 2 StPO u. a., hinsichtlich einer anderen prozessualen Tat gemäß § ...) aus den Gründen des vorstehenden Vermerks
oder: Einstellung des Verfahrens (hinsichtlich ...) gemäß § ..., (hinsichtlich ...) aus den Gründen des folgenden Bescheids[95]
4. Zu schreiben: Bescheid – formlos/PZU – (mit/ohne Rechtsbelehrung) an den Antragsteller/Anzeigenden ... Bl. ... d. A.[96]

Ermittlungsverfahren gegen ... in ... wegen des Verdachts des ...

[94] Beachten Sie, dass eine prozessuale Tat stets einheitlich behandelt werden muss. Handelt es sich um mehrere prozessuale Taten, können demgegenüber einige eingestellt, andere jedoch zur Anklage gebracht werden. Man spricht dann von einer Teileinstellung, die im Rahmen der Anklageschrift mitbehandelt wird.

Stellen Sie in Ihrer Einstellungsverfügung stets die Reichweite der Einstellung und deren Rechtsgrundlage heraus.

[95] Muss niemand beschieden werden, bietet es sich an, die Gründe für die Einstellung in einem Vermerk niederzulegen. Ist dagegen der Antragsteller zu bescheiden, erübrigt sich ein Vermerk und es ist ein Bescheid auszuformulieren, auf den verwiesen werden kann.

[96] Die Beschwerde gegen die Einstellungsentscheidung ist kein Rechtsmittel i. e. S., so dass von einer Rechtsbelehrung oder schlicht von Belehrung gesprochen werden muss. Es fehlt insoweit am Suspensiv- sowie am Devolutiveffekt, vgl. *Soyka*, Rn. 154. Ob der Bescheid eine Belehrung enthält, ist davon abhängig, ob das Klageerzwingungsverfahren gemäß § 172 Abs. 2 S. 3 StPO zulässig und der Antragsteller gemäß § 171 S. 2 StPO zugleich Verletzter ist. Unzulässig ist das Klageerzwingungsverfahren bei Einstellungen aus Opportunitätsgründen und bei Privatklagedelikten.

[97] Geben Sie den Inhalt der Anzeige, den Vorwurf samt Normen und deren Merkmalen, Einlassung und Beweismittel sowie die rechtlichen und tatsächlichen Gründe der Einstellung an. Im Rahmen des Bescheides wird der zugrunde liegende Sachverhalt stets im Imperfekt geschildert, Prozessgeschichte, Ermittlungs-

Ihr Strafantrag/Ihre Strafanzeige vom .../Ihr Zeichen: ...

Sehr geehrte/geehrter Frau/Herr ...

in Ihrem Strafantrag werfen Sie dem Beschuldigten ... vor, er sei ... Hieraus leiten Sie die Vorwürfe der ... und der ... ab.[97]

Die Staatsanwaltschaft erhebt jedoch nur dann öffentliche Klage, wenn der Beschuldigte einer Straftat hinreichend verdächtig ist, also die Verurteilung wahrscheinlich. Das ist hier nicht der Fall. Ein hinreichender Tatverdacht wegen ... setzt nämlich voraus, dass ... Diese Voraussetzungen können hier nicht mit der für eine Anklage erforderlichen Wahrscheinlichkeit festgestellt werden. Ich habe das Ermittlungsverfahren daher (hinsichtlich des Geschehens am ...) gemäß § 170 Abs. 2 StPO (, hinsichtlich des Geschehens am ... gemäß § 153 Abs. 1 S. 2 StPO) eingestellt.

(Bei Verfahrenseinstellung nach § 170 Abs. 2 StPO gilt folgende Rechtsbelehrung:)

– Rechtsbelehrung –[98]

(Ist der Antragsteller zugleich der Verletzte, so steht ihm gegen einen Einstellungsbescheid die Beschwerde an den Generalstaatsanwalt zu.

Sie ist binnen 2 Wochen nach Bekanntmachung entweder bei der Staatsanwaltschaft ... oder bei dem Generalstaatsanwalt in ... einzulegen.)

Mit freundlichen Grüßen

oder: 4. Kein Einstellungsbescheid, Verzicht

5. Einstellungsnachricht an den Beschuldigten Bl. ... d. A.[99]
6. Beiakten trennen
7. Mitteilung von 3. an Az.: ...
8. Sichergestellten/beschlagnahmten Gegenstand an ... senden – Einschreiben mit Rückschein –
9. KPS[100]
10. Weglegen, 5 Jahre[101]

Datum, Paraphe ◀

Erläuterungen

handlungen, deren Ergebnis und rechtliche Feststellungen im Perfekt. Das Vorbringen des Beschuldigten wird demgegenüber im Präsens wiedergegeben. Ausführliche Praxisbeispiele finden sich bei *Soyka*, Rn. 174 ff., an die ebenfalls die hier verwendeten Formulierungen angelehnt sind. Verweisen Sie auf den Privatklageweg, verfahren Sie entsprechend. In der Begründung müssen Sie dann jedoch ausführen, warum Sie das öffentliche Interesse verneinen. Als weiterer Unterschied erfolgt die Einstellung nach § 170 Abs. 2 StPO i. V. m. §§ 374, 376 StPO, eine Rechtsbelehrung entfällt und nach dem Satz „Ich habe das Verfahren daher gemäß § ... eingestellt." formulieren Sie: „Es steht Ihnen jedoch frei, die Bestrafung des Beschuldigten im Privatklageweg zu verfolgen. Der Erhebung der Privatklage muss ein Sühneverfahren vorausgehen. Nähere Auskünfte erteilt der zuständige Schiedsmann oder die Rechtsantragsstelle des zuständigen Amtsgerichts.", vgl. *Soyka*, Rn. 184.

[98] Die Rechtsbelehrung wird in der Praxis nicht ausformuliert, sondern es wird an entsprechender Stelle ein Textbaustein eingefügt. In der Klausur dürfen Sie in den meisten Bundesländern ebenso verfahren, a. A. *Kaiser/Bracker*, Rn. 262.

[99] Unter den Voraussetzungen des § 170 Abs. 2 S. 2 StPO ist der Beschuldigte über die Einstellung zu informieren. Die Bekanntgabe erfolgt in Form einer Einstellungsnachricht, einem formularmäßigen Text, den Sie nicht ausformulieren, sondern dessen Versendung Sie lediglich verfügen müssen. Nach *Soyka*, Rn. 160, sollte die Einstellungsnachricht erst nach Ablauf der Beschwerdefrist versandt werden, damit beim Beschuldigten kein falsches Vertrauen auf die Einstellung geweckt wird.

[100] Keine Prüfungssache. In der Klausur sollten Sie auf diesen Verfügungspunkt verzichten! „KPS" darf im Übrigen nur verfügt werden, wenn die Sache weggelegt wird.

[101] Auch die Verfügung „Weglegen" ist eine Frist, denn nach Ablauf der gesetzlichen Aufbewahrungsfrist werden die Akten vernichtet. Die Dauer der Aufbewahrung richtet sich nach den jeweiligen Landesverordnungen über die Aufbewahrung von Schriftgut der Gerichte, Staatsanwaltschaften und Justizbehörden. Wird ein Verfahren eingestellt, beträgt die Frist regelmäßig fünf Jahre, wobei die Akten jedoch nicht vor Ablauf der Verjährungsfrist vernichtet werden dürfen, wenn sich aus den Akten das objektive Vorliegen einer Straftat ergibt.

VIII. Die Abschlussverfügung[102]

▶ Muster 74: Abschlussverfügung

Az.: ... (EILT! VON HAND ZU HAND)

Vfg.

1. Ggf. interne Verfügungen entsprechend den oben genannten Beispielen
2. Ggf. Teileinstellungsverfügung[103] entsprechend dem Abschnitt „Die Einstellungsverfügung"
   ggf. auch: Teileinstellung des Verfahrens gemäß § 154 Abs. 1 StPO aus den Gründen und in dem Umfang des Bescheids/Vermerks zu ...
3. Falls Einstellung ggf.: Aktendoppel wegen der bestehenden Beschwerdemöglichkeit fertigen und bei den HA belassen[104]
4. Vermerk: Die für die/den ... zu erwartende Strafe fällt hinsichtlich der für die/den ... zu erwartenden Strafe nicht beträchtlich ins Gewicht. Die Strafverfolgung wird daher gemäß § 154 a Abs. 1 StPO auf die/den ... beschränkt.[105]
5. (Vermerk:) Die Ermittlungen sind abgeschlossen, § 169 a StPO[106]
6. Ablichtungen dieser Verfügung, des BZR und der Bl. ... d. A. fertigen und zu den HA nehmen[107]
7. Anklageschrift nach anliegendem Entwurf mit ... Ablichtungen fertigen, Entwurf und eine Ablichtung zu den HA nehmen
8. eine Ablichtung zu den Beiakten, Az.: ..., nehmen
9. eine/zwei Ablichtung/Ablichtungen der Anklageschrift gemäß Nr. ... MiStra an ... (in einem verschlossenen Umschlag als vertrauliche Personalsache gekennzeichnet) zum Az.: ... übersenden
10. Herrn Asservatenverwalter mit der Bitte um Beifügung der Asservate
11. HA-Frist: 3 Monate/1 Woche GENAU (Haftbefehl?)
12. U. m. A. (und jeweils näher zu kennzeichnenden Beiakten, Sonderheften oder Asservaten) dem

Erläuterungen

[102] Im Gegensatz zum Gutachten dürfen Sie in der Klausur in vielen Bundesländern für Abschlussverfügung und Anklageschrift die gesamte Seite verwenden. Erkundigen Sie sich bei Ihrem AG-Leiter nach den jeweiligen Gepflogenheiten.

[103] Machen Sie in Fällen der Teileinstellung deutlich, dass die Einstellung nicht das gesamte Verfahren betrifft und geben Sie stets den Umfang der Einstellung an! Schreiben Sie daher: „Teileinstellung des Verfahrens gemäß ... aus den Gründen ... und in dem Umfang des Bescheids/Vermerks zu ..."Im Einstellungsbescheid formuliert man üblicherweise: „Ich habe das Verfahren daher hinsichtlich des Vorwurfs des ... gemäß § ... eingestellt. Im Übrigen habe ich mit gleicher Verfügung Anklage erhoben." Beachten Sie auch, dass dem Beschuldigten keine Einstellungsnachricht zu übersenden ist und die Akten auch nicht weggelegt werden dürfen. Verfügen Sie: „Keine Einstellungsnachricht, da Anklage im Übrigen" und die übliche Frist. Wurde gegen mehrere Beschuldigte ermittelt, kombinieren Sie eine Einstellungsverfügung mit einer Abschlussverfügung und stellen durch die Bezeichnung der Beschuldigten heraus, welches Verfahren Sie einstellen und welches Sie zur Anklage bringen.

[104] Falls Sie das Verfahren eingestellt haben und die Beschwerde dagegen bzw. das Klageerzwingungsverfahren statthaft ist, rät *Soyka*, Rn. 210, dass ein Aktendoppel gefertigt und zu den Handakten genommen wird. Dieses Vorgehen ist ratsam.

[105] Der Unterschied zwischen den §§ 154, 154 a StPO besteht darin, dass § 154 StPO eine eigenständige prozessuale Tat, § 154 a StPO dagegen einen abtrennbaren Teil einer einheitlichen prozessualen Tat betrifft. Die Beschränkung ist nach § 154 a Abs. 1 S. 3 StPO aktenkundig zu machen.

[106] Die Verfügung des Abschlusses der Ermittlungen ist Voraussetzung der Anklage und u. a. mit Konsequenzen für das Akteneinsichtsrecht des Verteidigers (§ 147 Abs. 2 StPO) verbunden. Der Streit, ob der Abschluss der Ermittlungen in Vermerkform verfügt werden muss, ist praktisch bedeutungslos, da es sich nicht um eine Prozessvoraussetzung handelt, vgl. *Meyer-Goßner/Schmitt*, § 169 a Rn. 1. Die besseren Argumente sprechen gegen einen internen Vermerk, da an den Abschluss der Ermittlungen unmittelbar prozessuale Folgen geknüpft werden, vgl. *Soyka*, Rn. 202.

[107] Die wesentlichen Blätter der Akten müssen kopiert und zu den Handakten genommen werden, damit sich der jeweilige Sitzungsvertreter auf die Hauptverhandlung vorbereiten, dieser folgen und Nachfragen stellen kann. Die ganzen Akten müssen in den seltensten Fällen kopiert werden. Treffen Sie also eine Auswahl.

Amtsgericht

– Vors. des Schöffengerichts –[108]

in ...

unter Bezugnahme auf die anliegende Anklageschrift (und mit den weiteren Anträgen) übersandt:[109]

Dem Angeschuldigten aus den Gründen des Vermerks zu ... gemäß § 140 Abs. 1 Nr. .../Abs. 2 StPO einen Pflichtverteidiger zu bestellen,

gegen den Angeschuldigten und nach Maßgabe des Anklagesatzes einen Haftbefehl zu erlassen,

dem Angeschuldigten gemäß § 111 a StPO aus den Gründen des Vermerks zu ... die FE vorläufig zu entziehen und damit die Beschlagnahme des Führerscheins zu bestätigen,

die Geschädigte ... auf ihre Anschlusserklärung vom ..., Bl. ... d. A., als Nebenklägerin zuzulassen,

die Beschlagnahmeanordnung vom ... aufzuheben und einen näher gekennzeichneten Gegenstand an ... herauszugeben,[110]

diese Sache zur gemeinsamen Verhandlung und Entscheidung mit dem Verfahren, Az.: ..., zu verbinden.

Auf den Adhäsionsantrag[111], Bl. ... d. A., weise ich hin. Von einer Entscheidung im Adhäsionsverfahren sollte gemäß § 406 Abs. 1 Sätze 4 und 5 StPO abgesehen werden, weil sich der Antrag auch unter Berücksichtigung der berechtigten Belange des Antragstellers zur Erledigung im Strafverfahren nicht eignet und die weitere Prüfung das Verfahren erheblich verzögern würde./Ich rege an, dem Adhäsionsantrag zu entsprechen, weil ...

..., den ...

Staatsanwaltschaft

bei dem Landgericht

Unterschrift

Staatsanwalt ◀

Erläuterungen

[108] Die Verfügung ist an den Strafrichter bzw. den Vorsitzenden des Schöffengerichts/einer bestimmten Kammer zu richten.

[109] Im Fall eines Strafbefehls lautet der Überleitungssatz: „mit dem Antrag übersandt, Strafbefehl nach anliegendem Entwurf zu erlassen. Sollten dem Erlass des Strafbefehls Bedenken entgegenstehen oder die/der Beschuldigte Einspruch einlegen, beantrage ich, Termin zur Hauptverhandlung vor dem Amtsgericht – Strafrichter – anzuberaumen." Der zweite Satz ist in der Praxis üblich, aber nicht zwingend, da er lediglich gesetzliche Folgen kennzeichnet, vgl. *Soyka*, Rn. 207 Fn. 75. Es schließen sich alle Anträge an, über die das Gericht noch vor der Eröffnung des Hauptverfahrens entscheiden soll, der Ermittlungsrichter aber nicht mehr entscheiden darf, da bereits Klage erhoben wurde. Insbesondere solche Anträge gehören in die Abschlussverfügung, von denen der Beschuldigte nicht durch die Zustellung der Anklageschrift Kenntnis erlangen soll. Allein die Anträge auf Fortdauer der Untersuchungshaft und Mitwirkung eines dritten Richters gehören ans Ende der Anklageschrift, da das Gericht über sie gemeinsam mit der Eröffnung des Hauptverfahrens entscheidet. Die Anträge sind zu begründen.

[110] Gegenstände, die nicht mehr als Beweismittel oder Objekte der Einziehung oder des Verfalls in Betracht kommen, sind herauszugeben. Bei Urkunden, die der Berechtigte dringend benötigt, ist es auch möglich, eine beglaubigte Ablichtung erstellen zu lassen und das Original herauszugeben, wenn die Urkunde als Beweismittel im Prozess benötigt wird. Die Herausgabe erfolgt nach § 111 n Abs. 1 StPO grundsätzlich an den letzten Gewahrsamsinhaber. Eine Ausnahme bildet die Herausgabe an den Verletzten nach Maßgabe des § 111 n Abs. 2 und 3 StPO, wenn die Sache für das Verfahren nicht mehr benötigt wird, sie dem Verletzten durch die Tat entzogen wurde, er bekannt ist und Ansprüche Dritter nicht entgegen stehen. Zusammenfassend zu den rechtlichen Problemen *Kaiser/Bracker*, Rn. 137 ff.

[111] Im Gegensatz zum Antrag auf Zulassung als Nebenkläger, bei dem die Staatsanwaltschaft gem. § 396 Abs. 2 S. 1 StPO zwingend zu hören ist, muss sie im Adhäsionsverfahren nicht gehört werden. Ein Antrag ist daher zumindest unüblich. Eigene rechtliche Erwägungen der Staatsanwaltschaft werden in Form einer Anregung mitgeteilt.

IX. Die Anklageschrift[112]

▶ **MUSTER 75: ANKLAGESCHRIFT**

Staatsanwaltschaft bei dem Landgericht	..., den ...
	EILT! HAFT!/HAFT! SOFORT!
Az.:	Ablauf der Haftprüfungsfrist gemäß § 121 Abs. 2 StPO[113] am ...
An das Amtsgericht – Jugendrichter –[114]	(zur Tatzeit) Jugendlicher/ Heranwachsender
in ...	

Anklageschrift/Schwurgerichtsanklage[115]

I. Bl. ... d. A. Den/Der (gelernter) Beruf Rufname (weitere Vornamen) Nachname, ggf. Geburtsname,
geboren am ..., in ...,
wohnhaft ...,
Staatsangehörigkeit, Familienstand,
in dieser Sache vorläufig festgenommen am ... und aufgrund des Haftbefehls des ... vom ..., Az.: ..., seit diesem Tag/vom ... bis ... in Untersuchungshaft in der Justizvollzugsanstalt ..., Gefangenenbuchnummer ..., vom Vollzug der Untersuchungshaft durch Beschluss des ... vom ..., Az.: ..., vorläufig verschont/zur Zeit in der Justizvollzugsanstalt ... in Haft
Gesetzliche Vertreter: Namen und Anschriften der gesetzlichen Vertreter (Bl. ... d. A)
Verteidiger: Name, Anschrift oder alternativ: in ... (Bl. ... d. A.)[116]

II. Bl. ... d. A. den/der (gelernter) Beruf Rufname (weitere Vornamen) Nachname, entsprechend I.[117]

klage ich an/wird angeklagt,[118]

in ..., ... (und andernorts)

am .../in der Zeit vom ... bis zum ...

ERLÄUTERUNGEN

[112] Die Anklageschrift stellt einen Schwerpunkt der strafrechtlichen Anklageklausur dar. Sie sollten daher die äußere Form und den Aufbau einer Anklageschrift sicher beherrschen! Form und Inhalt müssen den Vorgaben der §§ 199 f. StPO sowie den Nrn. 110 ff. RiStBV entsprechen. Die Anklageschrift muss also insbesondere übersichtlich und verständlich sein, die Angaben der Nr. 110 Abs. 2 RiStBV und einen Antrag auf Eröffnung des Hauptverfahrens enthalten, das Gericht und den Spruchkörper genau bezeichnen, ggf. Ort und Dauer von Haft angeben und einen Antrag zur Haftfortdauer enthalten, auf die Haftprüfungsfrist des § 121 Abs. 2 StPO hinweisen sowie die wesentlichen Beweismittel beinhalten und u. U. das wesentliche Ergebnis der Ermittlungen wiedergeben.

[113] Mit dem Gesetz zur Änderung des Untersuchungshaftrechts vom 29.7.2009 (BGBl. I S. 2274) ist die Dreimonatshaftprüfung für nichtverteidigte Beschuldigte konsequent aus § 117 StPO herausgenommen worden, da mit demselben Gesetz § 140 Abs. 1 Nr. 4 StPO eingeführt worden ist. Wird Untersuchungshaft vollstreckt, liegt daher nach gegenwärtiger Gesetzeslage stets ein Fall der notwendigen Verteidigung vor (beachten Sie auch das Gesetz zur Neuregelung des Rechts der notwendigen Verteidigung vom 10.12.2019, BGBl. I, S. 2128, durch das das Recht der Pflichtverteidigung grundlegend neu geregelt worden ist). Die Sechsmonatsfrist des § 121 Abs. 2 StPO gilt jedoch auch nach der jüngsten StPO-Reform weiter. Bei der Berechnung dieser Haftprüfungsfrist ist zu beachten, dass nur die erlittene Untersuchungshaft zu berücksichtigen ist. Die Zeit der vorläufigen Festnahme bleibt außer Betracht. Des Weiteren ist bei der Fristberechnung zu beachten, dass um den Tag des Fristbeginns seit langem gestritten wird. Teilweise wird der Tag der Verhaftung miteingerechnet, teilweise nicht. Vertretbar ist es daher entweder, anzunehmen, dass die Haftprüfungsfrist an dem Tag endet, der seiner Zahl nach dem Tag der Verhaftung entspricht (u. a. *Meyer-Goßner/Schmitt*, § 121 Rn. 4), oder, dass die Haftprüfungsfrist einen Tag vorher endet, um zu gewährleisten, dass die Haftprüfung nach § 121 StPO stattfindet, bevor die Untersuchungshaft sechs Monate gedauert hat (u. a. *KG – Strafrechtsskript staatliche Sicht*, S. 16 f., vertiefend *Kaiser/Bracker*, Rn. 221 f.). Entscheiden Sie sich am besten für die Variante, die in Ihrem Bundesland üblich ist. Die Haftprüfungsfrist ist für jeden Angeschuldigten gesondert anzugeben.

[114] Adressiert wird die Anklageschrift an den Straf- oder Jugendrichter bzw. den Vorsitzenden des Schöffengerichts oder der jeweiligen Kammer, da zum einen das Schöffengericht als Spruchkörper nur in der Hauptverhandlung besteht – die Schöffen wirken außerhalb der Hauptverhandlung nicht mit – und zum anderen bei Kammerentscheidungen dem Vorsitzenden die Aufgabe zukommt, Zustellungen, die Verfügung an den Berichterstatter und ähnliche Schritte zu veranlassen, und ihm die Akten daher zuerst vorgelegt werden; für eine Adressierung an die Kammer demgegenüber *Meyer-Goßner/Schmitt*, § 200 Rn. 3, *Kaiser/Bracker*, Rn. 293, und *Soyka*, Rn. 234 ff. Fn. 92.

[115] Nach der Überschrift „Anklageschrift", die zentriert und durch Fettdruck hervorgehoben werden

als Jugendlicher mit Verantwortungsreife/Heranwachsender/im Zustand erheblich verminderter Schuldfähigkeit

durch einen anderen/gemeinschaftlich (handelnd mit dem gesondert verfolgten ...)

versucht zu haben/durch Unterlassen

I. den/der Angeschuldigte(n) ...
durch ... selbständige Handlungen

1. eine fremde bewegliche Sache einem anderen in der Absicht weggenommen zu habe, sich die Sache rechtswidrig zuzueignen, und zur Ausführung der Tat in einen umschlossenen Raum eingebrochen zu sein,

2. tateinheitlich/durch dieselbe Handlung

a. vorsätzlich einem anderen zu dessen vorsätzlich begangener rechtswidriger Tat, nämlich einem Diebstahl in einem besonders schweren Fall, Hilfe geleistet zu haben,[119]

b. vorsätzlich/fahrlässig[120] im Verkehr ein Fahrzeug geführt zu haben, obwohl er infolge des Genusses alkoholischer Getränke nicht in der Lage war, das Fahrzeug sicher zu führen, und sich dadurch als ungeeignet zum Führen von Kraftfahrzeugen erwiesen zu haben,[121]

c. eine andere Person körperlich misshandelt und an der Gesundheit geschädigt zu haben,[122]

II. den/der Angeschuldigte(n) ...

3. bis x. durch ... selbständige Handlungen (Taten ... bis ...)[123]
jeweils durch dieselbe Handlung

a. rechtswidrig fremde Sachen zerstört zu haben, wobei er in zwei Fällen (Taten ... und ...) gemeinschaftlich mit dem Angeschuldigten ... handelte und es in einem Fall (Tat ...) beim Versuch blieb,

b. und in einem Fall (Tat ...) zusätzlich durch dieselbe Handlung durch Unterlassen ...

Erläuterungen

sollte, folgt die Kennzeichnung des Angeschuldigten nach Nr. 110 Abs. 2 lit. a RiStBV nebst Angaben zur Haft nach Nr. 110 Abs. 4, nach Nr. 110 Abs. 2 lit. b die Angabe des Verteidigers und anschließend nach lit. c. der Anklagesatz. Es folgen nach lit. d bis g ein Hinweis auf den Strafantrag sowie auf Verfolgungsbeschränkungen, die Angabe der Zeugen und anderer Beweismittel und das wesentliche Ergebnis der Ermittlungen. Die Anklageschrift schließt nach Nr. 110 Abs. 3 RiStBV mit dem Antrag auf Eröffnung des Hauptverfahrens unter Nennung des Gerichts und des Spruchkörpers, die die Staatsanwaltschaft als zuständig ansieht, sowie ggf. einem Antrag auf Fortdauer der Untersuchungshaft, der nach Nr. 110 Abs. 4 S. 2 RiStBV in der Anklageschrift zu stellen ist, bzw. einem Antrag auf Mitwirkung eines zweiten/dritten Richters, über den nach §§ 29 Abs. 2 S. 1, 76 Abs. 2 S. 1 GVG, Nr. 113 Abs. 3 und 4 RiStBV mit Eröffnung des Hauptverfahrens zu entscheiden ist.

[116] Zur Kennzeichnung des Angeschuldigten sind dessen Name, Beruf, Anschrift, Familienstand, Geburtstag, Geburtsort, Staatsangehörigkeit und Familienstand anzugeben. Der Rufname ist zu unterstreichen. Ort und Datum einer möglichen Haft sind zu vermerken und der Verteidiger ist aufzuführen. Bei Minderjährigen sind auch Namen und Anschriften der gesetzlichen Vertreter anzugeben.

[117] Gibt es mehr als einen Angeschuldigten, werden die Angeschuldigten durch römische Ziffern gekennzeichnet und nach ihrem Alter geordnet. Grundsätzlich ist mit dem ältesten Angeklagten zu beginnen, vgl. *Kaiser/Bracker*, Rn. 320. Eine Ausnahme ist zu machen, wenn zugleich Jugendliche/Heranwachsende und Erwachsene angeklagt werden. Dann ist mit dem Jugendlichen/Heranwachsenden zu beginnen, da dieser für die Zuständigkeit des Gerichts entscheidend ist.

[118] Durch die Formulierung: „klage ich an/wird angeklagt" wird in den norddeutschen Bundesländern zum abstrakten Anklagesatz übergeleitet. Ort und Zeit der Tatbegehung sind anzugeben. Es folgen die gesetzlichen Merkmale der Straftat, d. h. die Tatbestandsvoraussetzungen nebst Strafzumessungsvorschriften, die nach Nr. 110 Abs. 2 lit. c RiStBV gegebenenfalls in vereinfachter Form darzustellen sind, inklusive der Angabe von Tateinheit und Tatmehrheit, sowie die Voraussetzungen von Maßregeln, bspw. dem Entzug der Fahrerlaubnis. In Süddeutschland wird üblicherweise mit dem konkreten Anklagesatz begonnen, vgl. *Soyka*, Rn. 232. Ein Beispiel für eine süddeutsche Anklageschrift findet sich bei *Brunner*, Rn. 193. Orientieren Sie sich an den Gepflogenheiten Ihres Bundeslandes. Soweit erforderlich, werden verschiedene Beschuldigte auch im abstrakten Anklagesatz mit römischen Zahlen gekennzeichnet. Selbständige (rechtliche) Handlungen, die Sie bereits im materiellen Gutachten im Rahmen der Konkurrenzen bzw. schon auf der Ebene der Tatkomplexe ermittelt haben, werden durch arabische Ziffern unterschieden. Delikte, die innerhalb eines Handlungsabschnitts in Tateinheit stehen, werden mit Kleinbuchstaben kenntlich gemacht. Wichtig ist es, zu beachten, dass die Handlungsabschnitte insbesondere im Hinblick auf den konkreten Anklagesatz, wenn möglich, chronologisch darzustellen sind, die Formu-

(indem er 1. ... oder: Dem Angeschuldigten wird folgendes zur Last gelegt:) [124]

1. Der Angeschuldigte ... stieg am ... gegen ... Uhr in das Mehrfamilienhaus ... ein und nahm dort eine goldene Armbanduhr der Marke ... im Wert von ... an sich. Er steckte die Uhr in seinen Rucksack und verließ das Anwesen.
2. ...

Für den Angeschuldigten ... Verbrechen und Vergehen, strafbar nach §§ .../anzuwendende Strafvorschriften: §§ ...[125]

Für den Angeschuldigten ...

entsprechend dem ersten Angeschuldigten

Rechtliches Gehör ist dem/den Angeschuldigten gewährt worden (Bl. ... d. A.).[126]

Strafanträge sind/Strafantrag ist – soweit erforderlich – frist- und formgerecht gestellt worden (Bl. ... d. A.).

An der Verfolgung der/des ... besteht ein besonderes öffentliches Interesse.

Soweit auch der Verdacht einer/eines ... besteht, ist die Strafverfolgung gemäß § 154 a StPO auf die/den ... beschränkt worden.

Der Führerschein des Angeschuldigten ist am ... durch die Polizei beschlagnahmt/sichergestellt worden (Bl. ... d. A.).

Die Fahrerlaubnis ist ihm durch Beschluss des Amtsgerichts ... vom ... (Bl. ... d. A.) vorläufig gemäß § 111 a StPO entzogen worden.[127]

Das bei der Tat verwendete Brecheisen unterliegt der Einziehung gemäß § 74 StGB.

Beweismittel:[128]

I. (Geständige) Einlassung/Geständnis des Angeschuldigten (Bl. ... d. A.)
II. Zeugen:
   1. Vorname Nachname, Anschrift[129]
   2. Vorname Nachname, zu laden über Firma, Dienstadresse
   3. Vorname Nachname, Bl. ... d. A.
   4. Dienstgrad Nachname, zu laden über die Polizeistation .../die Kriminalpolizeistelle ...[130]

Erläuterungen

lierung möglichst nahe an den Gesetzeswortlaut angelehnt werden sollte und die Begehungsform anzugeben ist, wenn eine Tat sowohl vorsätzlich als auch fahrlässig verübt werden kann. Gleiches gilt für andere Umstände der Tatbegehung wie Unterlassen oder die Täterschaftsform.

[119] Bei diesem Beispiel handelt es sich um eine zulässige Vereinfachung. Würden Sie sämtliche Merkmale des besonders schweren Diebstahls in die Anklage der Beihilfe integrieren, wäre der abstrakte Anklagesatz kaum verständlich. Es ist in einem solchen Fall daher üblich, die konkrete Tat durch die amtliche Überschrift unter Angabe von Regelbeispielen näher zu kennzeichnen, ohne die Tatbestandsmerkmale im Einzelnen aufzuführen.

[120] Wenn die Tat vorsätzlich oder fahrlässig verübt werden kann, ist im abstrakten Anklagesatz die Begehungsform anzugeben.

[121] Auch Maßregeln wie die Entziehung der Fahrerlaubnis werden in den abstrakten Anklagesatz aufgenommen.

[122] Übernehmen Sie die Formulierung „oder" aus dem Gesetzeswortlaut nicht! Entweder liegt nur eine Variante vor, dann müssen Sie die zweite weglassen, oder der Täter hat mehrere Varianten verwirklicht, dann müssen Sie das „oder" durch ein „und" ersetzen.

[123] Ob bei mehreren Angeschuldigten fortlaufend zu nummerieren ist, ist umstritten. Wenn Sie erneut mit „1." beginnen, müssen Sie die Tat in der Konkretisierung mit „II., 1." kennzeichnen, vgl. dazu *Soyka*, Rn. 68 Fn. 105. Werden ähnliche Taten begangen, ist es zweckmäßig, diese zusammenzufassen, soweit sie sich decken. Um die Unterschiede kenntlich zu machen, sollten die Taten nummeriert und in der Konkretisierung entsprechend bezeichnet werden.

[124] An den abstrakten Anklagesatz schließt sich der konkrete Anklagesatz, auch Konkretisierung genannt, an. Er wird ebenso wie der abstrakte Anklagesatz nach Einzeltaten gegliedert, die entsprechende arabische Ziffern erhalten, um die Zuordnung zu ermöglichen. Die Konkretisierung muss alle – auch die subjektiven – Sachverhaltselemente beinhalten, die für eine Subsumtion unter die angegebenen Tatbestände erforderlich sind. Sie ist grundsätzlich im Imperfekt zu verfassen.

[125] Die früher häufig anzutreffende Formulierung „Verbrechen und Vergehen" wird heute überwiegend durch die Formulierung „anzuwendende Strafvorschriften" ersetzt. Es sind alle Vorschriften aufzuzählen, aus denen sich die Strafbarkeit des Angeschuldigten ergibt. Teilweise werden Strafantragsnormen in Klammern angegeben. Zitieren Sie im Rahmen der Aufzählung genau! Die zu nennenden Normen werden nach Normen des Besonderen Teils, Normen des Allgemeinen Teils und Normen anderer Gesetze sortiert. Normen des Besonderen Teils werden nach Verbrechen und Vergehen, im Übrigen numerisch aufsteigend, oder nach a. A. nur numerisch aufsteigend sortiert, Normen des Allgemeinen Teils und anderer Gesetze stets numerisch aufsteigend. Vergessen Sie nicht die §§ 1, 3 JGG bei Verfahren gegen Jugendliche sowie §§ 1, 105 JGG bei Verfahren gegen

III. Sachverständige[131]
  1. Name, Anschrift
  2. ...

IV. Urkunden:[132]
  1. Rechnung vom ... (Bl. ... d. A.)
  2. Eidesstattliche Versicherung vom ... in dem Verfahren ... (Bl. ... d. A.)

V. Gegenstände richterlichen Augenscheins:
  1. Lichtbildmappe/Lichtbilder der/des (Bl. ... d. A.)
  2. ...

VI. Beiakten:[133]
  1. Az.: ...
  2. Az.: ... nebst Beweismittelband

Wesentliches Ergebnis der Ermittlungen:[134]

A. Zur Person des Angeschuldigten X ...

B. Zur Person des Angeschuldigten Y ...

C. Die zur Anklage gebrachten Taten ...

Ich beantrage,

die Anklage zur Hauptverhandlung zuzulassen und das Hauptverfahren vor dem Amtsgericht – Strafrichter – zu eröffnen,

(den Haftbefehl des Amtsgerichts ... entsprechend dem Anklagesatz neu zu fassen und) Haftfortdauer zu beschließen,

gemäß § 29 Abs. 2 S. 1/§ 76 Abs. 2 S. 1 GVG einen zweiten/dritten Berufsrichter hinzuzuziehen.

Unterschrift

Staatsanwalt ◀

Erläuterungen

Heranwachsende mitzuzitieren. Auch die §§ 52, 53 StGB dürfen nicht vergessen werden.

[126] Nach den anzuwendenden Strafvorschriften können verschiedene Hinweise gegeben werden. Einige sind nach der RiStBV zwingend, andere lediglich üblich. Der Hinweis auf die Erteilung rechtlichen Gehörs wird teilweise gegeben, wenn sich der Angeschuldigte nicht eingelassen hat. Da die Vernehmung des Beschuldigten, nun Angeschuldigten, bzw. seine Ladung zur Vernehmung vor Abschluss der Ermittlungen jedoch nach § 163 a Abs. 1 S. 1 StPO zwingend ist, ist dieser Hinweis nicht erforderlich. Er dient lediglich der Klarstellung, dass die diesbezüglichen Verfahrensregeln eingehalten worden sind, und betont damit eine Selbstverständlichkeit. Zwingend sind demgegenüber nach Nr. 110 Abs. 2 RiStBV die Hinweise auf einen Strafantrag bzw. das besondere öffentliche Interesse an der Strafverfolgung sowie nach lit. e der Hinweis auf etwaige Verfolgungsbeschränkungen, der teilweise auch schon in den Anklagesatz integriert wird, so *Kaiser/Bracker*, Rn. 302.

[127] Nach *Soyka*, Rn. 240, können die Angaben zu Fahrerlaubnis und Führerschein auch oben nach den Angaben zur Untersuchungshaft eingefügt werden. In der Klausur sind beide Vorgehensweisen nicht zu beanstanden.

[128] Die Beweismittel sind in der Reihenfolge (geständige) Einlassung/Geständnis der/des Angeschuldigten, Zeugen, Sachverständige, Urkunden und Gegenstände richterlichen Augenscheins aufzuführen. Teilweise werden Beiakten auch am Ende in einem gesonderten Punkt aufgeführt. Unter Geständnis versteht man nur das richterliche Geständnis, vgl. *Soyka*, Rn. 258. Bestreitet der Beschuldigte/Angeschuldigte, spricht man schlicht von Einlassung oder Äußerung, gesteht er, aber nicht vor einem Richter, spricht man von geständiger Einlassung.

[129] Zeugen sind grundsätzlich mit Namen und Wohnanschrift aufzuführen. Aus Gründen des Zeugenschutzes besteht jedoch die Möglichkeit, anstelle der Wohnanschrift eine andere ladungsfähige Adresse zu nennen oder schlicht auf die entsprechende Blattzahl der Akten zu verweisen, wenn dies erforderlich scheint, vgl. § 68 Abs. 2 und 3 StPO sowie *Meyer-Goßner/Schmitt*, § 200 Rn. 16 a, und *Soyka*, Rn. 259. Unter Umständen können Wohnanschrift und Identität des Zeugen sogar geheim gehalten werden, vgl. *Meyer-Goßner/Schmitt* a. a. O.

[130] Im Unterschied zu Privatpersonen werden Beamte regelmäßig über ihre Dienststelle geladen.

[131] Sachverständige werden unter einem eigenen Gliederungspunkt aufgeführt. Wichtig ist es daher, Sachverständige und sachverständige Zeugen zu unterscheiden. Letztere haben Umstände als Zeuge wahrgenommen und verfügen zufällig über die erforderliche Sachkunde, um diese Umstände zu bewerten. Sie werden dadurch aber nicht zum gerichtlichen Sachverständigen, da es an einer Bestellung fehlt.

[132] Unter den Begriff der prozessualen Urkunde fällt alles, was verlesen werden kann und auf dessen Inhalt es ankommt. Kommt es beispielsweise auf das Schriftbild an, kann eine materiell-rechtliche Urkunde bloßer Gegenstand richterlichen Augenscheins sein.

Erläuterungen

[133] Beiakten werden teilweise unter einer eigenen Überschrift aufgeführt, teilweise unter den Urkunden und teilweise unter den Augenscheinsobjekten. Die Zuordnungsprobleme resultieren daraus, dass häufig nur einzelne Blätter der Beiakten zu Beweiszwecken verlesen werden sollen und die Beiakten damit nicht insgesamt eine prozessuale Urkunde sind, sondern nur deren Träger. *Soyka*, Rn. 263, spricht sich daher dafür aus, nur einzelne Blätter unter den Urkunden aufzuführen.

[134] Von der Darstellung des wesentlichen Ergebnisses der Ermittlungen kann bei einer Strafrichteranklage gemäß § 200 Abs. 2 S. 2 StPO abgesehen werden. Strafrichteranklagen stellen praktisch den Regelfall dar. Eine Gegenausnahme für Strafrichteranklagen besteht nach Nr. 112 Abs. 1 RiStBV, wenn die Sach- und Rechtslage schwierig ist. Im wesentlichen Ergebnis der Ermittlungen müssen alle Umstände enthalten sein, die für die Rechtsfolgen, insbesondere die Strafzumessung, die Strafaussetzung zur Bewährung sowie Nebenstrafen und Nebenfolgen von Bedeutung sein können. Bei umfangreichen Akten sollen nach Nr. 112 Abs. 2 RiStBV Verweise auf Fundstellen, z. B. in Klammern oder in Fußnoten, angebracht werden. Das wesentliche Ergebnis der Ermittlungen wird üblicherweise gegliedert in die Angaben „zur Person des Angeschuldigten", insbesondere Lebenslauf, familiäre Verhältnisse, beruflicher Werdegang, monatlicher Verdienst und Vorstrafen, und der „zur Anklage gebrachten Tat"/den „zur Anklage gebrachten Taten". Hier wird die Tat ausführlich beschrieben – im Gegensatz zur Konkretisierung also nicht auf das Tatgeschehen im engen Sinne beschränkt –, die Einlassung des Angeschuldigten wiedergegeben, die Beweismittel werden dargestellt und gewürdigt und es werden eine kurze rechtliche Würdigung sowie ein Ergebnis formuliert. Dieses lautet üblicherweise: „Somit wird dem/den Angeschuldigten die Tat nachzuweisen sein." Im Examen ist die Darstellung des wesentlichen Ergebnisses der Ermittlungen regelmäßig erlassen, vgl. *Soyka*, Rn. 227 sowie Rn. 264 f.

X. Der Strafbefehl

▶ Muster 76: Strafbefehl

Amtsgericht ... ..., den ...

Az.: ... (Bitte bei allen Schreiben angeben!)[135]

An Frau/Herrn[136] Berufsbezeichnung

Vorname Nachname

Anschrift

Geburtsdatum, Geburtsort,

Staatsangehörigkeit, Familienstand

Verteidiger: ...

[135] Das gerichtliche Aktenzeichen wird von diesem vergeben und in den Entwurf eingefügt. Lassen Sie das Aktenzeichen entsprechend frei.

[136] Der Strafbefehl wird ähnlich einer Anklageschrift aufgebaut, aber direkt an den Beschuldigten adressiert.

Strafbefehl[137]

Die Staatsanwaltschaft ... klagt Sie an,

in ...

am ...

abstrakter Anklagesatz

entsprechend der Anklageschrift

konkreter Anklagesatz

entsprechend der Anklageschrift

Vergehen, strafbar gemäß §§ ...

Strafantrag/Strafanträge ist/sind – soweit erforderlich – gestellt (Bl. ... d. A.).

Beweismittel:

I. Ihre Angaben/Ihr Geständnis (Bl. ... d. A.)

II. Zeugen:

1. Vorname Nachname, Anschrift
2. Dienstgrad Nachname, zu laden über die Polizeistation .../die Kriminalpolizeistelle ...

III. Urkunden:

1. Gutachten der Staatlichen Blutalkoholuntersuchungsstelle am Institut für Rechtsmedizin der ... Universität in ... vom ... (Bl. ... d. A.)
2. Brandgutachten der ... vom ... über den Feuerschaden im Mehrfamilienhaus ... (Bl. ... d. A.)

IV. ...

Auf Antrag der Staatsanwaltschaft wird gegen Sie eine Geldstrafe/Gesamtgeldstrafe

von ... Tagessätzen zu je ... €, zusammen ... €,

verhängt (Geldstrafe zu 1.: ... Tagessätze, Geldstrafe zu 2.: ... Tagessätze).[138]

Wenn die Geldstrafe nicht beigetrieben werden kann, tritt an die Stelle eines Tagessatzes ein Tag Ersatzfreiheitsstrafe.

Es wird Ihnen gestattet, die Geldstrafe in monatlichen Teilbeträgen in Höhe von ... €, beginnend am ... des auf die Rechtskraft dieser Entscheidung folgenden Monats, zu zahlen. Diese Vergünstigung

Erläuterungen

[137] Das summarische Strafbefehlsverfahren nach den §§ 407 ff. StPO dient der Entlastung von Staatsanwaltschaften und Gerichten. Praktisch ist es unentbehrlich, da heutzutage die Mehrzahl der Strafverfahren auf diesem Wege erledigt wird. Es ermöglicht eine einseitige Straffestsetzung ohne Hauptverhandlung und Urteil. Für den Erlass des Strafbefehls genügt hinreichender Tatverdacht, sodass die Tat nicht zur Überzeugung des Gerichts feststehen muss. Gegen Jugendliche und Heranwachsende, auf die Jugendstrafrecht anzuwenden ist, darf nach § 79 Abs. 1 JGG (ggf. i. V. m. § 109 Abs. 2 JGG) kein Strafbefehl erlassen werden. Als denkbare Rechtsfolgen kommen nach § 407 Abs. 2 StPO Geldstrafe bis zu 360 Tagessätzen, bei Tatmehrheit auch bis zu 720 Tagessätzen (vgl. § 54 Abs. 2 S. 2 StGB), das Absehen von Strafe, die Verwarnung mit Strafvorbehalt, Fahrverbot, Entziehung der Fahrerlaubnis, wenn die Sperre nicht mehr als zwei Jahre beträgt, Verfall, Einziehung, Vernichtung, Unbrauchbarmachung, die Bekanntgabe der Verurteilung sowie bei einem verteidigten Angeschuldigten Freiheitsstrafe bis zu einem Jahr in Betracht, soweit die Freiheitsstrafe zur Bewährung ausgesetzt wird. Gegen eine juristische Person oder eine Personenvereinigung kann auch eine Geldbuße im Strafbefehlsverfahren festgesetzt werden. Im Hinblick auf die vorstehend abschließend aufgezählten Rechtsfolgen ist vor Eröffnung des Hauptverfahrens ausschließlich die Zuständigkeit des Strafrichters gegeben. Eine originäre Zuständigkeit des Vorsitzenden des Schöffengerichts (außerhalb der Hauptverhandlung entscheiden die Schöffen nicht mit) scheidet aus. Erst nach Eröffnung des Hauptverfahrens kann die Staatsanwaltschaft nach § 408 a Abs. 1 S. 1 StPO auch vor dem Schöffengericht einen Strafbefehl beantragen, vgl. *Kaiser/Bracker*, Rn. 186. Gegen den Strafbefehl kann sich der Angeklagte mit einem Einspruch verteidigen und so die Durchführung einer Hauptverhandlung erzwingen. Die Rechtshängigkeit tritt mit dem Erlass des Strafbefehls ein, die nach § 427 Abs. 1 S. 2 StPO der Eröffnung des Hauptverfahrens gleichsteht. Die Rechtskraft des Strafbefehls ist nach § 410 Abs. 3 StPO gleichbedeutend mit der eines Urteils, vgl. insgesamt *Meyer-Goßner/Schmitt*, vor §§ 407 ff. Rn. 1 ff. Die Staatsanwaltschaft verfasst im Strafbefehlsverfahren einen Entwurf, der dem zuständigen Gericht urschriftlich mit Akten zugeleitet wird.

[138] Im Unterschied zur Anklageschrift enthält der Strafbefehl, und damit auch der von der Staatsanwaltschaft zu fertigende Entwurf, einen dem Strafurteil entsprechenden Tenor, vgl. § 407 Abs. 1 S. 3 StPO, Nr. 176 RiStBV. Durch den Strafbefehlsantrag wird nach § 407 Abs. 1 S. 4 StPO die öffentliche Klage erhoben. Der Richter muss dem Vorschlag gemäß § 408 Abs. 3 S. 1 StPO folgen, wenn er den Strafbefehl erlassen möchte. Die Formulierung des Klammerzusatzes bei Gesamtstrafen unterscheidet sich regional leicht. Teilweise wird auch formuliert: „Einsatzstrafe zu 1.: ..., Einzelstrafe zu 2.: ...“ usw. Folgen Sie wie auch sonst den Gepflogenheiten Ihres Bundeslandes. Eine Freiheitsstrafe von bis zu einem Jahr kann nur verhängt werden, wenn der Angeschuldigte einen Verteidiger hat und die Freiheitsstrafe zur Bewährung ausgesetzt wird. Vergessen Sie in diesem

entfällt, sofern die Zahlung nicht rechtzeitig oder nicht in voller Höhe erfolgt.[139]

Sie haben die Kosten des Verfahrens und Ihre notwendigen Auslagen zu tragen (§ 465 Abs. 1 StPO).

– Kostenrechnung –

– Rechtsbelehrung –[140] ◀

XI. Antrag auf Aburteilung im beschleunigten Verfahren[141]

▶ **Muster 77: Antrag beschleunigtes Verfahren**

Staatsanwaltschaft ..., den ...

bei dem Landgericht

Az.: ...

An das Amtsgericht

– Strafrichter –

<u>in ...</u>

Antrag

In dem Ermittlungsverfahren

g e g e n den (Beruf) <u>Rufname</u> weiterer Vorname ...

entsprechend der Anklageschrift

w e g e n ... und anderer Straftaten

Erläuterungen

Fall nicht, in der Abschlussverfügung einen Antrag hinsichtlich Bewährungszeit und Bewährungsauflagen zu stellen, da die Entscheidungen nach §§ 268 a StPO, 56 a ff. StGB durch gesonderten Beschluss ergehen. An den Bewährungsantrag ist der Richter im Unterschied zum Strafbefehlsantrag nicht gebunden. Die Verteidigerbestellung muss spätestens in der Abschlussverfügung beantragt werden, sofern die Staatsanwaltschaft eine Freiheitsstrafe im Strafbefehlsverfahren verhängen will, weil sie eine Hauptverhandlung nicht für erforderlich hält, und der Angeschuldigte noch keinen Verteidiger hat. Die Bestellung muss dann vor dem Erlass des Strafbefehls erfolgen.

Der Tenor einer Freiheitsstrafe würde dann lauten: „Der Angeklagte wird zu einer

Freiheitsstrafe von einem Jahr,

deren Vollstreckung zur Bewährung ausgesetzt wird, verurteilt."

[139] Die Gewährung einer Ratenzahlung ist fakultativ. Ob eine Ratenzahlung gewährt werden sollte, ist von den finanziellen Verhältnissen des Angeschuldigten abhängig.

[140] Die Kostenrechnung und die Rechtsbelehrung müssen nicht ausformuliert werden. Sie werden als Textbausteine eingesetzt und die Kostenrechnung wird von einer behördeninternen Datenverarbeitungssoftware erstellt, vgl. *Soyka*, Rn. 284. Entsprechend dem Aktenzeichen, das vom Gericht in den Entwurf eingefügt wird, enthält der Entwurf auch keine Unterschrift des Staatsanwalts, sondern später die des Richters.

[141] Das beschleunigte Verfahren nach §§ 417 ff. StPO soll gemäß §§ 417, 419 Abs. 1 StPO durchgeführt werden, wenn die Sache aufgrund des einfachen Sachverhalts oder der klaren Beweislage zur sofortigen Verhandlung vor dem Strafrichter oder dem Schöffengericht geeignet ist und keine höhere Freiheitsstrafe als Freiheitsstrafe von einem Jahr und keine Maßregel der Besserung und Sicherung in Betracht kommt. Es wird dann gemäß § 418 Abs. 1 S. 1 StPO sofort oder in kurzer Frist eine Hauptverhandlung anberaumt, ohne dass es der Entscheidung über die Eröffnung des Hauptverfahrens bedarf. Eine Ladung des Beschuldigten erfolgt nach § 418 Abs. 2 StPO nur, wenn er sich nicht freiwillig zur Hauptverhandlung stellt und auch nicht vorgeführt wird. Die Ladungsfrist ist auf 24 Stunden verkürzt. Als weitere Besonderheit des beschleunigten Verfahrens soll hier erwähnt werden, dass der Unmittelbarkeitsgrundsatz nach § 420 Abs. 1 bis 3 StPO mit Zustimmung des Angeklagten eingeschränkt werden kann und Beweisanträge nach § 420 Abs. 4 StPO vereinfacht abgelehnt werden können. Der Antrag kann gemäß §§ 417, 418 Abs. 3 StPO auch mündlich gestellt werden. In jedem Fall ist jedoch zuvor der Abschluss der Ermittlungen in den Akten zu vermerken. Der Beschuldigte ist in der Antragsschrift des beschleunigten Verfahrens weiterhin als solcher zu bezeichnen, da, wie bereits ausgeführt, kein Zwischenverfahren durchgeführt wird. Der Aufbau der Antragsschrift entspricht im Wesentlichen dem Aufbau einer Anklageschrift.

Erläuterungen

beantrage ich

die Aburteilung des Beschuldigten im beschleunigten Verfahren gemäß §§ 417 ff. StPO.

In der Hauptverhandlung werde ich ihn anklagen,

in ...

am ...

abstrakter Anklagesatz – entsprechend der Anklageschrift

konkreter Anklagesatz – entsprechend der Anklageschrift

Vergehen, strafbar nach §§ ... – entsprechend der Anklageschrift

Beweismittel: – entsprechend der Anklageschrift

Unterschrift

Staatsanwalt ◀

XII. Beweisantrag

▶ **Muster 78: Beweisantrag**

(Hilfs-)Beweisantrag[142]

In dem Strafverfahren

gegen ... in ... wegen ...

Az.: ...

beantrage ich (für den Fall, dass ...)

den Zeugen Vorname Nachname, Anschrift, zu vernehmen.

Er befand sich in unmittelbarer Nähe des Tatortes und konnte das gesamte Tatgeschehen verfolgen. Er wird bekunden, dass ...

Unterschrift

Staatsanwalt ◀

[142] Ein Beweisantrag liegt nach § 244 Abs. 3 S. 1 StPO vor, wenn der Antragsteller ernsthaft verlangt, Beweis über eine bestimmt behauptete konkrete Tatsache, die die Schuld- oder Rechtsfolgenfrage betrifft, durch ein bestimmt bezeichnetes Beweismittel zu erheben und dem Antrag zu entnehmen ist, weshalb das bezeichnete Beweismittel die behauptete Tatsache belegen können soll (sog. Konnexität). Ein Beweisantrag kann in der Hauptverhandlung schriftlich als Anlage zum Protokoll oder mündlich gestellt und nur unter den engen Voraussetzungen des § 244 Abs. 3 S. 2 bis 5 StPO abgelehnt werden. Bei Verschleppungsabsicht ist eine Ablehnung nach § 244 Abs. 6 StPO entbehrlich. Man unterscheidet innerhalb der Beweisanträge den unbedingten und den bedingten Beweisantrag sowie den Hilfs- und den Eventualbeweisantrag. Der bedingte Beweisantrag wird nur für den Eintritt einer bestimmten Prozesslage gestellt, also eine bestimmte gerichtliche Entscheidung oder eine bestimmte Aussage eines Zeugen. Ein Hilfsbeweisantrag ist demgegenüber ein Antrag, der von einem unbedingt gestellten verfahrensabschließenden Antrag, beispielsweise dem Antrag auf Freispruch, abhängig gemacht wird. Hilfsbeweisanträge werden üblicherweise im Schlussvortrag gestellt und erst in den Urteilsgründen beschieden. Eine fehlerhafte Ablehnung eröffnet dann die Möglichkeit der Revision. Ein Eventualbeweisantrag ist eine Kombination aus bedingtem Beweisantrag und Hilfsbeweisantrag. Abzugrenzen von den Beweisanträgen sind Beweisermittlungsanträge und sonstige Beweisanregungen, die das Gericht nach Maßgabe des § 244 Abs. 2 StPO aufgreifen kann oder eben nicht, aber die nicht nach § 244 Abs. 3 S. 2 bis Abs. 5 StPO abgelehnt werden müssen. Eine Beweisanregung unterscheidet sich von einem Beweisantrag dadurch, dass jegliche Anhaltspunkte für die Beweistatsache fehlen und sie daher

Erläuterungen

lediglich aufs Geratewohl bzw. ins Blaue hinein behauptet wird oder der Beweis ins Ermessen des Gerichts gestellt wird. Sie dienen häufig der Vorbereitung von Beweisanträgen, umfassend Beck'sches Rechtsanwaltshandbuch – *Andrejtschitsch/Degenhard*, § 11 Rn. 144 ff., sowie *Soyka*, Rn. 324 ff.

XIII. Plädoyer[143]

▶ **Muster 79: Plädoyer**

1. Anrede
2. Tatvorwurf und festgestellter Sachverhalt
3. Einlassung des Angeklagten
4. Darstellung der Beweismittel
5. Beweiswürdigung
6. Rechtliche Würdigung
7. Ergebnis zum Schuldspruch
8. Strafzumessung und Nebenentscheidungen
9. Konkreter Antrag ◀

[143] Das Plädoyer wird im Stehen gehalten und beginnt üblicherweise mit der Anrede des Gerichts, z. B.: „Frau Vorsitzende"/„Herr Vorsitzender", „Hohes Gericht" oder vergleichbaren Wendungen. Es schließen sich der Tatvorwurf sowie der festgestellte Sachverhalt an, beispielsweise: „Den Angeklagten wird vorgeworfen, in ... am ... gemeinschaftlich versucht zu haben, einem anderen fremde bewegliche Sachen in der Absicht wegzunehmen, sich die Sachen rechtswidrig zuzueignen. Die Hauptverhandlung hat diesen Vorwurf bestätigt. Ihrem gemeinsam gefassten Tatplan entsprechend ..." Es folgen die Einlassung des Angeklagten und die Darstellung sonstiger Beweismittel einschließlich der Beweiswürdigung, der rechtlichen Würdigung und eines Ergebnisses: „Die Angeklagten räumen ein, ... Zu den persönlichen Verhältnissen hat die/der Angeklagte ... angegeben, arbeitssuchend zu sein. Sie/er erhalte ... € monatlich. Die/der Angeklagte gab an, ...

Die Zeugen ... haben den Sachverhalt bestätigt. Die Einlassungen der Angeklagten und die Zeugenaussagen sind nachvollziehbar und in sich schlüssig. Gründe, die gegen die Glaubwürdigkeit der Zeugen sprechen könnten, sind nicht ersichtlich. In dem Betreten des Hauses liegt auch bereits das unmittelbare Ansetzen zum ...

Die Angeklagten haben sich somit des Vergehens des Diebstahls in einem besonders schweren Fall – strafbar gemäß §§ 242 Abs. 1 und 2, 243 Abs. 1 Nr. 1, 22, 23 Abs. 1, 25 Abs. 2 StGB – schuldig gemacht."

An das Ergebnis zum Schuldspruch schließen sich die wesentlichen Strafzumessungserwägungen an. Abschließend formulieren Sie einen konkreten Antrag und bedanken sich, um das Ende Ihres Plädoyers kenntlich zu machen: „Der Strafrahmen des besonders schweren Falls des Diebstahls reicht von ... bis ... Er kann gemäß §§ 23 Abs. 2, 49 Abs. 1 StGB gemildert werden. Hierbei ist zu berücksichtigen, dass ...

Ich beantrage daher, die Angeklagten jeweils wegen Diebstahls in einem besonders schweren Fall zu einer Geldstrafe von ... Tagessätzen zu je ... € zu verurteilen, wobei die Strafe in ... gleichen Raten gezahlt werden kann.

Vielen Dank."

Lesen Sie bitte zum Plädoyer der Staatsanwaltschaft abschließend die Nrn. 138 f. RiStBV.

B. Schriftsätze und Anträge aus Sicht des Verteidigers

I. Das Gutachten in der Revisionsklausur

Entsprechend dem Gutachten der staatsanwaltlichen Revisionsklausur; lediglich die Antragsberechtigung des Rechtsanwalts nach § 297 StPO sowie das Erfordernis der Beschwer des Mandanten sollten Sie zusätzlich erwähnen.

II. Der revisionsrechtliche Aktenvortrag aus Sicht des Verteidigers

Entsprechend dem staatsanwaltlichen Revisionsvortrag.

III. Beschwerde, Einspruch und Anträge an das Gericht[144]

▶ Muster 80: Beschwerde/Einspruch

Rechtsanwalt ..., den ...

...

Anschrift

An das Amtsgericht

– Ermittlungsrichter –

in ...

In der Strafsache/Haftsache/Sache

Az.: ... – gerichtliches Aktenzeichen ... (ggf.: nicht bekannt) –

gegen Vorname Nachname in ...
wegen ... und anderer Straftaten

lege ich namens und in Vollmacht des Beschuldigten

Beschwerde/Einspruch

gegen den Beschluss/Strafbefehl des ... vom ..., Az.: ..., ein und beantrage,/zeige ich mit anliegender Vollmacht an, dass mich ... mit der Vertretung ihrer/seiner Interessen beauftragt hat, und beantrage,

Akteneinsicht in die Verfahrensakten, sämtliche Beiakten und Beweismittelordner sowie Besichtigung der sonstigen Beweisstücke,[145]

das Hauptverfahren (hinsichtlich des Tatvorwurfs der/des ...) nicht zu eröffnen und die Anklage nicht zur Hauptverhandlung zuzulassen,

das Verfahren (hinsichtlich des Tatvorwurfs der/des ...) gemäß § ... einzustellen,

das Verfahren nicht vor dem Landgericht – Große Strafkammer – in ... zu eröffnen, sondern vor dem Amtsgericht – Schöffengericht – in ...,

Erläuterungen

91

[144] Beschwerden, Einsprüche und Anträge an das Gericht sind weitestgehend formlos zu stellen. Ihr möglicher Inhalt kann hier nicht abschließend dargestellt werden, sodass lediglich Formulierungsvorschläge für einige besonders wichtige Anträge angegeben sind. Der Briefkopf muss stets Absender und Empfänger hinreichend konkret kennzeichnen. Üblicherweise werden anschließend alle für die Zuordnung zu einem bestimmten Verfahren erforderlichen Angaben, also das staatsanwaltliche und, soweit bekannt, gerichtliche Aktenzeichen sowie Angaben zum Beschuldigten und zur Tat, gemacht. Auf die Vollmacht ist hinzuweisen. Sie ist als Anlage beizufügen. In den meisten Bundesländern laufen Rechtsanwaltsklausuren überwiegend als Revisionsklausuren, wobei auf eine Revisionsschrift regelmäßig verzichtet wird und nur die Revisionsanträge auszuformulieren sind. Neben Anträgen wie Akteneinsicht und Haftprüfung, Beschwerde und Einspruch können außer der Beschlagnahme auch Maßnahmen anderer Art einer gerichtlichen Entscheidung zugeführt werden. Analog § 98 Abs. 2 S. 2 StPO kann jederzeit die gerichtliche Entscheidung beantragt werden, vgl. *Meyer-Goßner/Schmitt*, § 98 Rn. 23. Auch auf einen entsprechenden Feststellungsantrag hinsichtlich bereits durch Vollzug erledigter Eingriffsmaßnahmen ist § 98 Abs. 2 S. 2 StPO analog anzuwenden. Neben § 98 Abs. 2 S. 2 StPO sollten Sie auch stets an die Anfechtungs-, Verpflichtungs- und Feststellungsmöglichkeiten für Justizverwaltungsakte nach §§ 23 ff. EGGVG denken. Unstatthaft sind allerdings Leistungsanträge sowie vorbeugende Unterlassungsanträge. Die Zulässigkeitsvoraussetzungen der §§ 24 ff. EGGVG sind zu beachten. Insbesondere muss der Antrag eine aus sich heraus verständliche Sachverhaltsdarstellung enthalten, aus der sich Art und Datum der Maßnahme sowie der Grund der Anfechtung ergeben. Die Antragsfrist beträgt einen Monat.

[145] Das Akteneinsichtsrecht des Verteidigers nach § 147 StPO ist von entscheidender Bedeutung für eine erfolgreiche Strafverteidigung. Von einer Einlassung des Beschuldigten zum Tatvorwurf vor Akteneinsicht muss dringend abgeraten werden. Eine vom Verteidiger abgegebene Stellungnahme oder vom Verteidiger veranlasste Einlassung des Beschuldigten vor Akteneinsicht stellt einen Verteidigungsfehler dar, *KG – Strafrechtsskript Anwalt*, S. 4. Der Verteidiger kann Auszüge oder Ablichtungen aus den Akten oder Abschriften von Aktenteilen fertigen sowie Ton- und Bildaufzeichnungen auf eigene Bänder überspielen bzw. kopieren. Er ist gemäß § 19 Abs. 1 S. 3 Hs. 1 BORA verpflichtet, die Akten sorgfältig zu verfahren, also sie sorgfältig aufzubewahren und zu behandeln. Ist der Abschluss der Ermittlungen nach § 169 a StPO in den Akten vermerkt, gilt das Einsichtsrecht gem. § 147 Abs. 2 S. 1 StPO unbeschränkt. Der Beschuldig-

den Antrag auf vorläufige Entziehung der Fahrerlaubnis abzulehnen,

die gerichtliche Entscheidung gemäß §§ 23 ff. EGGVG gegen den Bescheid der Staatsanwaltschaft ... vom ...,

gerichtlich festzustellen, dass die Art und Weise der am ... durchgeführten Durchsuchung rechtswidrig war,

die Haftprüfung gemäß § 117 Abs. 1 StPO (und darüber hinaus die mündliche Verhandlung gem. § 118 Abs. 1 StPO),[146]

den Antrag der Staatsanwaltschaft ... auf Erlass eines Untersuchungshaftbefehls abzulehnen,

den Haftbefehl des Amtsgerichts ... vom ..., Az.: ..., aufzuheben, hilfsweise außer Vollzug zu setzen.

Begründung:[147] Gegen den Beschuldigten besteht kein hinreichender Tatverdacht hinsichtlich der/des .../kein Haftgrund etc.

I. Sachverhalt: ...

II. Rechtliche Würdigung: ... Die am ... beschlagnahmten Urkunden sind unverwertbar .../Die nachfolgend benannten Zeugen werden die hier gemachten Angaben bestätigen. Es wird angeregt, sie telefonisch im Freibeweisverfahren zu vernehmen.

Unterschrift

Rechtsanwalt

Anlagen: ... ◀

IV. Beweisantrag

Entsprechend dem staatsanwaltlichen Beweisantrag.

V. Plädoyer

Entsprechend dem staatsanwaltlichen Plädoyer.

C. Die strafrichterlichen Entscheidungen

I. Das Gutachten in der strafrichterlichen Klausur

Entsprechend dem Gutachten in der staatsanwaltlichen Klausur.

Erläuterungen

te selbst hat unter den Voraussetzungen des § 147 Abs. 4 StPO ein Akteneinsichtsrecht, soweit nicht der Untersuchungszweck gefährdet wird oder überwiegende schutzwürdige Interessen Dritter entgegenstehen.

[146] Nach § 117 Abs. 1 StPO kann der Beschuldigte in Untersuchungshaft jederzeit die gerichtliche Prüfung des Haftbefehls beantragen. Nach § 117 Abs. 2 S. 1 StPO ist die Beschwerde gegen den Haftbefehl neben dem Antrag auf Haftprüfung unzulässig. Der Beschuldigte hat ein Wahlrecht. Die Haftbeschwerde richtet sich nach § 304 Abs. 1 StPO. Sie ist im Gegensatz zur Haftprüfung auch dann zulässig, wenn der Haftbefehl noch nicht vollstreckt oder vollzogen wird. Weitere Beschwerde nach § 310 Abs. 1 StPO ist zulässig. Grundlage der Entscheidung über die Haftbeschwerde ist nur das vorhandene Aktenmaterial. Sollen also mehr Sachverhaltsfeststellungen getroffen oder ein persönlicher Eindruck gewonnen werden, empfiehlt sich eine Haftprüfung, vgl. Beck'sches Rechtsanwaltshandbuch – *Andrejtschitsch/Degenhard*, Strafrecht, § 11 Rn. 38.

[147] Klare Regeln, an denen sich die Begründung einer Beschwerde oder eines Antrags zu orientieren hat, gibt es nicht. Üblicherweise wird zunächst der Sachverhalt vorgetragen und anschließend eine rechtliche Würdigung unter Angabe der Beweismittel vorgenommen. Da Beweise außerhalb des Hauptverfahrens nicht im Strengbeweisverfahren erhoben werden müssen, ist es regelmäßig ratsam, diejenigen Umstände, auf die die Verteidigung gestützt wird, durch die Angabe von Beweismitteln zu belegen.

II. Das Urteil erster Instanz[148]

▶ **Muster 81: Erstinstanzliches Urteil**

Az.: ...[149]

Amtsgericht ...

Im Namen des Volkes[150]

Urteil

In der Strafsache[151]

g e g e n Vorname **Nachname**, Geburtsdatum, Geburtsort, Staatsangehörigkeit, Familienstand,
zzt. in der Justizvollzugsanstalt ...
eventuell gesetzliche Vertreter
Verteidiger: Rechtsanwalt ..., Anschrift

w e g e n[152] Diebstahls mit Waffen u. a.

hat das Amtsgericht ... – Schöffengericht – in der Sitzung/Hauptverhandlung vom ..., an der teilgenommen haben:[153]

Richterin am Amtsgericht ...
als Vorsitzende (bzw. als Strafrichterin)
Berufsbezeichnung Vor- und Nachname, Wohnort,
Berufsbezeichnung Vor- und Nachname, Wohnort,
als Schöffen
Rechtsreferendar ...
als Beamter der Staatsanwaltschaft
Rechtsanwalt ...
als Verteidiger
Justizangestellter ...
als Urkundsbeamter der Geschäftsstelle

für R e c h t erkannt: [154]

(Die Strafe in dem Strafbefehl des Amtsgerichts ... vom ... wird wie folgt neu bestimmt:)

Der Angeklagte wird (unter Auflösung der Gesamtstrafe im Urteil des Amtsgerichts ... vom ... (Az.: ...) und unter Einbeziehung der dort enthaltenen Einzelstrafen sowie unter Aufrechterhaltung der dort

Erläuterungen

[148] Das Urteil ist die für den Referendar wichtigste Entscheidungsform. Es wird Ihre Stationsausbildung bei den Strafgerichten maßgeblich prägen. Auch in den Assessorklausuren vieler Bundesländer hat es seinen festen Platz, *Melzer*, JuS 2008, 878 (878).

[149] Das Aktenzeichen wird nach der jeweiligen Aktenordnung des entsprechenden Bundeslandes vergeben. Ein typisches Aktenzeichen, beispielsweise 35 Ds 203/09, besteht aus der Angabe der entscheidenden Abteilung oder Kammer bzw. des entscheidenden Senats, einem Registerzeichen, hier Ds, Verfahren vor dem Strafrichter, einer laufenden Nummer und dem Geschäftsjahr. Zur besseren Kennzeichnung werden staatsanwaltliche und gerichtliche Aktenzeichen häufig miteinander verzahnt, beispielsweise 35 Ds 554 Js 9589/08 (203/09). Die für Sie wichtigsten Registerzeichen sind Cs – Strafbefehlsverfahren, Ds – Verfahren vor dem Strafrichter, Gs – Strafsachen vor dem Ermittlungsrichter, Js – das Ihnen bekannte, staatsanwaltliche Ermittlungsverfahren, KLs – Große Strafkammer, Ks – Schwurgericht, Ls – Schöffengericht, Ns – Berufung, Ss – Revision zum OLG, StR – Revision zum BGH und UJs – Ermittlung gegen Unbekannt. Daneben gibt es zahlreiche weitere Registerzeichen, die Ihnen in einer Klausur aber wohl nicht begegnen werden.

[150] Die Reihenfolge zwischen den Bestandteilen des Rubrums „Im Namen des Volkes" und „Urteil" ist umstritten, aber weder die eine noch die andere Reihenfolge führt zu Punktabzügen. Da das Urteil jedoch nach § 268 Abs. 1 StPO insgesamt im Namen des Volkes ergeht, wird überwiegend die hier dargestellte Reihenfolge gewählt, so auch *Melzer*, JuS 2008, 878 (878).

[151] Das Urteil wird eingeleitet mit den Worten: „In der Strafsache gegen" wobei „gegen" teilweise gesperrt geschrieben wird. Es schließen sich die bereits aus der Anklageschrift bekannten Angaben zum Angeklagten an.

[152] In der durch das Wort „wegen" gekennzeichneten Betreffzeile ist unabhängig von der Anklage das jeweilige Delikt aufzuführen, wegen dem der Angeklagte tatsächlich verurteilt wird. Wird der Angeklagte wegen mehrerer Delikte verurteilt, ist das schwerste Delikt mit dem Zusatz „u. a." aufzuführen. Zur Kennzeichnung der Delikte sollten Sie sich an der gesetzlichen Überschrift orientieren. Fehlt eine solche oder passt sie nicht auf die zugrundeliegende Variante des Tatbestandes, ist die Tat frei von der Überschrift, aber so genau wie möglich zu bezeichnen, beispielsweise: wegen unerlaubten Besitzes von Betäubungsmitteln in nicht geringer Menge, vgl. *Meyer-Goßner/Schmitt*, § 260 Rn. 23.

[153] Der Spruchkörper – beispielsweise die x. Große Strafkammer des Landgerichts ... –, der Tag der mündlichen Verhandlung und die mitwirkenden Personen sind anzugeben, also nach § 275 Abs. 3 StPO die Namen der Richter, Schöffen, Beamten der Staatsanwaltschaft, des Verteidigers sowie des Urkundsbeamten der Geschäftsstelle. Amtsbezeichnungen sind anzugeben. Bei Schöffen werden üblicherweise Beruf und Wohnort mit genannt. Verteidiger sind dem jeweiligen Mandanten zuzuordnen. Auch Nebenkläger/Nebenbeteiligte werden aufgeführt,

angeordneten Sperrfrist/unter Einbeziehung der Strafe aus dem Strafbefehl/Urteil des Amtsgerichts ... vom ...) wegen Diebstahls mit Waffen sowie wegen Diebstahls in sechs Fällen jeweils in Tateinheit mit ... zu einer

(Gesamt-)Freiheitsstrafe/(Gesamt-)Geldstrafe von einem Jahr und fünf Monaten/90 Tagessätzen zu je 12,– €,

(, deren Vollstreckung zur Bewährung ausgesetzt wird,) kostenpflichtig verurteilt.[155]

Dem Angeklagten wird gestattet, die Geldstrafe in monatlichen Raten von 50,– €, beginnend mit der Zahlungsaufforderung durch die Staatsanwaltschaft, bis spätestens zum 10. eines jeden Monats zu zahlen. Diese Vergünstigung entfällt, wenn der Angeklagte einen Teilbetrag nicht rechtzeitig oder nicht in voller Höhe zahlt.

Der Angeklagte wird wegen ... zu einer ... verurteilt. Im Übrigen wird er freigesprochen.

Soweit er verurteilt worden ist, trägt er die Kosten des Verfahrens. Im Übrigen fallen die Kosten des Verfahrens und die notwendigen Auslagen des Angeklagten der Staatskasse zur Last.

Das Verfahren wird (hinsichtlich der/des ...) eingestellt.

Der Angeklagte wird freigesprochen.

Die Kosten des Verfahrens sowie die notwendigen Auslagen des Angeklagten trägt die Staatskasse.

Angewendete Strafvorschriften: §§ 242 Abs. 1, 243 Abs. 1 S. 2 Nr. 3, 244 Abs. 1 Nr. 1 a, 53 StGB, 17 Abs. 2 BZRG[156]

G r ü n d e:

(abgekürzt gemäß § 267 Abs. 4 bzw. 5 S. 2 StPO)[157]

I.[158]

Der Angeklagte ist 27 Jahre alt und ledig. Er besuchte eine Förderschule und hat keinen Schulabschluss. Bereits mit dreizehn Jahren begann er im Freundeskreis Haschisch zu konsumieren ...

Strafrechtlich ist der Angeklagte bisher wie folgt in Erscheinung getreten: ...

Erläuterungen

nicht dagegen Verletzte und ihre Beistände, der Beistand des Angeklagten oder der Dolmetscher.

[154] Der Tenor, nach § 260 Abs. 4 StPO auch „Urteilsformel", enthält den Ausspruch zur Sache sowie die Kostenentscheidung nach §§ 464 ff. StPO, vgl. *Melzer*, JuS 2008, 878 (879), m. w. N. Der Tenor muss die Tat rechtlich genau bezeichnen, wobei – wie bereits oben ausgeführt – nach Möglichkeit die gesetzliche Überschrift eines Straftatbestandes zu verwenden ist. Ob die Charakterisierung der Tat wie links durch die Formulierung „wegen" eingeleitet wird oder ob zwei Sätze formuliert werden: „Der Angeklagte ist einer/eines ... schuldig. Er wird daher zu ... verurteilt.", ist eine Geschmacksfrage. Ob es sich um ein Vergehen oder Verbrechen handelt, welche Form der Täterschaft vorliegt oder ob es sich um einen minder oder besonders schweren Fall handelt, wird nicht angegeben. Eine Ausnahme wird für die Vergewaltigung gemacht, da diese im Gesetzestext ausdrücklich so bezeichnet wird. Auch Strafzumessungsregelungen wie § 21 StGB gehören nicht in die Urteilsformel. Anzugeben sind dagegen die Teilnahmeformen, das Vorliegen eines bloßen Versuchs und, ob es sich um eine vorsätzliche oder fahrlässige Tat handelt, sofern beides in Betracht kommt. Ist ein Qualifikationstatbestand verwirklicht worden, ist dies zum Ausdruck zu bringen. Ob darüber hinaus eine Tatbestandsverwirklichung durch Unterlassen besonders kenntlich zu machen ist, ist umstritten. In der Klausur sind beide Vorgehensweisen gleichermaßen statthaft. Die Konkurrenzverhältnisse sind durch die Formulierung „in Tateinheit mit ..." bzw. bei Tatmehrheit durch die Formulierung „in ... Fällen" oder schlicht „und" kenntlich zu machen. Im Wege der Gesetzeskonkurrenz (auch unechte Konkurrenz genannt) verdrängte Tatbestände werden selbst dann nicht aufgenommen, wenn aus der verdrängten Bestimmung Nebenfolgen zur Anwendung kommen. Eine ungleichartige Wahlfeststellung wird durch die Formulierung „oder" zum Ausdruck gebracht. Vgl. zu diesem Abschnitt insgesamt *Meyer-Goßner/Schmitt*, § 260 Rn. 23 ff., sowie *Melzer*, JuS 2008, 878 (879).

[155] Wird der Angeklagte zu einer Gesamtstrafe verurteilt, ist nur diese in den Tenor aufzunehmen. Die Einsatz- und Einzelstrafen sind der Begründung zu entnehmen. Maßregeln sowie Nebenstrafen müssen demgegenüber in den Tenor aufgenommen werden. Sie sind vor der Kostenentscheidung einzufügen. Hat sich der Angeklagte beispielsweise als unfähig zum Führen von Kraftfahrzeugen erwiesen, formuliert man üblicherweise: „Dem Angeklagten wird die Fahrerlaubnis entzogen. Der Führerschein wird eingezogen. Die Verwaltungsbehörde darf dem Angeklagten vor Ablauf von ... Monaten keine neue Fahrerlaubnis erteilen." bzw. „Für die Wiedererteilung wird eine Sperre von ... Monaten verhängt." Die Sicherungsverwahrung kann „angeordnet" werden oder sie „bleibt vorbehalten". Eine ausführliche Darstellung aller notwendigen Informationen findet sich bei *Meyer-Goßner/Schmitt*, § 260 Rn. 23 ff. Auch die Grundentscheidung über die Entschädigung von Strafverfolgungsmaßnahmen ist zu tenorieren.

[156] Wird auf Freiheitsstrafe von nicht mehr als zwei Jahren erkannt und hat das Gericht festgestellt,

II.[159]

Nach dem Ergebnis der Beweisaufnahme, insbesondere der geständigen Einlassung des Angeklagten, stehen zur Überzeugung des Gerichts folgende Sachverhalte fest:

Der Angeklagte entwendete in der Zeit vom ... bis zum ... verschiedene Gegenstände aus Kaufhäusern und einer Privatwohnung in Kiel, um die Gegenstände weiterzuveräußern und mit den Gewinnen seinen Lebensunterhalt und seine Drogensucht zu finanzieren.

Die Taten im Einzelnen:

1. Am ... entwendete der Angeklagte aus der Wohnung des Zeugen ...

2. ...

III.[160]

Der Angeklagte hat sich damit hinsichtlich der Taten 1. bis 4. und 6. jeweils des Diebstahls in einem besonders schweren Fall gemäß §§ 242 Abs. 1, 243 Abs. 1 S. 2 Nr. 3 StGB schuldig gemacht und hinsichtlich der Tat zu 5. eines Diebstahls mit Waffen gemäß §§ 242 Abs. 1, 244 Abs. 1 Nr. 1 a StGB. Hinsichtlich der Taten 1. bis 4. und 6. handelte der Angeklagte gewerbsmäßig, da ...

IV.[161]

Tat- und schuldangemessen wurde der Angeklagte unter Einbeziehung der Strafe aus dem Urteil des Amtsgerichts ... vom ... (Az.: ...) zu einer Gesamtfreiheitsstrafe von einem Jahr und fünf Monaten verurteilt.

Ausgehend vom Strafrahmen des § 243 Abs. 1 S. 2 Nr. 3 StGB für die Taten 1. bis 4. und 6., Freiheitsstrafe von drei Monaten bis zu zehn Jahren, und dem Strafrahmen des § 244 Abs. 1 Nr. 1 a StGB für Tat 5., Freiheitsstrafe von sechs Monaten bis zu zehn Jahren, betrugen die Einzelstrafen dabei für die Taten 1. bis 4. und 6. jeweils drei Monate Freiheitsstrafe und für die Tat 5. sechs Monate Freiheitsstrafe.

Strafschärfend war bei der Bildung der Einzelstrafen zu berücksichtigen, dass der Angeklagte bereits mehrfach und auch in erheblichem Umfang einschlägig strafrechtlich in Erscheinung getreten ist.

Erläuterungen

dass der Verurteilte die Tat auf Grund einer Betäubungsmittelabhängigkeit begangen hat, so ist diese Feststellung nach § 17 Abs. 2 BZRG in das Register einzutragen; dies gilt auch bei einer Gesamtstrafe von nicht mehr als zwei Jahren, wenn der Verurteilte alle oder den ihrer Bedeutung nach überwiegenden Teil der abgeurteilten Straftaten auf Grund einer Betäubungsmittelabhängigkeit begangen hat. § 17 Abs. 2 BZRG ist in die Paragraphenkette mit aufzunehmen. Im Übrigen gelten die zur Anklageschrift gemachten Ausführungen entsprechend. Einzelheiten sind bei *Meyer-Goßner/Schmitt*, § 260 Rn. 50 ff., nachzulesen.

[157] Das Urteil kann abgekürzt werden, wenn alle Beteiligten auf Rechtsmittel verzichten oder nach Ablauf der Rechtsmittelfrist kein Rechtsmittel eingelegt wurde. Das Gericht bestimmt den Inhalt der Begründung dann im Wesentlichen nach freiem Ermessen. Zu den Einzelheiten lesen Sie bitte § 267 Abs. 4 sowie Abs. 5 S. 2 StPO!

[158] Der Inhalt der Entscheidungsgründe hat sich an § 267 StPO zu orientieren. Hier finden Sie die in den Urteilsgründen notwendig anzugebenden Informationen. Üblicherweise wird das Urteil in die Angaben zum Angeklagten mit einem Schwerpunkt auf den sozialen und beruflichen Lebensverhältnissen und den strafrechtlichen Vorbelastungen, die zugrunde liegenden Tatsachen mit Angaben zur Beweiswürdigung, die rechtliche Würdigung, die Strafzumessung und die Kostenentscheidung gegliedert. Es folgt gegebenenfalls eine kurze Begründung zur Entscheidung über die Entschädigung für Strafverfolgungsmaßnahmen. Verbindliche Regelungen, insbesondere im Hinblick auf abgekürzte Urteile, gibt es allerdings nicht. Ob Gliederungsziffern verwendet werden, ist eine Geschmacksfrage. Orientieren Sie sich an den Vorgaben Ihrer Ausbilder. Die Angaben zu den persönlichen Verhältnissen des Angeklagten sollten mindestens all jene Umstände beinhalten, die für die Strafzumessung Bedeutung erlangen. Hierzu zählen üblicherweise Angaben über das Elternhaus, die Schulbildung, den Beruf, die Familie und das Privatleben, Krankheiten, das Einkommen und die Vorstrafen des Angeklagten. Sie sind im Präsens bzw. Imperfekt abzufassen, teilweise wird auch das Abfassen in der Form Präsens/Perfekt empfohlen.

[159] Der Sachverhalt, von dem das Gericht überzeugt ist und den es deshalb zur Grundlage seiner Entscheidung gemacht hat, ist im Imperfekt/Plusquamperfekt wiederzugeben. Sämtliche Tatbestandsmerkmale, objektive und subjektive, müssen mit Tatsachen ausgefüllt werden. Beweiswürdigung und Ablehnung eines Hilfsbeweisantrags werden teilweise mit der Sachverhaltsdarstellung verwoben, teilweise wird ein neuer, eigenständiger Gliederungspunkt eröffnet. Sie sollten sich bei Ihrer Entscheidung für oder gegen das eine oder andere Vorgehen nach dem Umfang und der Schwierigkeit der Beweiswürdigung richten. Ziel ist es, dem Leser zu verdeutlichen, warum das Gericht genau von diesem Sachverhalt ausgeht.

[160] In der rechtlichen Würdigung müssen Sie nach § 267 Abs. 3 S. 1 StPO die zur Anwendung gebrachten Strafgesetze unter Angabe der Normen präzise bezeichnen, Rechts- und Auslegungsfragen beantworten und den Sachverhalt unter die jeweilige Strafvor-

Strafmildernd war dagegen zu berücksichtigen, dass ... Die hier verhängten Einzelstrafen wurden schließlich unter Einbeziehung der Strafen aus dem Urteil des Amtsgerichts ... vom ... (Verurteilung wegen Diebstahls mit Waffen zu einer Freiheitsstrafe von acht Monaten) durch Erhöhung der höchsten Einzelstrafe von acht Monaten Freiheitsstrafe nach nochmaliger Berücksichtigung von Tat und Persönlichkeit des Angeklagten auf eine Gesamtfreiheitsstrafe von einem Jahr und fünf Monaten zurückgeführt.

Die Vollstreckung der Freiheitsstrafe[162] konnte gemäß § 56 Abs. 1 (und Abs. 2) StGB zur Bewährung ausgesetzt werden, da das Gericht davon überzeugt ist, dass sich der Angeklagte die Verurteilung zur Warnung gereichen lassen und künftig auch ohne die Einwirkung des Strafvollzugs keine Straftaten mehr begehen wird./Die Aussetzung der Freiheitsstrafe zur Bewährung gemäß § 56 Abs. 1 (und Abs. 2) StGB kam nicht in Betracht, weil nicht erwartet werden konnte, dass der Angeklagte ohne Verbüßung der Strafe keine weiteren Straftaten mehr begehen wird. Der Angeklagte ...

Eine günstige Sozialprognose kann folglich (nicht) gestellt werden.

V.[163]

Die Kostenentscheidung folgt aus § 465 Abs. 1 StPO/§ 467 Abs. 1 StPO.

Unterschrift[164]

Richterin am Amtsgericht ◀

Erläuterungen

schrift subsumieren. Der notwendige Umfang der Ausführungen kann stark variieren. In sehr einfach gelagerten Fällen ist es ausreichend, die jeweiligen Tatbestände genau zu bezeichnen, in schwierigen Fällen müssen Sie eine tiefgehende Argumentation liefern.

[161] Bei der Strafzumessung gilt es, die Einzelstrafen sowie die Gesamtstrafe nebst der Entscheidung über die Strafaussetzung zur Bewährung zu begründen, vgl. § 267 Abs. 3 S. 1 StPO. Müssen weitere Strafen einbezogen werden, sind diese zu nennen. Die den Einzelstrafen zugrunde liegenden Strafrahmen sind anzugeben, wobei Sie insbesondere auch benannte und unbenannte minder oder besonders schwere Fälle und vertypte Strafmilderungsgründe berücksichtigen müssen. Der BGH geht bei der Bestimmung minder oder besonders schwerer Fälle von dem Postulat der doppelten Gesamtwürdigung aus, das Sie auch Ihrem Urteil zugrunde legen müssen, vgl. hierzu und zu der hieran in der Literatur geäußerten Kritik *Gerhold*, ZJS 2009, 260 (260 ff.). Steht der anzuwendende Strafrahmen fest, müssen Sie innerhalb dieses Strafrahmens das anzuwendende Strafmaß bestimmen. Zu diesem Zweck sind die strafschärfenden und strafmildernden Strafzumessungsgründe und -tatsachen aufzuführen und gegeneinander abzuwägen. Die so ermittelten Einzelstrafen sind – soweit erforderlich – nach den Regeln der §§ 53 ff. StGB auf eine Gesamtstrafe zurückzuführen. Bei der Gesamtstrafenbildung müssen erneut Tat und Persönlichkeit des Täters berücksichtigt werden. Eine typische Formulierung ist insoweit: „Unter Abwägung aller für und gegen den Angeklagten sprechenden Umstände hält das Gericht die Verhängung einer Gesamtgeldstrafe von ... für ausreichend, aber auch notwendig.“

[162] Kommen Sie in Ihrem Urteil zu dem Ergebnis, dass eine Freiheitsstrafe auszusprechen ist, schließt sich die Frage nach der Strafaussetzung zur Bewährung an. Die Voraussetzungen der Strafaussetzung hängen dabei von der Höhe der jeweils verhängten Freiheitsstrafe ab. § 56 Abs. 1 StGB i. V. m. § 56 Abs. 3 StGB stellt klar, dass eine Freiheitsstrafe von einem bis zu sechs Monaten bei einer günstigen Sozialprognose zwingend zur Bewährung auszusetzen ist, eine Freiheitsstrafe zwischen sechs Monaten und einem Jahr dagegen nur, wenn die Vollstreckung zur Verteidigung der Rechtsordnung entbehrlich ist. Freiheitsstrafen von über einem Jahr bis zu zwei Jahren können nach Maßgabe des § 56 Abs. 2 i. V. m. den Abs. 1 und 3 zur Bewährung ausgesetzt werden, wenn neben der günstigen Sozialprognose und der Entbehrlichkeit der Vollstreckung zur Verteidigung der Rechtsordnung weitere besondere Umstände vorliegen. Das Regel-Ausnahme-Verhältnis ist damit umgedreht. Eine Freiheitsstrafe von mehr als zwei Jahren kann nicht mehr zur Bewährung ausgesetzt werden. Nach der Begründung der Hauptstrafe müssen Sie, soweit erforderlich, etwaige Nebenstrafen und sonstige Rechtsfolgen begründen.

[163] § 464 Abs. 1 und 2 StPO schreibt verbindlich vor, dass eine verfahrensabschließende Entscheidung und damit auch ein Urteil eine Entscheidung über die Kosten und Auslagen der Beteiligten enthalten muss. Kosten des Verfahrens sind die Gebühren und Auslagen der Staatskasse (§ 464 a Abs. 1 S. 1 StPO), Ausla-

Erläuterungen

gen sind Sonderopfer, die im Rahmen des Verfahrens erbracht wurden (vgl. § 464 a Abs. 2 StPO). Zur Begründung der Kostenentscheidung genügt es in der Regel, die entsprechende gesetzliche Grundlage zu zitieren, d. h. bei einer Verurteilung § 465 Abs. 1 StPO, bei einem Freispruch § 467 Abs. 1 StPO. Ausnahmen sind nur bei besonders komplizierten Kostenentscheidungen zu machen, die aber in Klausur und Praxis kaum jemals vorkommen.

[**164**] Gemäß § 275 Abs. 2 S. 1 StPO ist das Urteil von den hauptamtlichen Richtern zu unterzeichnen. Durch die Unterschriften beurkunden die Richter die Übereinstimmung der Urteilsgründe mit dem Beratungsergebnis, sodass ein überstimmter Richter seine Unterschrift nicht verweigern darf. Der Unterschrift der Schöffen bedarf es nach Abs. 2 S. 3 nicht. Unterschreiben sie dennoch, ist dies unschädlich. Ist ein Berufsrichter nach Abs. 2 S. 2 an der Unterschrift gehindert, so ist der Verhinderungsgrund vom Vorsitzenden anzugeben, ist der Vorsitzende verhindert, vom ältesten beisitzenden Richter. Der Vermerk ist zu unterschreiben. Eine Unterschrift „in Vertretung" ist unzulässig. Ob der Vorsitzende bzw. sein Vertreter den Verhinderungsvermerk anbringt oder den Wegfall der Verhinderung abwartet, steht in seinem Ermessen, wobei das Beschleunigungsgebot zu beachten ist, vgl. insgesamt *Meyer-Goßner/Schmitt*, § 275 Rn. 19 ff.

III. Das Urteil im Privatklageverfahren

Muster 82: Urteil Privatklageverfahren

Az.: ...

Amtsgericht ...

Im Namen des Volkes

Urteil

In der Privatklagesache[165]

des ...,

Privatklägers,

vertreten durch ...

gegen

Vorname **Nachname**,

entsprechend dem einfachen Urteil

Angeklagten/Privatbeklagten,

vertreten durch ...

hat das Amtsgericht ...

entsprechend dem einfachen Urteil

[165] In Privatklagesachen nach §§ 374 ff. StPO ähnelt das Rubrum dem eines Zivilprozesses. Als Besonderheit ist an dieser Stelle das sogenannte Einstellungsurteil nach § 389 Abs. 1 StPO zu erwähnen, das anstelle eines Sachurteils ergehen muss, wenn das Gericht am Ende der Verhandlung zu der Erkenntnis gelangt, dass die festgestellten Tatsachen eine Straftat darstellen, die nicht unter den Katalog der Privatklagedelikte des § 374 Abs. 1 StPO fällt. Die Tatsachen, die Grundlage eines Offizialdeliktes sind, sind im Einstellungsurteil herauszustreichen und nach Abs. 2 der zuständigen Staatsanwaltschaft mitzuteilen, damit diese die Einleitung eines Offizialverfahrens prüfen kann. Das Einstellungsurteil kann nach allgemeinen Regeln angefochten werden. Nach Rechtskraft des Einstellungsurteils ist eine neue Privatklage unzulässig, vgl. insgesamt *Meyer-Goßner/Schmitt*, § 389 Rn. 1 ff.

IV. Das Berufungsurteil

Muster 83: Berufungsurteil

Az.: ...[166]

Landgericht ...

Im Namen des Volkes[167]

Urteil

In der Strafsache[168]

g e g e n Vorname **Nachname**, Geburtsdatum, Geburtsort, Staatsangehörigkeit, Familienstand, zzt. in der Justizvollzugsanstalt ... eventuell gesetzliche Vertreter Verteidiger: Rechtsanwalt ..., Anschrift

w e g e n[169] Diebstahls mit Waffen u. a.

hat die kleine Strafkammer des Landgerichts ... in der Sitzung/Hauptverhandlung vom ..., an der teilgenommen haben:[170]

Richter am Landgericht ...
als Vorsitzender
Berufsbezeichnung Vor- und Nachname, Wohnort,
Berufsbezeichnung Vor- und Nachname, Wohnort,
als Schöffen
Staatsanwalt ...
als Beamter der Staatsanwaltschaft
Rechtsanwalt ...
als Verteidiger
Justizangestellter ...
als Urkundsbeamter der Geschäftsstelle

für R e c h t erkannt: [171]

Die Berufung des Angeklagten/der Staatsanwaltschaft gegen das Urteil des ... vom ... wird (als unzulässig/unbegründet) verworfen,[172]

auf die Berufung des Angeklagten/der Staatsanwaltschaft wird das Urteil des Amtsgerichts ... vom ... (im Rechtsfolgenausspruch/insoweit) aufgehoben (als der Angeklagte wegen ... zu ...

Erläuterungen

[166] Das Aktenzeichen wird nach der jeweiligen Aktenordnung des entsprechenden Bundeslandes vergeben und lautet für Berufungsentscheidungen Ns. Vgl. im Übrigen das erstinstanzliche Urteil.

[167] Die Reihenfolge zwischen den Bestandteilen des Rubrums „Im Namen des Volkes" und „Urteil" ist umstritten, aber weder die eine noch die andere Reihenfolge führt zu Punktabzügen. Da das Urteil jedoch nach § 268 Abs. 1 StPO insgesamt im Namen des Volkes ergeht, wird überwiegend die links dargestellte Reihenfolge gewählt, so auch *Melzer*, JuS 2008, 878 (878). Diese Reihenfolge entspricht auch der Vorgabe in § 12 Abs. 1 der Geschäftsordnung des BGH für Revisionsurteile.

[168] Das Urteil wird eingeleitet mit den Worten „In der Strafsache gegen" wobei „gegen" teilweise gesperrt geschrieben wird. Es schließen sich die bereits aus der Anklageschrift bekannten Angaben zum Angeklagten an.

[169] In der durch das Wort „wegen" gekennzeichneten Betreffzeile ist unabhängig von der Anklage das jeweilige Delikt aufzuführen, wegen dem der Angeklagte tatsächlich verurteilt wird. Wird der Angeklagte wegen mehrerer Delikte verurteilt, ist das schwerste Delikt mit dem Zusatz „u. a." aufzuführen. Zur Kennzeichnung der Delikte sollten Sie sich an der gesetzlichen Überschrift orientieren. Fehlt eine solche oder passt sie nicht auf die zugrundeliegende Variante des Tatbestandes, ist die Tat frei von der Überschrift, aber so genau wie möglich zu bezeichnen, beispielsweise: wegen unerlaubten Besitzes von Betäubungsmitteln in nicht geringer Menge, vgl. *Meyer-Goßner/Schmitt*, § 260 Rn. 23.

[170] Der Spruchkörper – beispielsweise die x. Große Strafkammer des Landgerichts ... –, der Tag der mündlichen Verhandlung und die mitwirkenden Personen sind anzugeben, also nach § 275 Abs. 3 StPO die Namen der Richter, Schöffen, Beamten der Staatsanwaltschaft, des Verteidigers sowie des Urkundsbeamten der Geschäftsstelle. Amtsbezeichnungen sind anzugeben. Bei Schöffen werden üblicherweise Beruf und Wohnort mit genannt. Verteidiger sind dem jeweiligen Mandanten zuzuordnen. Auch Nebenkläger/Nebenbeteiligte werden aufgeführt, nicht dagegen Verletzte und ihre Beistände, der Beistand des Angeklagten oder der Dolmetscher.

[171] Der Tenor oder nach § 260 Abs. 4 StPO die Urteilsformel enthält den Ausspruch zur Sache sowie die Kostenentscheidung nach §§ 464 ff. StPO, vgl. *Melzer*, JuS 2008, 878 (879) m. w. N. Vgl. im Übrigen das erstinstanzliche Urteil.

[172] Beachten Sie, dass eine unzulässige Berufung grundsätzlich nach § 322 Abs. 1 S. 1 StPO durch Beschluss verworfen wird. Eine weitere Verwerfungsmöglichkeit durch Beschluss sieht § 319 Abs. 1 StPO vor. Eine Verwerfung durch Urteil kommt nach § 322 Abs. 1 S. 2, 1. HS StPO daher nur in Betracht, wenn kein Verwerfungsbeschluss ergeht, kein Nichtannahmebeschluss nach § 322 a StPO und auch kein Einstellungsbeschluss nach §§ 153 ff., 206 a StPO. Dies ist beispielsweise der Fall, wenn über die Zulässigkeit nicht im Beschlusswege entschieden werden konnte, da Zweifel an der Zulässigkeit zunächst in der Hauptverhandlung geklärt werden sollten, vgl.

verurteilt wurde),[173] der Angeklagte wird (insoweit) freigesprochen/wegen ... zu ... verurteilt, im Übrigen wird die Berufung verworfen,

auf die Berufung des Angeklagten/der Staatsanwaltschaft wird das angefochtene Urteil dahingehend geändert, dass ...

auf die Berufung des Angeklagten/der Staatsanwaltschaft wird das Urteil des Amtsgerichts ... vom ... aufgehoben und die Sache an das Landgericht – Schwurgericht – in ... verwiesen.[174]

Der Angeklagte trägt die Kosten des (Berufungs-)Verfahrens und seine notwendigen Auslagen (sowie die notwendigen Auslagen des Nebenklägers).

Die Kosten des (Berufungs-)Verfahrens[175] und die notwendigen Auslagen des Angeklagten trägt die Staatskasse.

G r ü n d e:

(abgekürzt gemäß § 267 Abs. 4 bzw. 5 S. 2 StPO)

I.[176]

Mit Urteil des Amtsgerichts ... vom ... wurde der Angeklagte wegen ... zu einer Freiheitsstrafe von ... verurteilt. Die Vollstreckung der Freiheitsstrafe wurde zur Bewährung ausgesetzt. Das Urteil wurde dem Angeklagten am ... zugestellt.

Die Staatsanwaltschaft legte gegen dieses Urteil am ... beim Amtsgericht ... Berufung ein und beschränkte die Berufung auf das Strafmaß. Der Angeklagte legte gegen das Urteil am ... beim Amtsgericht ... Berufung ein. ...

II.[177]

Die Berufung des Angeklagten ist zulässig, da ... Zwar war die Frist zur Berufungseinlegung ursprünglich bereits am ... abgelaufen, der Wiedereinsetzungsantrag des Angeklagten nach §§ 44 und 45 StPO hatte jedoch Erfolg. Der Angeklagte war schuldlos gehindert, die Frist zu einzuhalten, und er hat die zur Begründung angeführten Tatsachen glaubhaft gemacht. ...

Auch die Berufung der Staatsanwaltschaft ist zulässig, da ...

Erläuterungen

Meyer-Goßner/Schmitt, § 322 Rn. 3. Weitere Verwerfungsmöglichkeit durch Urteil bestehen nach § 329 Abs. 1 StPO u. a., wenn zu Beginn der Hauptverhandlung weder der Angeklagte noch ein Verteidiger mit nachgewiesener Vertretungsvollmacht erschienen ist und das Ausbleiben nicht genügend entschuldigt wurde, was nach Abs. 1 S. 4 wiederum nicht gilt, wenn das Berufungsgericht nach Zurückverweisung vom Revisionsgericht erneut verhandelt. Die im Hinblick auf die Neziraj-Entscheidung des EGMR, NStZ 2013, 350, grundlegend umgestaltete Vorschrift des § 329 StPO sollte einmal in Gänze gelesen werden. Die Berufung wird als unbegründet verworfen, wenn die Berufungsverhandlung zum selben Ergebnis geführt hat wie die Verhandlung im ersten Rechtszug.

[173] Nach § 328 Abs. 1 StPO hat das Berufungsgericht das erstinstanzliche Urteil insoweit aufzuheben, wie es die Berufung für begründet erachtet. Es hat dann in der Sache selbst zu entscheiden. Das Schlechterstellungsverbot des § 331 StPO ist zu berücksichtigen. Beachten Sie, dass Sie sowohl eine Entscheidung über die Berufung der Staatsanwaltschaft als auch über die Berufung des Angeklagten oder sonstiger Verfahrensbeteiligter treffen müssen. Es ist also denkbar, dass Sie die eine Berufung verwerfen müssen, die andere jedoch Erfolg hat, vgl. *Meyer-Goßner/Schmitt*, § 328 Rn. 2.

[174] Nach § 328 Abs. 2 StPO hat das Berufungsgericht das Urteil aufzuheben und an das zuständige Gericht zu verweisen, wenn im ersten Rechtszug ein unzuständiges Gericht entschieden hat.

[175] Ob über die Kosten des gesamten Verfahrens neu entschieden wird oder lediglich über die Kosten des Berufungsverfahrens ist davon abhängig, ob die Kostenentscheidung des erstinstanzlichen Urteils aufzuheben ist oder bestehen bleibt, vgl. SK-StPO – *Frisch*, § 328 Rn. 8. Legen mehrere Verfahrensbeteiligte Berufung ein, ist über die Kosten jeder Berufung gesondert zu entscheiden, vgl. SK-StPO – *Frisch*, § 328 Rn. 10. Zur besseren Differenzierung wird üblicherweise formuliert: „Die Kosten der Berufung des Angeklagten ...; die Kosten der Berufung der Staatsanwaltschaft etc.“ Hinsichtlich der Kostenentscheidung ist § 473 StPO zu beachten!

[176] Entsprechend dem erstinstanzlichen Urteil ist auch der Aufbau der Entscheidungsgründe eines Berufungsurteils nicht verbindlich vorgegeben. Üblicherweise werden jedoch zur Gliederung römische Zahlen verwendet und es sind Angaben über die erstinstanzliche Verurteilung, die Berufungseinlegung, insbesondere Beschränkungen, Rücknahme und Verzicht, die Zulässigkeit der Berufung, die Feststellungen der Berufungsinstanz und die Kostentragung zu machen. Bezugnahmen auf das erstinstanzliche Urteil sind zulässig. Unter „I.“ werden meist das amtsgerichtliche Urteil kurz wiedergegeben und die näheren Umstände der Berufungseinlegung dargestellt.

[177] Unter „II.“ wird üblicherweise die Zulässigkeit der Berufung abgehandelt. Ausführungen zur Statthaftigkeit der Berufung nach § 312 f. StPO sowie zu Beschwer, Form und Frist nach §§ 314 f. StPO können angezeigt sein. Ausführungen zur Frist sind insbesondere dann erforderlich, wenn eine Wiedereinsetzung erfolgt ist. Liegt die Zulässigkeit auf der

III.[178]

Die Berufungshauptverhandlung hat zu folgenden für das Strafmaß bedeutenden Feststellungen geführt: Der Angeklagte wurde in ... geboren. Er ist das dritte Kind einer sechsköpfigen Familie. Nach regulärer Einschulung verließ er die Mittelschule mit dem Abschluss der 10. Realschulklasse. ... Hinsichtlich seiner strafrechtlichen Vorbelastungen wird auf das amtsgerichtliche Urteil Bezug genommen.

IV.[179]

In der Berufungshauptverhandlung konnte die Kammer aufgrund des umfassenden Geständnisses des Angeklagten folgende tatsächliche Feststellungen treffen: Der Angeklagte begab sich am ... in die Lagerhalle des Geschädigten ... und ...

V. bis VII.

Ausführungen zur Beweiswürdigung, falls dies wegen des Umfanges in einem eigenständigen Gliederungspunkt erfolgen sollte, zur rechtlichen Würdigung sowie zur Strafzumessung, alles entsprechend dem erstinstanzlichen Urteil

VIII.

Die Kostenentscheidung beruht auf § 473 Abs. 1, Abs. 3 StPO.[180]

Unterschrift

Vorsitzender Richter am Landgericht ◀

V. Das revisionsgerichtliche Urteil[181]

▶ Muster 84: Revisionsurteil

Az.: ...[182]

Bundesgerichtshof

Im Namen des Volkes[183]

Urteil

In der Strafsache[184]

gegen Vorname **Nachname**,
Geburtsdatum, Geburtsort,
Staatsangehörigkeit, Familienstand,
zzt. in der Justizvollzugsanstalt ...

Erläuterungen

Hand, muss kein eigenständiger Gliederungspunkt eröffnet werden, sondern Sie können die Feststellung, die form- und fristgerecht eingelegte Berufung war zulässig, schlicht in die Darstellungen unter „I." integrieren.

[178] Unter „III." werden üblicherweise die Feststellungen der Berufungsinstanz zur Person des Angeklagten wiedergegeben. Teilweise schließen sich unmittelbar die Tatsachenfeststellungen zum Tathergang nebst Beweiswürdigung sowie die rechtliche Würdigung und die Strafzumessungserwägungen an, teilweise werden eigenständige Gliederungspunkte verwendet. Orientieren Sie sich wie auch sonst an den Vorgaben Ihrer Ausbilder und den Gepflogenheiten Ihres Landgerichtsbezirks. Für eigenständige Gliederungspunkte spricht vorrangig die bessere Übersichtlichkeit, weshalb hier eigene Gliederungsziffern verwendet werden.

[179] Wenn Sie die Tatsachenfeststellungen zum Tathergang und die Beweiswürdigung nicht in „III." integrieren, müssen Sie diese in einem eigenständigen Gliederungspunkt unter „IV." darlegen. Gleiches gilt für „V." und „VI.".

[180] Die Kostenentscheidung in der Rechtsmittelinstanz findet ihre Grundlage in § 473 StPO. Da die Norm jedoch nur Ausschnitte regelt, können auch die §§ 465, 467, 472 StPO ausschließlich oder i. V. m. § 473 StPO Rechtsgrundlage der Kostenentscheidung sein, vgl. SK-StPO – *Degener*, § 473 Rn. 1. Aus diesem Grund ist beispielsweise im Falle des Freispruches nach Berufung des Angeklagten auf § 467 Abs. 1 StPO zurückzugreifen, so *Meyer-Goßner/Schmitt*, § 473 Rn. 2. Ausdrücklich regelt § 473 StPO in Abs. 1 die Kostenfolge eines zurückgenommenen oder erfolglos eingelegten Rechtsmittels von Beschuldigtem oder Nebenkläger, in Abs. 2 S. 1 die Kostenfolge eines zuungunsten des Beschuldigten eingelegten Rechtsmittels der Staatsanwaltschaft. Die Kostenfolge eines erfolgreichen Rechtsmittels der Staatsanwaltschaft, das diese zugunsten eines Dritten eingelegt hat, ist in Abs. 2 S. 2 festgeschrieben. Für auf bestimmte Beschwerdepunkte beschränkte Rechtsmittel gilt Abs. 3, für den teilweisen Erfolg eines Rechtsmittels Abs. 4.

[181] Ist eine Revision verspätet oder formwidrig eingelegt worden, wird sie bereits nach § 346 Abs. 1 StPO vom iudex a quo durch Beschluss verworfen. Erachtet das angerufene Revisionsgericht seine Zuständigkeit für nicht gegeben, spricht es seine Unzuständigkeit nach § 348 Abs. 1 StPO durch Beschluss aus. Stellt erst das Revisionsgericht die Unzulässigkeit der Revision fest, kann es die Revision nach § 349 Abs. 1 StPO ebenfalls mit einfacher Mehrheit durch Beschluss verwerfen. Nach § 349 Abs. 2 und 4 StPO kann unter weiteren Voraussetzungen eine offensichtlich unbegründete Revision durch Beschluss verworfen bzw. einer begründeten Revision durch Beschluss stattgegeben werden, wenn die Entscheidung einstimmig getroffen wird. Das Revisionsgericht muss in den Fällen des § 349 StPO allerdings nicht zwingend durch Beschluss entscheiden. § 349 Abs. 5 StPO stellt insoweit klar, dass auch stets durch Urteil entschieden werden kann. Die denkbaren Urteilstenöre sind entsprechend vielschichtig. Beachten Sie bei Ihrer Wahl zwischen Urteil und Beschluss jedoch immer,

Erläuterungen

eventuell gesetzliche Vertreter
Verteidiger: Rechtsanwalt ..., Anschrift
w e g e n[185] Mordes u.a.

hat der ... Strafsenat des Bundesgerichtshofs in der Sitzung vom ..., an der teilgenommen haben:[186]

der Vorsitzende Richter am Bundesgerichtshof ...
die Richter am Bundesgerichtshof ...
Bundesanwalt beim Bundesgerichtshof ...
als Vertreter der Bundesanwaltschaft
Rechtsanwalt ...
als Verteidiger
Justizangestellte ...
als Urkundsbeamtin der Geschäftsstelle

für R e c h t erkannt: [187]

Die Revision der/des ... gegen das Urteil des Landgerichts ... vom ... wird (als unzulässig/unbegründet) verworfen. Er/Sie hat die Kosten seines Rechtsmittels zu tragen.

Auf die Revision der/des ... wird das Urteil des ... vom ... (im Schuldausspruch/im Rechtsfolgenausspruch/soweit der Angeklagte wegen ... zu ... verurteilt worden ist) (mit den dazugehörigen Feststellungen) aufgehoben[188] und die Sache (im Umfang der Aufhebung) zur erneuten Verhandlung und Entscheidung (auch über die Kosten der Revision[189]) an eine andere Abteilung/Kammer des ... in ... zurückverwiesen. (Die weitergehende Revision wird verworfen.)

Bei eigener Sachentscheidung[190] des Revisionsgerichts:

... aufgehoben und das Verfahren gemäß § ... StPO eingestellt/der Schuldspruch dahingehend geändert, dass .../der Angeklagte freigesprochen/der Angeklagte wegen ... zu ... verurteilt.

Der Angeklagte trägt die Kosten des Revisionsverfahrens.[191]

dass ein Verwerfungsbeschluss nur außerhalb der Hauptverhandlung erlassen werden kann, ein Verwerfungsurteil nur in der Hauptverhandlung! Keinesfalls dürfen Sie die Revision in der Hauptverhandlung durch Beschluss verwerfen, vgl. *Meyer-Goßner/Schmitt*, § 349 Rn. 3 u. 35.

[182] Vgl. zu den Aktenzeichen das erstinstanzliche Urteil.

[183] Vgl. zur Reihenfolge zwischen den Bestandteilen des Rubrums „Im Namen des Volkes“ und „Urteil“ das erstinstanzliche Urteil.

[184] Vgl. das erstinstanzliche Urteil.

[185] Vgl. zur Betreffzeile das erstinstanzliche Urteil.

[186] Vgl. zu den erforderlichen Angaben das erstinstanzliche Urteil.

[187] Vgl. zum Tenor im Allgemeinen das erstinstanzliche Urteil.

[188] Der Umfang der Prüfung und der Aufhebung richtet sich nach den gestellten Revisionsanträgen, § 352 StPO, sowie nach dem Bestehen eines Zusammenhanges zwischen Gesetzesverletzung und getroffenen Feststellungen, § 353 Abs. 2 StPO, vgl. zum erforderlichen Umfang der Aufhebung *Meyer-Goßner/Schmitt*, § 353 Rn. 4 ff.

[189] Bei Zurückverweisung wird die Kostenentscheidung auch über die Revision dem neuen Tatrichter überlassen, *Meyer-Goßner/Schmitt*, § 353 Rn. 4.

[190] Unter den Voraussetzungen des § 354 Abs. 1 bis 1 b StPO ggf. analog können OLG/BGH eigene Sachentscheidungen treffen.

[191] Wird das angegriffene Urteil aufgehoben und die Sache zur erneuten Verhandlung und Entscheidung zurückverwiesen, ist keine Kostenentscheidung zu treffen. Die Kostenentscheidung bleibt dem neuen Tatrichter vorbehalten, vgl. Hinweis Nr. 189. In

Die Kosten des Verfahrens und die notwendigen Auslagen des Angeklagten fallen der Staatskasse zur Last.

Von Rechts wegen[192]

Gründe:

Das Landgericht hat den Angeklagten zu ... verurteilt. Hiergegen wendet sich der Angeklagte mit seiner am ... eingelegten Revision. Er macht die Verletzung materiellen Rechts geltend. Seine Revision hat (keinen/nur teilweisen) Erfolg.

I.[193]

Nach den Feststellungen des Landgerichts ... hat der Angeklagte ...

II.

Das Rechtsmittel bleibt in der Sache erfolglos. Der festgestellte Sachverhalt .../Die Revision hat mit der Sachrüge Erfolg, weil die Feststellungen mangelhaft sind und die rechtlichen Erwägungen den Freispruch nicht tragen. ...

III.

Die Kostenentscheidung folgt aus ...

Unterschriften der Richter ◀

Erläuterungen

anderen Fällen wie der Verwerfung der Revision oder bei eigener Sachentscheidung des Revisionsgerichts muss demgegenüber eine Kostenentscheidung getroffen werden. Für sie gelten §§ 464 ff., 473 StPO.

[192] Der BGH trifft seine Entscheidung in Anlehnung an die Urteile des Reichsgerichts „Von Rechts wegen". Dieser Zusatz wird nach dem Tenor eingefügt und ist für Urteile des BGH verbindlich in § 12 Abs. 1 der Geschäftsordnung des BGH vorgeschrieben. Aus derselben Norm ergibt sich auch, dass Urteile des BGH mit der Eingangsformel „Im Namen des Volkes" zu beginnen haben.

[193] Für die Abfassung der Begründung eines Revisionsurteils gibt es keine verbindlichen Vorgaben. Soweit gegliedert wird, werden üblicherweise römische Ziffern verwendet und zunächst die Prozessgeschichte und die zugrundeliegenden Tatsachenfeststellungen wiedergegeben, anschließend wird die rechtliche Würdigung vorgenommen und zuletzt die Kostenentscheidung begründet.

VI. Der Beschluss im Strafverfahren[194]

▶ **Muster 85: Beschluss**

Az.: ...

Amtsgericht ...

Beschluss

In dem Strafverfahren/der Strafsache/der Strafvollstreckungssache

gegen ... in ...[195]

Verteidiger: ...

wegen ...

wird[196] der Antrag/das Ablehnungsgesuch/die Erinnerung des Verteidigers ... vom ... als unzulässig/unbegründet abgelehnt/verworfen/zurückgewiesen,

wird die dem Rechtsanwalt ... aus der Landeskasse zu zahlende Vergütung auf ... € festgesetzt,

[194] Außerhalb der Hauptverhandlung werden sämtliche gerichtlichen Entscheidungen durch Beschluss getroffen. Dies können beispielsweise im Ermittlungsverfahren der Durchsuchungs- oder Beschlagnahmebeschluss oder ein Haftbefehl sein, im Zwischenverfahren der Eröffnungsbeschluss nach § 203 StPO oder auch nach Abschluss der Hauptverhandlung der Beschluss über die Aussetzung des Strafrests zur Bewährung nach § 57 StGB oder über die Bildung einer nachträglichen Gesamtstrafe i. S. d. § 55 StGB. Innerhalb der Hauptverhandlung werden nicht verfahrensbeendende Entscheidungen ebenfalls durch Beschluss getroffen, verfahrensbeendende Entscheidungen dagegen grundsätzlich durch Urteil und nur ausnahmsweise durch Beschluss. Beispiele für nicht verfahrensbeendende Beschlüsse sind insbesondere der Beschluss über die Festsetzung eines Ordnungsmittels nach § 51 Abs. 1 StPO oder die Zurückweisung eines Antrags auf Ablehnung eines Richters oder eines Beweisantrags. Zu den verfahrensbeendenden Entscheidungen, die durch Beschluss ergehen, zählen insbesondere die Einstellungsbeschlüsse nach §§ 153 Abs. 2, 153 a Abs. 2 oder § 154 Abs. 2 StPO sowie der Beschluss betreffend Bewährungszeit und Bewährungsauflagen gemäß §§ 56 a ff., 59 a StGB, nicht dagegen Sach- oder Prozessurteile wegen eines Verfahrenshindernisses nach § 260 Abs. 3 StPO.

wird das Verfahren mit Zustimmung der Staatsanwaltschaft, des Angeklagten und des Verteidigers gemäß § 153 a Abs. 2 StPO vorläufig eingestellt mit dem Ziel einer endgültigen Einstellung nach Erfüllung folgender Auflagen:

1. an einem Anti-Gewalttraining mit mindestens ... Terminen regelmäßig teilzunehmen und die Teilnahme dem Gericht nachzuweisen,
2. ...

wird das Verfahren gemäß § 153 a Abs. 2 StPO endgültig eingestellt, da der Angeklagte die erteilte Weisung erfüllt hat,

wird das Hauptverfahren eröffnet und die Anklage der Staatsanwaltschaft ... vom ..., Az.: ..., zur Hauptverhandlung vor dem Amtsgericht ... – Strafrichter – zugelassen,

wird Rechtsanwalt ... dem Angeklagten als Pflichtverteidiger beigeordnet,

wird die Bewährungszeit auf drei Jahre festgesetzt. Der Angeklagte wird der Aufsicht und Leitung eines Bewährungshelfers unterstellt. Er wird angewiesen, das begonnene Anti-Aggressionstraining fortzusetzen und sich einer Alkohol-Entziehungskur zu unterziehen.

Die (weitere) Beschwerde wird wegen der grundsätzlichen Bedeutung der Sache zugelassen.

Die Kosten des Verfahrens trägt die Staatskasse. Seine notwendigen Auslagen trägt er selbst.[197]

<u>Gründe:</u>[198]

Zur Vermeidung von Wiederholungen wird auf die zutreffenden Gründe des Beschlusses vom ... Bezug genommen.

<u>Rechtsmittelbelehrung:</u>[199]

Gegen diesen Beschluss ist das Rechtsmittel der sofortigen Beschwerde gegeben, die binnen einer Woche ab Bekanntmachung der Entscheidung schriftlich oder zu Protokoll der Geschäftsstelle des Amtsgerichts ... eingegangen sein muss.

Datum, Unterschrift ◀

Erläuterungen

[195] Teilweise werden auch entsprechend Urteil und Anklageschrift alle Daten des Beschuldigten, also Geburtsdatum und -ort, Anschrift usw., aufgeführt.

[196] Bei amtsgerichtlichen Beschlüssen wird der Tenor meist unmittelbar an das Rubrum angefügt. Name des Richters sowie Datum der Entscheidung sind dann der Schlusszeile zu entnehmen. Bei Beschlüssen, mit denen über ein eingelegtes Rechtsmittel, bspw. eine Revision, entschieden wird, oder bei anderen Kammer- bzw. Senatsbeschlüssen wird der Tenor dagegen üblicherweise durch einen Überleitungssatz eingeleitet, der entsprechend dem folgenden Beispiel aufgebaut werden könnte: „Auf die Revision des Angeklagten/der Staatsanwaltschaft gegen das Urteil der X. kleinen Strafkammer des Landgerichts ... vom ... hat der x. Strafsenat des Oberlandesgerichts ... am ... durch ... auf Antrag der Generalstaatsanwaltschaft und nach Anhörung des Angeklagten gemäß § 349 Abs. 2 StPO einstimmig b e s c h l o s s e n: 1. Die Revision wird als (offensichtlich unbegründet) verworfen. 2. Die Kosten ...“

Der Ausdruck „offensichtlich unbegründet“ muss in der Beschlussformel nicht verwendet werden, vgl. *Meyer-Goßner/Schmitt*, § 349 Rn. 19. Zu den weiteren Möglichkeiten der Entscheidung durch Beschluss vgl. § 349 StPO und die entsprechende Kommentierung. Es steht Ihnen auch im Übrigen frei, das Rubrum eines jeden Beschlusses entsprechend dem eines Urteils zu gestalten und schlicht die Worte „für R e c h t erkannt“ durch das Wort „b e s c h l o s s e n“ zu ersetzen. Durch eine einheitliche Übung können Sie sich einigen Lernaufwand sparen.

[197] Ein Beschluss muss nur dann eine Kostenentscheidung treffen, wenn er nach Maßgabe des § 464 Abs. 1 StPO eine Untersuchung einstellt. Hierzu zählen alle das Urteil ersetzenden Beschlüsse, also Beschlüsse nach den §§ 206 a, 206 b, 319 Abs. 1, 322 Abs. 1 S. 1 oder 346 Abs. 1 StPO, und die Einstellungsbeschlüsse nach den §§ 153 Abs. 2, 153 b Abs. 2, 153 e Abs. 2, 383 Abs. 2 oder 390 Abs. 5 sowie die vorläufigen Einstellungsbeschlüsse nach §§ 153 a Abs. 2, 154 Abs. 2 und 154 b Abs. 4 StPO. Wichtig zu wissen ist auch, dass verfahrensbeendigend i. S. d. § 464 StPO auch den Abschluss selbständiger Zwischenverfahren wie des Beschwerde- oder Wiedereinsetzungsverfahrens meint, vgl. zu den Einzelheiten *Meyer-Goßner/Schmitt*, § 464 Rn. 4 ff.

[198] Entscheidungen sind unter den Voraussetzungen des § 34 StPO zu begründen, also wenn sie durch ein Rechtsmittel anfechtbar sind oder wenn durch sie ein Antrag abgelehnt wird. Andere Entscheidungen wie die Festsetzung der Bewährungszeit und -auflagen, die Beiordnung des notwendigen Verteidigers oder der Beschluss über die Eröffnung des Hauptverfahrens können ohne Begründung erlassen werden. Die Begründung gliedert sich üblicherweise in die Darstellung des Sachverhalts, die rechtliche Würdigung bestehend aus Zulässigkeits- und Begründetheitserwägungen und, falls erforderlich, die Begründung der Kostenentscheidung, wobei, wie auch im Urteil, regelmäßig die Angabe der jeweiligen Kostenvorschrift ausreicht. Bezugnahmen wie links beispielhaft aufgeführt sind statthaft.

Erläuterungen

[199] Eine Rechtsmittelbelehrung ist nur unter den Voraussetzungen des § 35 a StPO zu erteilen. Die bereits oben angesprochenen Beschlüsse über die Beiordnung eines notwendigen Verteidigers sowie der Beschluss über die Eröffnung des Hauptverfahrens enthalten daher weder eine Begründung noch eine Rechtsmittelbelehrung. Sie sind aus diesem Grund entsprechend kurz und bestehen lediglich aus dem Rubrum, dem Tenor und der Unterschrift nebst Orts- und Datumsangabe.

VII. Vorlage Empfangsbekenntnis[200]

100 ▶ **Muster 86: Empfangsbekenntnis**

Amtsgericht ...

Az.: ...

An: Rechtsanwalt ...

Adresse

Empfangsbekenntnis

In der Strafsache gegen ... in ...

habe ich heute vom Amtsgericht ... die

Beschlussausfertigung vom ...

zwecks Zustellung ausgehändigt erhalten.

Ich bin zur Entgegennahme der Zustellung legitimiert (§§ 172 ZPO, 30, 52 BRAO)

..., den ...

Unterschrift

Rechtsanwalt

Urschriftlich zurück an

Gericht/Adresse ◀

[200] Viele gerichtliche Entscheidungen bedürfen nach § 35 Abs. 2 S. 1StPO der Zustellung. Die Zustellung wird nach § 36 Abs. 1 StPO durch den Vorsitzenden angeordnet und durch die Geschäftsstelle bewirkt. Nach § 37 Abs. 1 StPO gelten für die Zustellung selbst die Vorschriften der ZPO entsprechend. Die Zustellung durch Empfangsbekenntnis ist nun ein besonderer Fall der Zustellung an Rechtsanwälte, Notare und einige weitere Personen, bei denen aufgrund ihres Berufes von einer erhöhten Zuverlässigkeit ausgegangen wird. Ihre gesetzliche Grundlage findet die Zustellung per Empfangsbekenntnis in § 174 ZPO. Für die Wirksamkeit der Zustellung ist insoweit erforderlich, dass der Rechtsanwalt persönlich Kenntnis von seinem Gewahrsam an dem jeweiligen Schriftstück erhält und durch die Unterzeichnung des Empfangsbekenntnisses den Willen äußert, das Schriftstück als zugestellt anzunehmen, *Meyer-Goßner/Schmitt*, § 37 Rn. 19. Die Art und Weise, wie das Schriftstück in seinen Gewahrsam gelangt, ist dabei unerheblich, sodass die Zustellung sowohl durch die Post, einen Boten, eine Telekopie, ein elektronisches Dokument oder durch Einlegen in ein Gerichtsfach erfolgen kann. Der Zeitpunkt der Zustellung ist dann aber nicht der Zeitpunkt des Zuganges, sondern der Zeitpunkt, den der Rechtsanwalt in dem Empfangsbekenntnis angibt. Zur Ausstellung des Empfangsbekenntnisses ist er standesrechtlich verpflichtet. Die Angabe eines unrichtigen Datums lässt die Wirksamkeit der Zustellung unberührt. Eine Unterschrift ist erforderlich. Die Unterschrift eines anderen Rechtsanwalts als des Verteidigers macht die Zustellung unwirksam. In der Praxis wird dem Rechtsanwalt meist ein Vordruck – entsprechend dem hier abgedruckten Beispiel – zeitgleich mit dem zuzustellenden Schriftstück übersandt, den dieser auszufüllen und an das Gericht zurückzusenden hat. Er ist dann gehalten, die erforderlichen Informationen, insbesondere das Datum der Kenntnisnahme zu ergänzen und den Vordruck ordnungsgemäß zu unterschreiben.

3. Teil: Das verwaltungsrechtliche Verfahren

A. Fallbearbeitung aus anwaltlicher Sicht

I. Materiellrechtliches Gutachten

1. Prüfung der Rechtmäßigkeit eines Verwaltungsakts

▶ **Muster 87: Rechtmäßigkeit Verwaltungsakt**

a. Rechtsgrundlage[1]
b. Formelle Rechtmäßigkeit
   (1) Zuständigkeit
   (2) Verfahren
   (3) Form
c. Materielle Rechtmäßigkeit
   (1) Tatbestandsvoraussetzungen (insbesondere: Auslegung unbestimmter Rechtsbegriffe)[2]
   (2) Rechtsfolge (bei Ermessensvorschriften insbesondere: richtige Ausübung des Entschließungs- und/oder des Auswahlermessens; wichtig: Kontrolle auf Ermessensfehler)[3] ◀

[1] Auch hier gilt: Lesen Sie zunächst den Bearbeitervermerk! Aufgabenstellungen aus anwaltlicher Sicht verlangen häufig (aber nicht immer) zu Beginn ein Gutachten über die Rechtslage. Der Aufbau des Gutachtens bestimmt sich nach dem Prüfungsgegenstand.

Ist die Rechtmäßigkeit eines Verwaltungsakts zu prüfen, ist zuerst die Rechtsgrundlage (auch „Ermächtigungsgrundlage" genannt) für den Verwaltungsakt zu benennen. Die richtige Rechtsgrundlage bestimmt sich nach der Rechtsfolge: Die Rechtsnorm muss als Folge die von der Verwaltung getroffene Maßnahme vorsehen. Ggf. ist zu prüfen, ob die Rechtsgrundlage rechtmäßig, insbesondere verfassungsgemäß ist.

[2] Die Voraussetzungen, die für den Erlass eines Verwaltungsakts erfüllt sein müssen, ergeben sich aus der Rechtsgrundlage. Wichtig: Unbestimmte Rechtsbegriffe („wichtiger Grund", „gröblich", „öffentliche Sicherheit") gehören zum Tatbestand der Norm und sind daher im Rahmen der Prüfung der Tatbestandsvoraussetzungen auszulegen.

[3] Räumt die Ermächtigungsnorm der Behörde ein Ermessen ein, ist die richtige Ausübung des Ermessens eine Frage der Rechtsfolge und daher auch dort zu prüfen. Das gilt sowohl für das Entschließungsermessen als auch für das personelle und das sachliche Auswahlermessen. Ist das Ermessen gesetzlich besonders bestimmt, sind diese Ermessensgrenzen ebenfalls auf der Rechtsfolgenseite zu problematisieren. Räumt die Ermächtigungsnorm der Behörde kein Ermessen ein, sondern sieht sie eine gebundene Entscheidung vor, ist die Entscheidung ggf. auf einen Verstoß gegen das Verhältnismäßigkeitsprinzip zu überprüfen.

2. Prüfung eines Anspruchs auf den Erlass eines Verwaltungsakts oder auf sonstige Leistungen

▶ **Muster 88: Anspruch Erlass Verwaltungsakt**

a. Rechtsgrundlage/Anspruchsgrundlage[4]
b. Voraussetzungen
   (1) Formelle Voraussetzungen (z.B. Antrag)
   (2) Materielle Voraussetzungen (Tatbestandsvoraussetzungen der Anspruchs-

[4] In Verpflichtungssituationen (Anspruch auf den Erlass eines Verwaltungsakts) oder in sonstigen Leistungssituationen (z.B. Unterlassungsanspruch) steht zu Beginn die Suche nach der Anspruchsgrundlage. Auch sie bestimmt sich nach der Rechtsfolge.

[5] Räumt die Rechtsgrundlage der Behörde ein Ermessen ein, ist dies auch in Verpflichtungssituationen zu berücksichtigen. Ein Anspruch auf den Erlass des Verwaltungsakts besteht nur, wenn das Ermessen der Behörde auf Null reduziert ist. Zwar ist das Ermessen an sich eine Frage der Rechtsfolge, doch ist die Verringerung des Ermessens auf Null eine Anspruchsvoraussetzung. Hat die Behörde ihr Ermessen

Erläuterungen

grundlage, ggf. Auslegung unbestimmter Rechtsbegriffe)

(3) Bei Ermessensvorschriften: Ermessensreduzierung auf Null; ggf. Fehlerhaftigkeit des bereits ausgeübten Ermessens[5] ◀

fehlerhaft ausgeübt, ohne dass sich das Ermessen auf Null reduziert, liegt lediglich ein Bescheidungsanspruch vor.

3. Prüfung des Bestehens eines Rechtsverhältnisses

▶ **Muster 89: Bestehen Rechtsverhältnis**

a. Bestimmung der Rechtsgrundlage für das Rechtsverhältnis[6]

b. Voraussetzungen

c. Keine Beendigung des Rechtsverhältnisses ◀

[6] Steht das Bestehen oder Nichtbestehen eines Rechtsverhältnisses im Streit, ist ebenfalls die Rechtsgrundlage für das Rechtsverhältnis zu suchen. Liegen die Voraussetzungen vor, ist weiter zu prüfen, ob das Rechtsverhältnis mittlerweile beendet ist (z.B. durch Entlassung aus dem Beamtenverhältnis).

4. Prüfung der Rechtmäßigkeit einer Norm

▶ **Muster 90: Rechtmäßigkeit Norm**

a. Formelle Gesetze (Parlamentsgesetze)

(1) Formelle Verfassungsmäßigkeit (Gesetzgebungszuständigkeit, Art. 70 ff. GG; Verfahren, Form)[7]

(2) Materielle Verfassungsmäßigkeit (insbesondere: Verstoß gegen Grundrechte; Bestimmtheit, Verhältnismäßigkeit, Rückwirkung)

(3) Vereinbarkeit mit europäischem Recht

b. Materielle Gesetze (z.B. Verordnungen, Satzungen)

(1) Rechtsgrundlage für den Erlass des materiellen Gesetzes (Rechtmäßigkeit überprüfen, bei Verordnungen Art. 80 Abs. 1 Satz 2 GG)[8]

(2) Formelle Rechtmäßigkeit des materiellen Gesetzes (Zuständigkeit, Verfahren, Form)[9]

(3) Materielle Rechtmäßigkeit des materiellen Gesetzes (Vereinbarkeit mit Ermächtigungsnorm und höherrangigem Recht) ◀

[7] In Klausuren im zweiten Examen kann es auf die Verfassungsmäßigkeit eines Parlamentsgesetzes vor allem dann ankommen, wenn die Verfassungsmäßigkeit der Rechtsgrundlage für einen erlassenen Verwaltungsakt im Streit steht. Zu prüfen sein dürften dann insbesondere die Gesetzgebungszuständigkeit und die Vereinbarkeit mit Grundrechten und dem europäischen Recht (vor allem den Grundfreiheiten des AEUV). Das Gesetzgebungsverfahren spielt in der Regel keine Rolle. Zu prüfen ist die Verfassungsmäßigkeit einer Norm nur, wenn der Fall hierzu Anlass gibt (insbesondere, wenn die Verfassungsmäßigkeit im Verfahren bereits thematisiert worden ist).

[8] Die Rechtmäßigkeit eines materiellen Gesetzes ist entweder inzident zu prüfen, wenn es die Rechtsgrundlage für das behördliche Handeln oder wenn es eine für den Rechtsstreit maßgebliche Vorschrift enthält (z.B. ein Bebauungsplan für die bauplanungsrechtliche Zulässigkeit eines Vorhabens), oder aber sie ist unmittelbar zu prüfen, wenn es im Ergebnis um eine Normenkontrolle nach § 47 VwGO geht.

[9] Die formelle Rechtmäßigkeitsprüfung ist die „Einbruchstelle“ für das Kommunalrecht. Hier ist ggf. zu problematisieren, ob ein Gemeindevertreter an der Beschlussfassung mitwirken durfte.

Erläuterungen

II. Verfahrensrechtliches Gutachten

1. Zulässigkeit eines Widerspruchs

▶ **Muster 91: Zulässigkeit Widerspruch**

a. Streitigkeit, für die der Verwaltungsrechtsweg eröffnet wäre, § 68 VwGO i.V.m. § 40 Abs. 1 Satz 1 VwGO analog[10]
b. Statthaftigkeit des Widerspruchs, § 68 VwGO i.V.m. AGVwGO[11]
c. Beteiligte, Beteiligtenfähigkeit, Handlungsfähigkeit, §§ 11 bis 13 VwVfG[12]
d. Widerspruchsbefugnis, § 70 Abs. 1 Satz 1 VwGO
e. Widerspruchsfrist, § 70 Abs. 1 Satz 1 VwGO[13]
f. Allgemeines Rechtsschutzbedürfnis
g. Zuständige Behörde, § 73 VwGO[14]
h. Ordnungsgemäße Einlegung des Widerspruchs ◀

[10] Wegen der Verknüpfung der §§ 68 und 40 VwGO müssen die Voraussetzungen für die Eröffnung des Verwaltungsrechtswegs vorliegen (*Hufen*, Verwaltungsprozessrecht, § 6, Rn. 2).

[11] Der Widerspruchsführer muss gegen einen wirksamen (bekannt gegebenen [vgl. § 41 VwVfG]) Verwaltungsakt vorgehen oder den Erlass eines abgelehnten Verwaltungsakts begehren. In ihren Ausführungsgesetzen zur VwGO oder in ihren Justizorganisationsgesetzen haben zahlreiche Länder das Widerspruchsverfahren gegen Verwaltungsakte bestimmter Behörden oder gegen Verwaltungsakte auf bestimmten Sachgebieten ausgeschlossen. In diesen Fällen ist der Widerspruch nicht statthaft und damit unzulässig. Bayern und Mecklenburg-Vorpommern erlauben in einigen Fällen eine Klage ohne Widerspruchsverfahren; in diesen Fällen bleibt der Widerspruch statthaft. Darüber hinaus erklärt § 68 Abs. 1 Satz 2 VwGO den Widerspruch in bestimmten Fällen für entbehrlich; dann soll der Widerspruch unzulässig sein (*Erbguth*, Allgemeines Verwaltungsrecht, § 19 a, Rn. 7).

[12] Die Widerspruchsbehörde ist nicht als „Antragsgegner" am Verfahren beteiligt, sondern Trägerin des Verfahrens.

[13] Bei der Berechnung der Widerspruchsfrist ist, wenn der Verwaltungsakt per Post bekannt gegeben wird, die Drei-Tages-Fiktion (§ 41 Abs. 2 Satz 1 VwVfG) zu berücksichtigen.

[14] Ob die Ausgangsbehörde oder die Widerspruchsbehörde über den Verwaltungsakt entscheidet, hängt vom Behördenaufbau ab. Fehlt eine Mittelbehörde, ist vielfach die Ausgangsbehörde die Widerspruchsbehörde. In der Regel gibt die Rechtsbehelfsbelehrung hierüber Aufschluss. Damit sie abhelfen kann, ist der Widerspruch bei der Ausgangsbehörde einzulegen (§ 70 Abs. 1 Satz 1 VwGO).

2. Zulässigkeit einer verwaltungsgerichtlichen Klage

▶ **Muster 92: Zulässigkeit Klage**

a. Eröffnung des Verwaltungsrechtswegs, § 40 Abs. 1 Satz 1 VwGO
b. Statthafte Klageart[15]
c. Beteiligte[16], Beteiligtenfähigkeit, Prozessfähigkeit (§§ 61 bis 63 VwGO, § 78 VwGO ggf. i.V.m. AGVwGO des jeweiligen Landes)
d. Klagebefugnis, § 42 Abs. 2 VwGO (bei Anfechtungs- und Verpflichtungsklage); Klagebefugnis, § 42 Abs. 2 VwGO analog (bei der allgemeinen Leistungsklage); Feststellungsinteresse, § 43 Abs. 1 VwGO (bei der Feststellungsklage); Klagebefugnis und Fortsetzungsfeststellungsinteresse, § 113 Abs. 1 Satz 4 VwGO (bei der Fortsetzungsfeststellungsklage)

[15] Bei der Fallbearbeitung aus Anwaltssicht ist eine Klage noch nicht erhoben. Daher ist hier die richtige Klageart herauszufinden.

[16] Auch hier ist zu berücksichtigen, dass eine Klage noch nicht erhoben worden ist. Die richtigen Beteiligten sind also erst herauszufinden. Insbesondere geht es darum, gegen wen die Klage zu richten ist. Bei Anfechtungs- und Verpflichtungsklagen ist § 78 Abs. 1 VwGO zu beachten: Wenn das Landesrecht (in der Regel das AGVwGO) es bestimmt, ist die Klage gegen die Behörde selbst und nicht gegen den Verwaltungsträger zu richten. Einzelheiten hierzu siehe unten bei der Rubrumserstellung. Beachte: § 78 VwGO gilt nur für Anfechtungs- und Verpflichtungsklagen sowie, weil es sich um Verlängerungen dieser Klagen handelt, für Fortsetzungsfeststellungsklagen. Allgemeine Leistungs- und Feststellungsklagen sind stets gegen den Verwaltungsträger zu richten.

[17] Es muss überhaupt ein Widerspruchsverfahren stattgefunden haben und der Widerspruch muss ordnungsgemäß, insbesondere fristgerecht (§ 70 VwGO) eingelegt worden sein. Fehlt es an einem Widerspruchsbescheid, sind die Voraussetzungen des § 75 VwGO zu prüfen. Bei einer Fortsetzungsfeststellungsklage ist ein Widerspruch in der Regel entbehr-

e. Vorverfahren, § 68 VwGO i.V.m. AGVwGO (bei Anfechtungs- und Verpflichtungs- und ggf. bei Fortsetzungsfeststellungsklagen)[17]
f. Klagefrist, § 74 VwGO (bei Anfechtungs- und Verpflichtungs- und ggf. bei Fortsetzungsfeststellungsklagen)[18]
g. Allgemeines Rechtsschutzbedürfnis
h. Zuständiges Gericht, §§ 45, 48, 50, 52 VwGO[19] ◀

3. Zulässigkeit eines Antrags nach § 80 Abs. 5 VwGO

▶ **Muster 93: Zulässigkeit Antrag § 80 V VwGO**

a. Eröffnung des Verwaltungsrechtswegs, § 40 Abs. 1 Satz 1 VwGO
b. Statthafte Antragsart, § 80 Abs. 5 VwGO[20]
c. Beteiligte, Beteiligtenfähigkeit, Prozessfähigkeit
d. Antragsbefugnis, § 42 Abs. 2 VwGO analog
e. Zulässige Einlegung eines Hauptsacherechtsbehelfs[21]
f. Vorverfahren, § 80 Abs. 4, 6 VwGO[22]
g. Allgemeines Rechtsschutzbedürfnis
h. Zuständiges Gericht, § 80 Abs. 5 VwGO i.V.m. §§ 45 ff. VwGO
i. Ordnungsgemäße Antragserhebung ◀

4. Zulässigkeit eines Antrags nach § 123 Abs. 1 VwGO

▶ **Muster 94: Zulässigkeit Antrag § 123 I VwGO**

a. Eröffnung des Verwaltungsrechtswegs, § 40 Abs. 1 Satz 1 VwGO
b. Statthafte Antragsart, § 123 Abs. 1, 5 VwGO[23]
c. Beteiligte, Beteiligtenfähigkeit, Prozessfähigkeit
d. Antragsbefugnis, § 42 Abs. 2 VwGO analog, bei Feststellungsverfahren § 43 Abs. 1 VwGO analog
e. Zulässige Einlegung eines Hauptsacherechtsbehelfs[24]
f. Allgemeines Rechtsschutzbedürfnis
g. Zuständiges Gericht, § 123 Abs. 2 VwGO
h. Ordnungsgemäße Antragserhebung ◀

Erläuterungen

lich, wenn die Klage bereits nach der Erledigung erhoben wird. Wo nach Landesrecht ein Widerspruchsverfahren entfällt, ist die Klage ohne dieses zulässig.

[18] Bei Fortsetzungsfeststellungsklagen gilt die Klagefrist nur, solange sich der Verwaltungsakt nicht erledigt hat (BVerwGE 109, 203, 207 f.; *Ehlers*, Jura 2001, 415 [422]). Zur Fristberechnung beachte die §§ 57, 58 VwGO, 222 ZPO, 183 ff. BGB.

[19] Das zuständige Gericht ist sowohl sachlich als auch örtlich zu bestimmen. In der Regel ergeben sich hier keine Schwierigkeiten.

[20] Der Antrag nach § 80 Abs. 5 VwGO ist faustformelartig zulässig, wenn in der Hauptsache die Anfechtungsklage statthaft ist. Gegenstand des Verfahrens ist ein VA, gegen den Rechtsbehelfe nach § 80 Abs. 2 VwGO keine aufschiebende Wirkung haben.

[21] Ob die Einlegung des Hauptsacherechtsbehelfs Zulässigkeitsvoraussetzung ist, ist umstritten (dagegen VGH Mannheim, DVBl. 1995, 303; dafür OVG Koblenz, NJW 1995, 1043); im Sinne des sichersten Weges sollte in der Anwaltsklausur stets der Hauptsacherechtsbehelf parallel eingelegt werden. Der Antrag nach § 80 Abs. 5 VwGO ist aber nur zulässig, wenn der Hauptsacherechtsbehelf noch aufschiebende Wirkung entfalten kann; der Hauptsacherechtsbehelf muss also zulässig, insbesondere noch fristgerecht eingelegt worden sein oder werden können.

[22] Das Vorverfahren bei der Behörde ist nur bei der Anforderung von öffentlichen Abgaben und Kosten notwendig. Möglicherweise ist hier eine Auseinandersetzung mit diesem Merkmal erforderlich. Faustregel: Öffentliche Abgaben sind Geldforderungen, die den Finanzierungsbedarf des Gemeinwesens decken sollen (*Kopp/Schenke*, § 80, Rn. 61).

[23] Der Antrag nach § 123 VwGO ist statthaft, wenn das Verfahren nicht nach § 80 oder § 80 a VwGO durchzuführen ist. Liegt in der Hauptsache ein Verwaltungsakt, gegen den Klage und Widerspruch keine aufschiebende Wirkung haben, bzw. eine Anfechtungsklage vor, ist das Vorgehen nach § 80 Abs. 5 VwGO vorrangig. Folgende Sonderkonstellationen sind zu beachten: Leistungsbescheide (Dauer-VA oder monatlich neue Gewährung), Duldungsfiktion im Aufenthaltsrecht (§ 80 Abs. 5 VwGO), faktischer Vollzug (§ 80 Abs. 5 VwGO).

[24] Diese Voraussetzung spielt nur eine Rolle, wenn in der Hauptsache die Verpflichtungsklage statthaft ist. Nach h.M. ist eine Widerspruchseinlegung nicht erforderlich, ein vorheriger Antrag bei der Behörde grundsätzlich schon. Dennoch empfiehlt es sich in der Anwaltsklausur bei streitigen Voraussetzungen dem weiteren Vorgehen diejenige Variante zu Grunde zu legen, die mit dem geringsten (Prozess-)Risiko verbunden ist.

III. Schreiben an Behörden

▶ Muster 95: Widerspruch

Rechtsanwalt ... Datum

Anschrift des Absenders

Anschrift der Ausgangsbehörde[25]

Ordnungsverfügung gegen Herrn ..., Az. ...[26]

Sehr geehrte Damen und Herren,[27]

Herr ... hat mich mit der Wahrnehmung seiner Interessen beauftragt. In seinem Namen und unter Bezugnahme auf die anliegende Vollmacht erhebe ich gegen Ihre Ordnungsverfügung vom ..., Aktenzeichen ...,

Widerspruch.[28]

Außerdem beantrage ich, festzustellen, dass die Hinzuziehung eines Bevollmächtigten notwendig ist.[29]

Begründung:

Der Widerspruchsführer betreibt in der ... in ... eine Schank- und Speisewirtschaft. Mit der streitgegenständlichen Ordnungsverfügung untersagten Sie dem Widerspruchsführer, ...[30] Zur Begründung verweisen Sie darauf, dass ... Der von Ihnen zu Grunde gelegte Sachverhalt entspricht insoweit nicht den Tatsachen, als dass ... Vielmehr ist ...

Der Widerspruch ist zulässig. Der Widerspruch ist insbesondere statthaft. Bei der angegriffenen Maßnahme handelt es sich um einen Verwaltungsakt im Sinne des § 35 Satz 1 VwVfG ... Auch die Zulässigkeitsvoraussetzungen im Übrigen sind erfüllt. Insbesondere steht der Zulässigkeit nicht entgegen, dass ...[31]

Der Widerspruch ist auch begründet. Die angegriffene Ordnungsverfügung ist rechtswidrig. Für sie fehlt es bereits an einer Rechtsgrundlage. Sie stützt sich nach ihrer Begründung auf § ...[32]

Die Ordnungsverfügung ist zudem unzweckmäßig. Selbst wenn man die Voraussetzungen für ihren Erlass als gegeben ansehen wollte: Das von ihr verfolgte Ziel lässt sich ohne Rechtsfehler auf andere Weise erreichen.[33]

Mit freundlichen Grüßen

Unterschrift

Rechtsanwalt ◀

Erläuterungen

[25] Der Widerspruch ist an die Ausgangsbehörde zu richten (§ 70 Abs. 1 Satz 1 VwGO). Das Adressfeld gestaltet man am besten nach dem Vorbild des Ausgangsbescheids. Möglich ist sowohl die Bezeichnung „Bürgermeister der Stadt ..., Straße, PLZ/Ort“ als auch die Bezeichnung „Stadt ..., Der Bürgermeister, Straße, PLZ/Ort“. Die Fachabteilung (z.B. „untere Ordnungsbehörde“, „Bauamt“) kann hinzugesetzt werden.

[26] In der Betreffzeile sind der Gegenstand des Widerspruchs und das behördliche Aktenzeichen wiederzugeben.

[27] Der Widerspruch gehört zum Schriftverkehr zwischen Behörde und Betroffenem und wird daher im Allgemeinen in Briefform eingelegt und begründet. Mit der Anrede zu Beginn korrespondiert die Grußformel am Ende.

[28] Besondere Anträge brauchen im Widerspruchsverfahren nur gestellt zu werden, wenn der ursprüngliche Antrag und das im Widerspruchsverfahren verfolgte Begehren voneinander abweichen oder wenn der Widerspruch auf einen Teil des Verwaltungsakts beschränkt wird. Formal ist darauf zu achten, ob mit dem Schriftsatz der Widerspruch eingelegt und begründet werden soll, oder ob der Widerspruchsführer ggf. bereits selbst Widerspruch eingelegt hat, so dass der Widerspruch nur noch zu begründen ist.

[29] Nur, wenn die Hinzuziehung eines Bevollmächtigten notwendig ist, erhält der Mandant Gebühren und Auslagen für die Inanspruchnahme des Bevollmächtigten erstattet (§ 80 Abs. 2 VwVfG). Aus anwaltlicher Sicht sollte der Antrag regelmäßig gestellt werden.

[30] Das Widerspruchsschreiben beginnt mit der Darstellung des Sachverhalts, zumindest insoweit, als der streitgegenständliche Verwaltungsakt den Sachverhalt – jedenfalls aus der Sicht des Widerspruchsführers – unvollständig oder unzutreffend wiedergibt.

[31] Die Rechtsausführungen beginnen mit Fragen der Zulässigkeit, aber nur, wenn der Sachverhalt hierzu Anlass bietet. Das kann insbesondere der Fall sein, wenn das Vorliegen eines Verwaltungsakts oder das Einhalten der Widerspruchsfrist fraglich ist oder wenn zwischen dem Erlass der Ordnungsverfügung und dem Widerspruch eine Rechtsnachfolge eingetreten ist.

[32] Die Prüfung der Begründetheit folgt dem üblichen Schema der Anfechtungs- oder Verpflichtungssituation.

[33] Anders als das Verwaltungsgericht prüfen die Ausgangs- und die Widerspruchsbehörde auch die Zweckmäßigkeit des Verwaltungsakts. Das ist bei Ermessensverwaltungsakten von besonderer Bedeutung: Wenn die Behörde ihr Ermessen im Sinne des § 114 VwGO rechtsfehlerfrei ausgeübt hat, besteht im Widerspruchsverfahren die Chance, sie zu einem anderen Verhalten zu bewegen. Diese sollte immer genutzt werden.

IV. Schriftsätze an das Verwaltungsgericht[34]

1. Klageschrift

Muster 96: Klageschrift

Ort, Datum

Rechtsanwalt Dr. Hans Hansen

(Anschrift des Absenders)

Schleswig-Holsteinisches Verwaltungsgericht

(Anschrift des Gerichts)

Namens und im Auftrag des Herrn Martin Hansen, Adolfstraße 37, 24105 Kiel, erhebe ich unter Beifügung einer schriftlichen Vollmacht (Anlage 1)[35]

K l a g e

gegen die Stadt Kiel – Untere Bauaufsichtsbehörde[36]

beizuladen: Anna-Maria Larrsson, Waitzstraße 34, 24105 Kiel[37]

wegen: Anfechtung einer Baugenehmigung

(vorläufiger) Streitwert: ... €[38]

In der mündlichen Verhandlung werde ich beantragen,

1. die der Beizuladenden erteilte Baugenehmigung der ... vom ... in Gestalt des Widerspruchsbescheids der ... vom ... aufzuheben.

Erläuterungen

[34] Alle Schriftsätze an das Gericht (Klageschrift, Anträge im einstweiligen Rechtsschutz und Antrags- bzw. Klageerwiderung) beginnen mit der Angabe des Datums, des Rechtsanwalts und der Bezeichnung des – ausgehend von der gutachterlichen Prüfung – zuständigen Verwaltungsgerichts. In Klausuren wird in der anwaltlichen Klausur oft ein Zeitproblem auftreten, wenn ein anwaltliches Gutachten und die Anfertigung etwaiger Schreiben an Gericht und Mandant gefordert sind. Es empfiehlt sich dann, in der Klageschrift eine saubere Sachverhaltsdarstellung anzufertigen und im Rahmen der Klagebegründung weitgehend durch Klammerzusätze auf das Gutachten zu verweisen (z.B. „Die Klage ist zulässig. Die Widerspruchsfrist des § 70 Abs. 1 VwGO wurde gewahrt [s. Gutachten, S. ...]. Obwohl der Widerspruch per Fax eingelegt wurde, ist er formgerecht [s. Gutachten, S. ...]). Schreiben an die Mandanten können bei Zeitmangel auf eine Übersendung der Klageschrift begrenzt werden.

[35] Der Mindestinhalt der Klageschrift ergibt sich aus § 82 Abs. 1 VwGO. In der Praxis ist es üblich, die Klageschrift mit dem Hinweis auf die Verfahrensbevollmächtigung einzuleiten und auf die als Anlage beigefügte schriftliche Vollmacht zu verweisen.

[36] Die Überschrift „Klage“ wird zentriert gesetzt und durch Fettdruck und gesperrten Satz hervorgehoben. Es folgt die Bezeichnung der Beteiligten, wobei, obwohl nach § 78 Abs. 1 Nr. 1 VwGO die Angabe der Behörde ausreichend ist, dennoch in der Klausur immer der richtige Beklagte angegeben werden muss (Behörden- oder Rechtsträgerprinzip).

[37] Die Angabe von Beizuladenden ist nicht zwingend, in der Praxis jedoch unter Nennung der Anschrift üblich.

[38] Der Verfahrensgegenstand („wegen“) ist zugleich kurz und präzise zu bezeichnen. Ebenfalls nicht Mindestbestandteil, aber üblich, ist die Angabe des (vorläufigen) Streitwertes. Diese kann bei Leistungsklagen auf Zahlung unterbleiben.

2. die Hinzuziehung eines Bevollmächtigten für das Vorverfahren für notwendig zu erklären.[39]

Begründung

Der Klage liegt folgender Sachverhalt zu Grunde: ...

Rechtlich ist auf Folgendes hinzuweisen. Die Klage ist statthaft, zulässig und begründet.[40]

(Ausführungen zur Zulässigkeit, ggf. Antrag auf Wiedereinsetzung)

Die angefochtene Baugenehmigung ist rechtswidrig. ...

Der Kläger ist auch in seinen Rechten verletzt. ...[41]

Nach der Rechtsprechung des BVerwG hat der Kläger einen so genannten Gebietserhaltungsanspruch.

BVerwGE ...[42]

Hilfsweise wird darauf hingewiesen, dass ... Die vom Gebäude ausgehenden Emissionen sind für den Kläger unzumutbar.[43]

Beweis: ...[44]

Der Klage ist daher antragsgemäß stattzugeben.

gez. Dr. Hans Hansen

Rechtsanwalt ◀

Erläuterungen

[39] Die Anträge werden eingerückt und somit hervorgehoben. In Anlehnung an den späteren Tenor werden auch die Anträge in Hauptsacheantrag und weitere Anträge unterteilt. Üblich ist es auch, zu beantragen, dass die Beklagte die Kosten des Verfahrens trägt. Da eine Entscheidung über die Kosten von Amts wegen erfolgt, ist dies aber entbehrlich. Demgegenüber sollte der Antrag hinsichtlich der Notwendigkeit eines Bevollmächtigten immer aufgenommen werden.

[40] Die Begründung ist in Sachverhaltsdarstellung und rechtliche Würdigung zu unterteilen. Bedarf es wegen Verfristung eines Antrages auf Wiedereinsetzung in den vorigen Stand (§ 60 VwGO) sollte dieser ebenfalls deutlich (zentriert, fett) hervorgehoben werden.

[41] Die Ausführungen zur Begründetheit der Klage folgen dem üblichen Prüfungsschema für die jeweilige Klageart. Es sind nur die relevanten und streitigen Punkte aufzuführen. Werden zu einem Aspekt unterschiedliche Rechtsansichten vertreten, ist die für den Mandanten günstigste zu Grunde zu legen, die Gegenansicht gleichwohl nicht zu unterschlagen. Vielmehr sollte eine Auseinandersetzung mit den Argumenten erfolgen.

[42] Dabei ist es üblich auf Fundstellen aus der Literatur, vor allem aber aus der Rechtsprechung zu verweisen. Diese Verweise werden entweder als Klammerzusatz aufgenommen oder in einer neuen Zeile eingerückt aufgeführt. Fußnoten sind in anwaltlichen Schriftsätzen unüblich. In der Klausur sollte man auf Verweise weitgehend verzichten; positiv wird es jedoch auffallen, wenn man zu erkennen gibt, in welchem Format dies üblicherweise erfolgt.

[43] Zu unterscheiden sind Hilfsanträge und tatsächliches Hilfsvorbringen. Ein Hilfsantrag ist als solcher zu kennzeichnen und bereits einleitend bei den Anträgen aufzunehmen. Ein Hilfsvorbringen führt hingegen, gestützt auf einen anderen Tatsachenvortrag, zu der gleichen Rechtsfolge (hier z.B. Aufhebung des Verwaltungsaktes).

[44] Sind tatsächliche Umstände zwischen den Beteiligten umstritten, empfiehlt es sich, schon in der Klageschrift Beweis anzubieten. Dies erfolgt ebenfalls abgesetzt in einer neuen Zeile und eingerückt. Es sollte dabei ein konkretes Beweismittel (Zeuge, Sachverständige, Urkundsbeweis usw.) benannt werden. Zeugen sind mit einer ladungsfähigen Adresse anzugeben. Bei Sachverständigen kann dem Gericht ein Vorschlag unterbreitet werden.

2. Anträge auf vorläufigen oder einstweiligen Rechtsschutz

▶ **Muster 97: Anträge im einstweiligen Rechtsschutz**

Datum

Rechtsanwalt Dr. Hans Hansen

(Anschrift des Absenders)

Schleswig-Holsteinisches Verwaltungsgericht

Erläuterungen

(Anschrift des Gerichts)

Antrag nach § 123 VwGO

in dem Verwaltungsrechtsstreit[45]

der Frau Dr. Martina Mommsen, Olshausenstraße 75, 24118 Kiel

– Antragstellerin –

gegen

die Stadt Kiel, vertreten durch den Oberbürgermeister, ...

– Antragsgegnerin –[46]

wegen: Unterlassung der Errichtung einer Feuerwehrsirene[47]

beantrage ich namens und in Vollmacht der Antragstellerin,

> der Antragsgegnerin im Wege der einstweiligen Anordnung aufzugeben, vorläufig bis zur rechtskräftigen Entscheidung[48] in der Hauptsache von der Errichtung einer Feuerwehrsirene in der näheren Umgebung der Olshausenstraße, 24118 Kiel abzusehen.[49]

Zugleich beantrage ich,

> der Antragsgegnerin aufzugeben, bis zu einer Entscheidung über den Eilantrag keine weiteren Baumaßnahmen mehr durchzuführen.[50]

Begründung

I.

Die Antragstellerin ist ...

II.

Der Antrag auf Erlass einer einstweiligen Anordnung mit dem beantragten Inhalt ist aufgrund folgender Erwägungen zulässig und begründet ...[51] ◀

[45] Anträge im einstweiligen Rechtsschutz folgen im Wesentlichen dem Aufbau einer Klageschrift. Der Einleitungsteil kann auch wie das gerichtliche Rubrum aufgebaut werden.

[46] Bei den Beteiligten ist auf die richtige Bezeichnung („Antragsteller", „Antragsgegner") zu achten. Wie bei der Klageschrift ist der Antragsgegner ausgehend vom Rechtsträger- oder Behördenprinzip zu bestimmen (bei § 80 Abs. 5 VwGO und § 123 VwGO in der Verpflichtungssituation findet § 78 VwGO entsprechende Anwendung).

[47] Auch im einstweiligen Rechtsschutz ist die präzise Angabe des Verfahrensgegenstandes erforderlich. Die Vorgaben der §§ 81, 82 VwGO zur Klageschrift gelten zwar nicht unmittelbar, dennoch sollte man sich daran orientieren, soweit die Eilbedürftigkeit nicht entgegensteht (in der Klausur sollten die Formalia in jedem Fall beachtet werden).

[48] Da auch der spätere Tenor im Regelfall die Vorläufigkeit der einstweiligen Anordnung zum Ausdruck bringt (zu Ausnahmen vom Verbot der Vorwegnahme der Hauptsache s. Rn. 161), kann dies bereits in den Antrag aufgenommen werden.

[49] Obwohl bei einem Antrag nach § 123 VwGO die konkrete Fassung der einstweiligen Verfügung im Ermessen des Gerichts steht, sollte immer ein konkreter Antrag formuliert werden. Dieser richtet sich nach dem Begehren, insbesondere danach, ob eine Sicherungs- oder Regelungsanordnung, eine Verpflichtungs-, Leistungs- oder Feststellungssituation vorliegt.

[50] Grundsätzlich ist die Behörde aufgrund des Gebots der verfahrensrechtlichen Fairness verpflichtet, wenn sie Kenntnis vom Antrag auf einstweiligen Rechtsschutz hat, vom Vollzug des Verwaltungsakts oder weiteren Maßnahmen abzusehen. Ist der Vollzug dennoch zu befürchten, kann das Verwaltungsgericht eine so genannte „Schiebeverfügung" (auch: „Hängebeschluss") erlassen, die der Behörde förmlich aufgibt, nichts zu unternehmen, bis eine Eilentscheidung gefällt wurde. Diese kann und sollte daher auch beantragt werden.

[51] Die Begründung eines Antrages im einstweiligen Rechtsschutz kann wie der spätere Beschluss in zwei Teile (entsprechend Tatbestand und Entscheidungsgründe) unterteilt werden. Im Übrigen entsprechen die Ausführungen weitestgehend der Klageschrift; es ist nur auf die relevanten Aspekte, vor allem die besonderen Anforderungen im Eilrechtsschutz einzugehen. Zu beachten ist des Weiteren, dass Beweisangebote zwar grundsätzlich denkbar, aber aufgrund der Eilbedürftigkeit und des Verweises auf § 294 ZPO auf präsente Beweismittel beschränkt sind.

3. Erwiderungsschriftsätze

Muster 98: Erwiderungsschriftsätze

Datum

Rechtsanwalt Dr. Hans Hansen

(Anschrift des Absenders)

Schleswig-Holsteinisches Verwaltungsgericht

(Anschrift des Gerichts)[52]

Az. 8 VG 235/09[53]

In dem Verwaltungsrechtsstreit

Hansen / Landeshauptstadt Kiel[54]

zeige ich unter Beifügung einer schriftlichen Vollmacht (Anlage 1) die Vertretung der Landeshauptstadt Kiel an und beantrage,

die Klage abzuweisen.[55]

Begründung[56]

Erläuterungen

[52] Erwiderungsschriftsätze kommen sowohl in der Form einer Klage- als auch Antragserwiderung in Betracht. Der Aufbau ist im Wesentlichen identisch, regelmäßig ist in der Klausur die Beklagtenposition einzunehmen.

[53] Da der Verwaltungsrechtsstreit bereits beim VG anhängig ist, kann den Verfahrensakten in der Regel ein Aktenzeichen entnommen werden, dass im Einleitungsteil aufgeführt werden muss.

[54] Das Rubrum wird als so genanntes „Kurzrubrum" formuliert, bei dem lediglich die beiden Parteien („Kläger ./. Beklagte"), ohne weitere Angaben zu Vertretung, Anschrift u.ä. angegeben werden.

[55] Alternativ ist in der Praxis auch die Formulierung: „beantrage: Die Klage wird abgewiesen." zu finden. Dies gilt auch für den Klagantrag („Die Baugenehmigung ... wird aufgehoben", nicht „aufzuheben").

[56] Die Begründung folgt im Wesentlichen den gleichen Regeln wie bei der Klage- und Antragsschrift. Zunächst ist der Sachverhalt aus Sicht der Beklagten ggf. klarzustellen bzw. abweichend darzustellen. Dabei können auch Beweisangebote aufgenommen werden. Anschließend werden die (fehlende) Zulässigkeit und die (fehlende) Begründetheit rechtlich gewürdigt.

V. Schreiben an den Mandanten

Muster 99: Mandantenschreiben

Datum

Rechtsanwalt Dr. Hans Hansen

(Anschrift des Absenders)

(Anschrift des Mandanten)[57]

Baugenehmigung der Landeshauptstadt Kiel an Frau Anna-Maria Larrsson, Waitzstraße 34, 24105 Kiel, vom ...[58]

Sehr geehrter Herr ...,

unter Bezugnahme auf unser Gespräch am ... bedanke ich mich für die Übertragung des Mandats in der oben bezeichneten Angelegenheit.[59]

Sie haben mich gebeten, ...[60]

Nach Durchsicht der mir überlassenen Unterlagen und Einsicht in die Verfahrensakten bei der ... gehe ich von folgendem feststehenden Sachverhalt aus ...[61]

Ich bitte Sie, mir zu den Punkten ... weitere Informationen zukommen zu lassen und Zeugen zu benennen.[62]

Zu den aufgeworfenen Rechtsfragen darf ich wie folgt Stellung nehmen: ...[63]

[57] Zusätzlich zum Gutachten und zum Schriftsatz an das Gericht oder die Behörde kann in der Anwaltsklausur auch die Anfertigung von Mandantenschreiben gefordert sein. Ist dies dem Bearbeitervermerk nicht ausdrücklich zu entnehmen, sollten Sie dennoch (kurze) diesbezügliche Überlegungen anstellen. Ein Schreiben an den Mandanten ist sowohl in den Fällen üblich, in denen die Einleitung weiterer rechtlicher Schritte (Klage, Antrag, Widerspruch) empfohlen wird, als auch bei fehlenden Erfolgsaussichten. In dieser Konstellation ist das Schreiben in der Regel ausführlicher, da ein Verweis auf die weiteren Schriftsätze nicht erfolgen kann.

Der Einleitungsteil besteht zunächst aus Datum, Nennung des Rechtsanwalts und seiner Anschrift sowie des Mandanten als Adressaten.

[58] Betreff und Bezug sind so zu fassen, dass der Mandant das Schreiben unproblematisch einem Verfahren zuordnen kann. Ergänzend ist auch der Hinweis auf vorangegangene Gespräche („Unser Telefongespräch vom ...", „Unser Gespräch in meiner Kanzlei vom ...") möglich.

[59] Handelt es sich um das erste Mandantenschreiben in dieser Sache, ist zunächst für die Übertragung des Mandats zu danken.

[60] Nachfolgend ist kurz der erteilte Auftrag zusammenzufassen.

[61] Es folgt eine Darstellung des Sachverhalts ausgehend von den Ausführungen des Mandanten und ggf. der Behördenakten.

[62] Ggf. kann es erforderlich sein, den Mandanten um weitere Aufklärung oder die Benennung von Beweismitteln zu bitten.

[63] Die Darstellung der rechtlichen Würdigung ist ausgehend vom Begehren des Mandanten aufzubauen.

Daher habe ich einen Entwurf einer Klageschrift gefertigt, den ich Ihnen in der Anlage übersende. Da die Klagefrist am ... endet, müssten Sie mir bis spätestens ... mitteilen, ob ich in Ihrem Namen Klage erheben soll.

(alternativ: Die Einlegung eines Widerspruchs/ einer Klage gegen die Ihrem Nachbarn erteilte Baugenehmigung erscheint daher wenig Erfolg versprechend. Im Falle des Unterliegens hätten Sie die Kosten des Verfahrens zu tragen. Teilen Sie mir bitte umgehend mit, ob Sie angesichts dieser Sach- und Rechtslage gleichwohl weitere rechtliche Schritte einleiten wollen.)[64]

Für Rückfragen stehe ich Ihnen jederzeit zur Verfügung.

Mit freundlichen Grüßen

Hansen

Rechtsanwalt[65] ◀

Erläuterungen

[64] Hat ein Rechtsbehelf (Klage, Widerspruch, einstweiliger Rechtsschutz) voraussichtlich Aussicht auf Erfolg, endet das Schreiben mit dem Hinweis auf den anliegenden Schriftsatz an die Behörde oder das Gericht, sowie der Bitte mitzuteilen, ob weitere rechtliche Schritte eingeleitet werden sollen, und dem Hinweis auf einen etwaigen Fristablauf. Verspricht der Rechtsbehelf keinen Erfolg, ist dies ausführlich darzulegen. Zugleich ist ein Hinweis auf die (negativen) Kostenfolgen zu geben. Dennoch sollte die abschließende Entscheidung dem Mandanten überlassen bleiben.

[65] Das Mandantenschreiben endet mit dem Angebot zu weiteren Gesprächen und der Grußformel.

B. Behördliche Entscheidungen[66]

[66] Auch bei behördlichen Entscheidungen gilt: Lesen Sie Sachverhalt und Bearbeitervermerk genau. In der Regel wird die Anfertigung eines Erst- oder Widerspruchsbescheides, seltener eines Abhilfebescheides verlangt. Behördenentscheidungen bestehen aus Eingangsteil, Tenor, Begründung und Rechtsbehelfsbelehrung. Zusätzlich kann die Anfertigung von Begleitverfügungen gefordert sein.

I. Erstbescheid

▶ **Muster 100: Behördlicher Erstbescheid**

Ort, Datum

Der Landrat des Kreises Rendsburg-Eckernförde

– Untere Bauaufsichtsbehörde –

Kaiserstraße 8, 24768 Rendsburg

Az. 0815/07[67]

Gegen Empfangsbekenntnis[68]

Herrn Rechtsanwalt

Dr. Martin Heinsohn

Holtenauer Straße 105

24105 Kiel[69]

Vollzug der Landesbauordnung

Nutzungsuntersagung nach § ... LBO gegenüber Ihrem Mandanten Gerd Meier-Gotcha, Kopperpahler Allee 123, 24119 Kronshagen

[67] Der Eingangsteil setzt sich zunächst aus Ort, Datum, der erlassenden Ausgangsbehörde (§ 37 Abs. 3 VwVfG) und Aktenzeichen zusammen. Dabei ist es üblich, die innerbehördlich zuständige Stelle – Amt für öffentliche Ordnung, Gewerbeamt o.ä. – konkret zu bezeichnen und die Postanschrift der Behörde zu ergänzen. Das Aktenzeichen ergibt sich aus den Verfahrensakten.

[68] Auf das Aktenzeichen folgt die gewählte Zustellungsart. Beim Ausgangsbescheid steht es der Behörde grundsätzlich frei, zwischen der postalischen Übermittlung (§ 41 Abs. 2 VwVfG) oder einer förmlichen Zustellung (§ 1 Abs. 3 VwZG) zu wählen. Spezialgesetzlich kann jedoch eine besondere Zustellungsart auch für den Erstbescheid angeordnet sein. Aus Beweiszwecken empfiehlt sich eine förmliche Zustellung.

[69] Ist ein Verfahrensbevollmächtigter bestellt, kann der VA ihm gegenüber bekannt gegeben werden (§ 41 Abs. 1 Satz 2 VwVfG). Ansonsten ist der Bescheid an den Betroffenen zu richten. Zu beachten ist, dass in jedem Fall der Verfahrensbevollmächtigte Zustellungsadressat ist (§ 8 Abs. 1 S. 2 VwZG), wenn sich dieser im Laufe des Verfahrens gegenüber der Behörde legitimiert hat (str. bei einfacher Übermittlung per Post). Bei förmlichen Zustellungen kommt auch die Zustellung „gegen Empfangsbekenntnis“ in Betracht.

Erläuterungen

Sehr geehrter Herr Dr. Heinsohn,

in der oben genannten Angelegenheit Ihres Mandanten, Herrn Gerd Meier-Gotcha, ergeht folgender[70]

Bescheid[71]

1. Ihrem Mandanten, Herrn Gerd Meier-Gotcha, wird die Nutzung des Geländes Kopperpahler Allee 123 in 24119 Kronshagen und der darauf befindlichen Lagerhalle zum Zwecke des Betriebes einer Freizeiteinrichtung, die unter anderem das Angebot von „Paintball- bzw. Gotcha-Spielen" beinhaltet, untersagt.[72]
2. Für den Fall, dass die nach Ziffer 1 untersagte Nutzung nicht binnen einer Woche nach Zustellung dieses Bescheids unterlassen wird, wird Herrn Gerd Meier-Gotcha ein Zwangsgeld in Höhe von 4.500,00 € angedroht.[73]
3. Die sofortige Vollziehung der Ziffer 1 wird angeordnet.[74]
4. Herr Gerd Meier-Gotcha hat die Kosten des Verfahrens zu tragen. Für diese Entscheidung wird eine Verwaltungsgebühr in Höhe von ... € festgesetzt.[75]

Begründung

I.

Der Entscheidung liegt folgender Sachverhalt zu Grunde:

Herr Meier-Gotcha ist Pächter des Grundstücks Kopperpahler Allee 123, 24119 Kronshagen, das mit einem als Lagerhalle für Baustoffe genehmigten Gebäudekomplex bebaut ist. Das Grundstück liegt im Geltungsbereich des Bebauungsplanes ...

Am ... stellten Mitarbeiter meiner Behörde im Rahmen einer Besichtigung fest, dass Grundstück und Lagerhalle als Freizeiteinrichtung genutzt werden. Unter anderem bietet Ihr Mandant, Herr Meier-Gotcha, dort „Paintball- bzw. Gotcha-Spiele" an. ...[76]

Eine Genehmigung der Umnutzung des Gebäudekomplexes wurde seitens Ihres Mandanten nicht beantragt.[77]

Im Rahmen der vor Ort durchgeführten Anhörung äußerte sich Ihr Mandant wie folgt, ...[78]

[70] Im Betreff und Bezug ist der Verfahrensgegenstand möglichst konkret (gesetzliche Grundlage, Anträge etc.) zu bezeichnen. In den meisten Bundesländern ist es üblich, Ausgangs- und Widerspruchsbescheide in Briefform und mit einer persönlichen Anrede und Selbstbezeichnung der Behörde („ich") zu verfassen.

[71] Der Erst- oder Ausgangsbescheid ist immer als solcher zu kennzeichnen („Bescheid" oder „Verfügung"). Sieht das Gesetz eine bestimmte Bezeichnung vor, ist diese zu verwenden (z.B. „Baugenehmigung", „Gaststättenerlaubnis"). Die durch den Bescheid (Verwaltungsakt) zu treffende Regelung wird wie ein gerichtlicher Tenor gefasst und untergliedert. Der Tenor darf keine Sachverhalts-, Begründungs- oder rechtlichen Elemente enthalten.

[72] Der Hauptausspruch richtet sich nach dem konkreten Begehren. Bei erfolgreichen Anträgen wird diesen nicht nur „stattgegeben", sondern die Rechtsfolge muss ersichtlich sein („Ich erteile Ihnen die am ... beantragte Gaststättenerlaubnis"). Bleibt ein Antrag ohne Erfolg, wird er „abgelehnt". Bei Teilerfolg sind Anträge immer „im Übrigen" abzulehnen. Der Hauptausspruch muss so bestimmt sein, dass eine Vollstreckung möglich ist. Insbesondere bei stattgebenden Entscheidungen ist es denkbar, den Verwaltungsakt mit Nebenbestimmungen zu versehen, die ebenfalls in den Tenor aufgenommen werden. Dies kann im Rahmen des Hauptausspruchs oder als eigene Gliederungsziffer erfolgen.

[73] Die Androhung eines Zwangsmittels (Zwangsgeld, Ersatzvornahme) ist bereits Vollstreckungsmaßnahme und kann mit dem Grund-VA verbunden werden. Sie ist in den Tenor zu integrieren. Bei Androhung einer Ersatzvornahme ist eine Angabe der voraussichtlich entstehenden Kosten erforderlich.

[74] Die Anordnung der sofortigen Vollziehung gem. § 80 Abs. 2 Satz 1 Nr. 4 VwGO wird in den Tenor aufgenommen. Bezieht sich diese nur auf einen Teil der Regelung, ist dies deutlich zu machen. Dies ist vor allem der Fall, wenn andere Teile der Regelung ohnehin kraft gesetzlicher Anordnung sofort vollziehbar sind (z.B. Vollstreckungsmaßnahmen).

[75] Der Tenor schließt mit dem Ausspruch zu den Kosten des Verfahrens.

[76] Die Begründung des Erstbescheides ist in § 39 Abs. 1 Satz 1 VwVfG vorgeschrieben, wird als solche bezeichnet und gliedert sich in die Sachverhaltsdarstellung (I.) und die Entscheidungsgründe (II.). Insbesondere bei raumbezogenen Verfahrensgegenständen (z.B. allen baurechtlichen Verfahren) sind alle räumlichen Gegebenheiten wiederzugeben, ggf. durch einen Verweis auf einen anliegenden Lageplan o.ä. Auch der Tenor muss diesbezüglich hinreichend konkret gefasst werden, um vollstreckungsfähig zu sein.

[77] Soweit rechtliche Aspekte unstrittig und nicht Gegenstand der Entscheidung sind, können sie in den Sachverhalt aufgenommen werden. Dies gilt z.B. auch für die Eigentümerstellung der Beteiligten und sonstige Genehmigungen.

[78] Ist eine Anhörung nach § 28 Abs. 1 VwVfG erfolgt, ist sie in die Sachverhaltsdarstellung aufzunehmen. Vorgebrachte Argumente des Betroffenen sind in indirekter Rede wiederzugeben. Hat keine

II.

Ich bin als untere Bauaufsichtsbehörde gem. § ... LBO sachlich und nach § ... LBO örtlich für die Nutzungsuntersagung bezüglich des Grundstücks ... zuständig.[79]

Rechtsgrundlage für die in Ziffer 1 getroffene Nutzungsuntersagung ist § ... LBO. Nach dieser Vorschrift können die Bauaufsichtsbehörden die Nutzung von baulichen Anlagen, die im Widerspruch zu öffentlich-rechtlichen Vorschriften genutzt werden, untersagen.[80]

Der von meinen Mitarbeitern festgestellte und von Ihrem Mandanten nicht in Abrede gestellte Sachverhalt erfüllt die Tatbestandsvoraussetzungen dieser Vorschrift.[81]

Die Entscheidung über eine Nutzungsuntersagung nach § ... LBO steht im pflichtgemäßen Ermessen der zuständigen Behörde. Die Ermessenserwägungen haben sich dabei vom Zweck der Ermächtigung leiten zu lassen und die gesetzlichen Grenzen des Ermessens zu wahren.[82]

Unter Beachtung dieser Maßgaben waren folgende Ermessenserwägungen für den Erlass der Nutzungsuntersagung ausschlaggebend.[83]

Der Erlass einer Nutzungsuntersagung ist verhältnismäßig[84]. Sie verfolgt einen legitimen Zweck, ist zu dessen Erreichung geeignet, erforderlich und angemessen. ...

Auch ein Verstoß gegen den Gleichheitssatz ist nicht ersichtlich. Ihr Mandant kann sich nicht darauf berufen, dass ...[85]

Die Androhung des Zwangsgeldes stützt sich auf § ...:[86]

Die Anordnung der sofortigen Vollziehung hinsichtlich der Nutzungsuntersagung beruht auf § 80 Abs. 2 Satz 1 Nr. 4 VwGO. Nach dieser Vorschrift ist die zuständige Behörde berechtigt, anzuordnen, dass ...

Diese Voraussetzungen liegen vor:[87]

Die Kostenentscheidung folgt aus § ...[88]

Erläuterungen

Anhörung stattgefunden, weil die Voraussetzungen des § 28 Abs. 2 oder 3 VwVfG vorliegen, ist diese Ermessensentscheidung der Behörde im Rahmen der rechtlichen Würdigung zu begründen. Die diese Begründung tragenden Tatsachen sind aber unter „I." anzugeben.

[79] Die rechtliche Würdigung beginnt mit der Angabe der örtlichen und sachlichen (ggf. funktionalen) Zuständigkeit der erlassenden Behörde.

[80] Zu Beginn der rechtlichen Ausführungen, die grundsätzlich im Urteilstil abzufassen sind, werden die maßgebliche Rechtsgrundlage genannt und die einzelnen Tatbestandsvoraussetzungen aufgezeigt. Tatbestandsmerkmale sind nur zu erörtern, wenn der Sachverhalt dazu Anlass bietet. Angesichts der Funktion der Begründung, dem Bürger Klarheit über die ihm auferlegten Einschränkungen und die Erfolgsaussichten etwaiger Rechtsmittel zu verschaffen, sind die Ausführungen sprachlich und stilistisch klar und verständlich zu fassen. Bei Antragsverfahren ist das Vorliegen bzw. Nichtvorliegen der Voraussetzungen der Anspruchsgrundlage entsprechend darzulegen.

[81] Anschließend erfolgt die Subsumtion des Sachverhaltes unter die maßgeblichen Tatbestandsmerkmale. Soweit tatsächliche Angaben strittig sind, ist ebenfalls darzulegen, warum die Behörde ihrer Entscheidung die eine oder andere Variante zu Grunde legt.

[82] Steht die Entscheidung der Behörde in ihrem Ermessen, muss der Erstbescheid zwingend diesbezügliche Ausführungen enthalten. Zunächst ist darzulegen, dass es sich um eine Ermessensvorschrift handelt und an welchen allgemeinen Grundsätzen sich eine Ermessensentscheidung ausrichtet.

[83] § 39 Abs. 1 Satz 3 VwVfG schreibt vor, dass die Begründung von Ermessensentscheidungen auch die Gesichtspunkte enthalten soll, von denen die Behörde bei der Ausübung ihres Ermessens ausgegangen ist.

[84] Bei belastenden Verwaltungsakten sind regelmäßig Ausführungen zur Verhältnismäßigkeit (Geeignetheit, Erforderlichkeit, Angemessenheit) anzubringen.

[85] Oftmals wird zudem eine Ungleichbehandlung mit vergleichbaren Sachverhalten gerügt.

[86] Sofern bereits Vollstreckungsmaßnahmen in den Grund-VA aufgenommen werden, sind diese zu begründen, z.B. bei der Androhung von Zwangsgeld, warum dieses Zwangsmittel gewählt wurde, und die Höhe des Zwangsgeldes.

[87] Da Widerspruch und Klage grundsätzlich aufschiebende Wirkung haben, handelt es sich bei der Anordnung der sofortigen Vollziehung um eine Ausnahme. Das Begründungserfordernis ergibt sich aus § 80 Abs. 3 Satz 1 VwGO. Es muss eine Abwägung zwischen dem Vollzugsinteresse der Allgemeinheit und dem Aussetzungsinteresse des Adressaten erfolgen. Die Begründung muss auf den konkreten Einzelfall abstellen und darf sich nicht in formelhaften Ausführungen erschöpfen (VGH München, Beschl. v. 11.1.2018, 20 CS 17.1913). Sie steht eigenständig neben der Begründung des Ausgangsbescheids.

[88] Für die Kostenentscheidung reicht zur Begründung die Angabe der maßgeblichen Normen.

Rechtsbehelfsbelehrung: Widerspruch gem. § 68 VwGO.[89]

Mit freundlichen Grüßen

Im Auftrag

Unterschrift[90] ◀

II. Widerspruchsbescheid[90]

▶ **Muster 101: Widerspruchsbescheid**

Ort, Datum

Der Landrat des Kreises Rendsburg-Eckernförde

– Amt für öffentliche Ordnung –

Kaiserstraße 8

24768 Rendsburg

Az. 7210/09[91]

Gegen Postzustellungsurkunde[92]

Herrn Dr. Theo Trinker

Kieler Straße 95

24119 Kronshagen[93]

Vollzug des Gaststättengesetzes

Ihr Widerspruch vom ... gegen den Bescheid der Gemeinde Kronshagen vom ...

Zum Antrag auf Erteilung einer Gaststättenerlaubnis vom ... [94]

Sehr geehrter Herr Dr. Trinker,

auf Ihren Widerspruch vom ... gegen den ablehnenden Bescheid der Gemeinde Kronshagen vom ... ergeht folgender

Widerspruchsbescheid

1. Der Widerspruch wird zurückgewiesen.[95]

(2. Der Antrag auf Aussetzung der sofortigen Vollziehbarkeit[96] von Ziffer ... des Bescheides der Gemeinde Kronshagen vom 23. Juni 2010 wird abgelehnt.)

3. Der Widerspruchsführer hat die Kosten des Widerspruchsverfahrens zu tragen.[97]

Erläuterungen

[89] Die Rechtsbehelfsbelehrung ist in der Regel in der Klausur nicht auszuformulieren (alternativ: „Gegen diesen Bescheid kann innerhalb eines Monats nach seiner Bekanntgabe schriftlich oder zur Niederschrift Widerspruch bei der ... erhoben werden“); der Hinweis auf den richtigen Rechtsbehelf ist ausreichend.

[90] Der Erstbescheid endet, wenn er in Briefform verfasst wurde, mit einer Grußformel und der Unterschrift eines zeichnungsberechtigten Sachbearbeiters.

[90] In einigen Bundesländern (Rheinland-Pfalz, Saarland) wird der Widerspruchsbescheid nicht in Briefform erstellt, sondern der Form eines gerichtlichen Beschlusses angenähert, wenn er durch einen Stadt- oder Kreisrechtsausschuss erlassen wird. Bei Drittwidersprüchen sind zwei verschiedene Texte zu verfassen (*Kintz*, Rn. 670).

[91] Der Eingangsteil des Widerspruchsbescheides entspricht weitgehend demjenigen des Erstbescheids. Er besteht zunächst aus Ort, Datum, erlassender Widerspruchsbehörde und Aktenzeichen.

[92] Anschließend folgt die Angabe der Zustellungsart. Gemäß § 73 Abs. 3 Satz 1 und 2 VwGO ist der Widerspruchsbescheid förmlich nach den Vorschriften des VwZG zuzustellen.

[93] Der Widerspruchsbescheid ist an den Widerspruchsführer, im Fall der schriftlichen Anzeige einer Vertretung durch einen Verfahrensbevollmächtigten an diesen zu adressieren (vgl. § 8 Abs. 1 Satz 2 VwZG), wobei in der Praxis in der Regel „gegen Empfangsbekenntnis“ zugestellt wird.

[94] Betreff und Bezug sind auch beim Widerspruchsbescheid so konkret zu fassen, dass der Adressat sofort nachvollziehen kann, welchem Verfahren der Bescheid zuzuordnen ist. Er sollte einen Hinweis auf das maßgebliche Recht, die Widerspruchseinlegung, den ablehnenden Ausgangsbescheid und den ursprünglichen Antrag enthalten. Hat der Widerspruchsführer einen anderen Begriff („Einspruch“ o.ä.) verwendet, sollte dieser im Betreff auch so wiedergegeben werden; zu Beginn der rechtlichen Würdigung erfolgt dann eine Auslegung als Widerspruch.

[95] Der Widerspruchsbescheid ist in der Erlassformel, die den Tenor einleitet, auch als solcher zu bezeichnen. Bleibt der Widerspruch ohne Erfolg, wird dieser schlicht „zurückgewiesen“.

[96] Hat der Widerspruchsführer zugleich einen Antrag auf Aussetzung der sofortigen Vollziehbarkeit nach § 80 Abs. 4 VwGO gestellt, so hat die Widerspruchsbehörde auch hierüber zu entscheiden. Hat ein solcher Antrag Erfolg, lautet der Tenor: „Die sofortige Vollziehbarkeit der Ziffer ... des Bescheids der ... wird ausgesetzt“. Ansonsten ist er „abzulehnen“.

[97] Nach § 73 Abs. 3 Satz 3 VwGO ist eine Kostengrundentscheidung zu treffen und in den Tenor aufzunehmen. Weitere Einzelheiten zu den Kosten ergeben sich aus § 80 VwVfG bzw. den landesrechtlichen Entsprechungen. Zu den Kosten gehören die Verwaltungskosten der Widerspruchsbehörde (Gebühren und Auslagen), die zur zweckentsprechenden Rechtsverfolgung notwendigen Aufwendungen der

4. Die Gebühr für diesen Widerspruchsbescheid wird auf ... € festgesetzt.[98]

(bei Erfolg:

1. Der Bescheid der Gemeinde Kronshagen vom ... wird aufgehoben.
2. Auf Ihren Antrag vom ... erteile ich Ihnen die Erlaubnis zum Betrieb einer Gaststätte in den von Ihnen gepachteten Räumlichkeiten im Gebäude Kieler Straße 95, 24119 Kronshagen.[99]
3. Die Gemeinde Kronshagen hat die Kosten des Widerspruchsverfahrens zu tragen.[100]

[4. Die Hinzuziehung eines Verfahrensbevollmächtigten wird für notwendig erklärt.[101]])

Begründung[102]

I.

Der Widerspruchsführer beantragte am ... bei der Gemeinde Kronshagen eine Gaststättenerlaubnis für die von ihm gepachteten Räumlichkeiten im Gebäude Kieler Straße 95, 24119 Kronshagen.

Der Antrag wurde durch Bescheid vom ... mit der Begründung abgelehnt, dass ...

Hiergegen hat der Widerspruchsführer am ... Widerspruch eingelegt. Diesen hat er damit begründet, dass ...

Die Gemeinde ... hat dem Widerspruch nicht abgeholfen.[103]

II.

Ich bin gem. § ... sachlich und gem. § ... örtlich für die Entscheidung über den Widerspruch zuständig.[104]

Der zulässige Widerspruch ist unbegründet.[105]

Der Zulässigkeit des Widerspruchs steht nicht entgegen, dass ...[106]

Der Widerspruch ist jedoch unbegründet. Der Versagungsbescheid der Gemeinde Kronshagen ist rechtmäßig und verletzt den Widerspruchsführer nicht in seinen Rechten. Der Widerspruchsführer hat keinen Anspruch auf Erteilung der von ihm beantragten Gaststättenerlaubnis.

Der Bescheid der Gemeinde Kronshagen ist formell rechtmäßig. Insbesondere wurde die fehlende An-

Erläuterungen

Beteiligten und der Ausgangsbehörde. Die konkrete Berechnung erfolgt in einem separaten Kostenfestsetzungsverfahren.

[98] In der Regel ist auch für das Widerspruchsverfahren nach den landesrechtlichen Vorschriften eine Gebühr festzusetzen.

[99] Hat der Widerspruch Erfolg, ist der Hauptsachetenor in der Verpflichtungssituation zweigeteilt. Es muss der ablehnende Bescheid der Ausgangsbehörde aufgehoben werden. Zudem ist die begehrte Genehmigung unmittelbar durch die Widerspruchsbehörde zu erteilen (str.). Sind in Selbstverwaltungsangelegenheiten ausnahmsweise Ausgangs- und Widerspruchsbehörde nicht identisch, kommt nur eine Verpflichtung der Ausgangsbehörde in Betracht.

[100] Im Fall eines erfolgreichen Widerspruchs hat die Ausgangsbehörde gemäß § 80 Abs. 1 VwVfG die Kosten des Verfahrens zu tragen. Bei einem Teilerfolg kommt wie im gerichtlichen Verfahren eine Quotelung der Kosten in Betracht.

[101] Hat der Widerspruchsführer einen Verfahrensbevollmächtigten eingeschaltet, ist nach § 80 Abs. 2 VwVfG über die Notwendigkeit dieser Hinzuziehung zu entscheiden und entsprechend zu tenorieren. Materiell gelten die gleichen Anforderungen wie im Rahmen des § 162 Abs. 2 Satz 2 VwGO.

[102] Die Begründung des Widerspruchsbescheids gliedert sich in eine Sachverhaltsdarstellung („I.“) und die rechtliche Würdigung („II.“).

[103] Die Sachverhaltsdarstellung beginnt mit dem Ausgangsverfahren. Es sind ggf. der Antrag, der Erstbescheid, eine Anhörung und die wesentlichen Gründe wiederzugeben. Zum Widerspruchsverfahren gehören die Angabe, wann Widerspruch erhoben wurde und das diesbezügliche Vorbringen des Widerspruchführers. Hinzu kommen Ausführungen zu Beweiserhebungen, Auskünften von anderen Behörden u.ä. Die Sachverhaltsdarstellung endet in der Regel mit der Nichtabhilfeentscheidung der Ausgangsbehörde.

[104] Die rechtliche Würdigung beginnt mit Angaben zur örtlichen und sachlichen Zuständigkeit. Diese richtet sich nach § 73 Abs. 1 Satz 2 VwGO.

[105] Die rechtliche Würdigung ist im Urteilsstil abzufassen und beginnt mit einem Obersatz zur Zulässigkeit und Begründetheit.

[106] Im Rahmen der Zulässigkeit des Widerspruchs ist nur auf die problematischen Punkte einzugehen. Z.B. ist im Rahmen der Frist des § 70 Abs. 1 Satz 1 VwGO eine Wiedereinsetzung in den vorigen Stand zu erörtern. Diese richtet sich nicht nach den landesrechtlichen Vorschriften des jeweiligen VwVfG, sondern auch im Widerspruchsverfahren nach § 60 VwGO. Sie ist unterteilt in Zulässigkeit und Begründetheit zu prüfen. Wird sie gewährt, ist dies nicht in den Tenor des Widerspruchsbescheids aufzunehmen (str.). Weitere Prüfungspunkte sind: Zulässigkeit des Verwaltungsrechtsweges, Statthaftigkeit des Widerspruchs, Widerspruchsbefugnis (§ 42 Abs. 2 VwGO analog), Beteiligungs- und Handlungsfähigkeit (§§ 12, 79 VwVfG), Formfragen (z.B. Fax und Computerfax).

hörung im Ausgangsverfahren durch das Widerspruchsverfahren geheilt. ...[107]

Rechtsgrundlage für die Erteilung einer Gaststättenerlaubnis ist § .... Danach bedarf die ... einer Erlaubnis. Sie ist zu versagen, wenn .... Diese Voraussetzungen liegen hier vor: ...[108]

Beim Vorliegen der Versagungsvoraussetzungen steht die Versagung nicht im Ermessen der zuständigen Behörde.[109]

Der Widerspruch war daher zurückzuweisen.

Die Entscheidung über die Aussetzung (Anordnung) der sofortigen Vollziehung ergibt sich aus ...[110]

Die Kostenentscheidung beruht auf § 73 Abs. 3 Satz 3 VwGO i.V.m. ...[111]

Rechtsbehelfsbelehrung: Klage nach §§ 74, 58 Abs. 1, 73 Abs. 3 VwGO.[112]

Mit freundlichen Grüßen

Im Auftrag

Unterschrift[113] ◀

III. Abhilfebescheid

▶ Muster 102: Abhilfebescheid

Ort, Datum

Der Landrat des Kreises Rendsburg-Eckernförde

– Untere Bauaufsichtsbehörde –

Kaiserstraße 8, 24768 Rendsburg

Az. 0815/07[114]

Gegen Empfangsbekenntnis[115]

Herrn Rechtsanwalt

Dr. Martin Heinsohn

Holtenauer Straße 105

24105 Kiel[116]

Erläuterungen

[107] Ausführungen zur formellen Rechtmäßigkeit sind meist entbehrlich. Oft wird die fehlende Anhörung im Ausgangsverfahren gerügt, die jedoch in der Regel nach § 46 VwVfG unbeachtlich oder nach § 45 Abs. 1 Nr. 3 VwVfG geheilt sein wird.

[108] Die Prüfung der materiellen Rechtmäßigkeit folgt dem üblichen Schema der Anfechtungs- oder Verpflichtungssituation. Rechtsgrundlage und Tatbestandsmerkmale sind darzustellen; der Sachverhalt ist darunter zu subsumieren. Bei der Verpflichtungssituation ist darzulegen, dass der Antragsteller keinen Anspruch auf Erteilung des begehrten Verwaltungsakts hat.

[109] Auch die Ermessenserwägungen der Ausgangsbehörde unterliegen der vollen Überprüfung durch die Widerspruchsbehörde. § 114 VwGO gilt nicht.

[110] Die Entscheidung der Widerspruchsbehörde über die Aussetzung oder Anordnung der sofortigen Vollziehbarkeit nach § 80 Abs. 4 VwGO ist ebenfalls zu begründen.

[111] Schließlich sind die Kostengrundentscheidung, die Gebührenfestsetzung, bei der jeweils die Angabe der maßgeblichen Norm reicht, und die Entscheidung über die Hinzuziehung eines Verfahrensbevollmächtigten zu begründen.

[112] Die Rechtsbehelfsbelehrung kann als Hinweis erfolgen oder ausformuliert werden („Gegen den Bescheid der Gemeinde Kronshagen vom ... kann innerhalb eines Monats nach Zustellung dieses Widerspruchsbescheides Klage erhoben werden. Die Klage ist beim VG Schleswig zu erheben"). Bei Entscheidungen über die Anordnung oder Aussetzung der sofortigen Vollziehbarkeit kommt zusätzlich ein Hinweis auf die Möglichkeit des einstweiligen Rechtsschutzes nach § 80 Abs. 5 VwGO in Betracht („Auf Ihren Antrag kann das Verwaltungsgericht die aufschiebende Wirkung eines etwaigen Rechtsbehelfs ganz oder teilweise wieder herstellen. Dieser Antrag ist ebenfalls beim VG Schleswig zu stellen.").

[113] Der Widerspruchsbescheid schließt mit einer Grußformel sowie der Unterschrift eines Zeichnungsbefugten.

[114] Der Eingangsteil des Abhilfebescheides setzt sich zunächst aus Ort, Datum, der erlassenden Ausgangsbehörde (§ 37 Abs. 3 VwVfG) und Aktenzeichen zusammen. Dabei ist es üblich, die innerbehördlich zuständige Stelle – Amt für öffentliche Ordnung, Gewerbeamt o.ä. – konkret zu bezeichnen und die Postanschrift der Behörde zu ergänzen. Das Aktenzeichen ergibt sich aus den Verfahrensakten.

[115] Auf das Aktenzeichen folgt die gewählte Zustellungsart. Beim Abhilfebescheid steht es der Behörde grundsätzlich frei, zwischen der postalischen Übermittlung (§ 41 Abs. 2 VwVfG) oder einer förmlichen Zustellung (§ 1 Abs. 3 VwZG) zu wählen. Aus Beweiszwecken empfiehlt sich eine förmliche Zustellung.

[116] Ist ein Verfahrensbevollmächtigter bestellt, kann der VA ihm gegenüber bekannt gegeben werden (§ 41 Abs. 1 Satz 2 VwVfG). Ansonsten ist der Bescheid an den Betroffenen zu richten. Zu beachten ist, dass in jedem Fall der Verfahrensbevollmächtigte Zustellungsadressat ist (§ 8 Abs. 1 S. 2 VwZG), wenn

Vollzug des Gaststättengesetzes

Widerspruch Ihres Mandanten, Herrn Theo Trinker, vom ... gegen den Bescheid vom ...

Zum Antrag auf Erteilung einer Gaststättenerlaubnis vom ... [117]

Sehr geehrter Herr Dr. Heinsohn,

auf den Widerspruch Ihres Mandanten vom ... gegen meinen ablehnenden Bescheid vom ... ergeht folgender

Abhilfebescheid[118]

1. Der Versagungsbescheid vom ... wird aufgehoben.[119]
2. Auf den Antrag Ihres Mandanten Theo Trinker vom ... erteile ich Ihrem Mandanten die Erlaubnis zum Betrieb einer Gaststätte in den von ihm gepachteten Räumlichkeiten im Gebäude Kieler Straße 95, 24119 Kronshagen.
3. (Kosten)[120]

Begründung:

...

II.

Der Widerspruch ist zulässig. Er wurde insbesondere ...

Der Widerspruch ist auch begründet, so dass diesem gem. § 72 VwGO abzuhelfen war. ...[121] ◀

IV. Begleitverfügungen[122]

1. An die Ausgangsbehörde

▶ **Muster 103: Begleitverfügung an Ausgangsbehörde**

Verfügung an:[123]

Den Bürgermeister der Gemeinde Kronshagen

– Amt für öffentliche Ordnung –

Kopperpahler Allee 5

24119 Kiel

Erläuterungen

sich dieser im Laufe des Verfahrens gegenüber der Behörde legitimiert hat (str. bei einfacher Übermittlung per Post). Bei förmlichen Zustellungen kommt auch die Zustellung „gegen Empfangsbekenntnis" in Betracht.

[117] Der Eingangsteil einer Abhilfeentscheidung nach § 72 VwGO entspricht dem Ausgangsbescheid. Auch er wird von der Ausgangsbehörde erlassen. Im Betreff und Bezug ist zusätzlich der Widerspruch aufzunehmen.

[118] Sieht die Ausgangsbehörde den Widerspruch als begründet an, hat sie zugunsten des Widerspruchführers eine Abhilfeentscheidung zu treffen. Eine solche kommt nur bei Verschiedenheit von Ausgangs- und Widerspruchsbehörde in Betracht (str.). Ggf. ist die Abhilfeentscheidung der Ausgangsbehörde von dem ebenfalls denkbaren Rücknahme- oder Widerrufsbescheid abzugrenzen. In der Regel genießt die Abhilfeentscheidung wegen der Kostenvorteile aber Vorrang.

[119] Der Tenor des Abhilfebescheides entspricht demjenigen eines erfolgreichen Widerspruchs. In der Anfechtungssituation ist die Aufhebung des Ausgangsbescheides ausreichend. In der Verpflichtungssituation ist zusätzlich die beantragte Genehmigung zu erteilen.

[120] Die Kostenentscheidung des Abhilfebescheides entspricht derjenigen eines erfolgreichen Widerspruchs. Es bedarf ggf. ebenfalls eines Ausspruchs zur Notwendigkeit der Hinzuziehung eines Verfahrensbevollmächtigten.

[121] Auch die Begründung des Abhilfebescheides folgt dem Aufbau eines erfolgreichen Widerspruchs. Aufzunehmen ist zusätzlich der Hinweis, dass aufgrund der Begründetheit des Widerspruchs zwingend eine Abhilfeentscheidung zu treffen war. Diese steht nicht im Ermessen der Ausgangsbehörde; im Fall des Teilerfolgs kommt zwar eine Teilabhilfeentscheidung in Betracht, auf die in der Praxis jedoch verzichtet wird, da ohnehin eine Widerspruchsentscheidung über den weiteren Verfahrensgegenstand zu treffen sein wird (*Kintz*, Rn. 758).

[122] Oftmals sind neben der eigentlichen Sachentscheidung eine Begleitverfügung oder weitere Schreiben anzufertigen. Dies ist im Fall einer Widerspruchsentscheidung eine Verfügung an die Ausgangsbehörde, im Fall einer Abhilfeentscheidung die Mitteilung an die Widerspruchsbehörde sowie Bescheide an erstmals beschwerte Dritte oder den Begünstigten bei einem Drittwiderspruch.

[123] Auch wenn der Bearbeitervermerk dies nicht ausdrücklich fordert, sollte bei Anfertigung eines Widerspruchsbescheides zugleich eine Verfügung an die Ausgangsbehörde gefertigt werden. Diese folgt dem Verfügungsaufbau, ist an die innerorganisatorisch zuständige Stelle der Ausgangsbehörde zu richten und muss von einer zeichnungsberechtigten Person unterschrieben sein.

Anliegender Widerspruchsbescheid wird Ihnen zur Kenntnis übersandt. Der Verwaltungsvorgang ist beigefügt.[124] Sollte der Widerspruchsführer Klage erheben, werden Sie gebeten, eine Mitteilung zu machen.[125]

Das zu Grunde liegende Verwaltungsverfahren gibt Anlass auf folgende Aspekte hinzuweisen, um deren Beachtung ich in Zukunft bitte:[126] ...

Im Auftrag

Unterschrift ◀

2. An die Widerspruchsbehörde

▶ Muster 104: Begleitverfügung an Widerspruchsbehörde

(Ort, Datum)

(Ausgangsbehörde)

(Adressat: Widerspruchsbehörde)[127]

Widerspruch des Herrn Theo Trinker vom ... gegen die Versagung einer Gaststättenerlaubnis durch meinen Bescheid vom ...

hier: Verfahrensbeendigung durch Abhilfe[128]

In dem Verfahren des Herrn Trinker gegen den Bürgermeister der Gemeinde Kronshagen teile ich Ihnen mit, dass dem Widerspruch des Herrn Trinker vollständig abgeholfen wurde. Anliegender Abhilfebescheid wird Ihnen zur Kenntnis übersandt.[129]

Im Auftrag

Unterschrift ◀

3. An erstmals beschwerte Dritte

▶ Muster 105: Begleitverfügung an erstmals beschwerte Dritte

(Widerspruchsbehörde)

(Adressat: beschwerter Dritter)[130]

Sehr geehrte Frau Nachbar,

Erläuterungen

[124] Mindestinhalt einer solchen Verfügung – auf den diese in der Klausur bei Zeitmangel begrenzt werden kann – sind die Übersendung des Widerspruchsbescheids und des Verwaltungsvorgangs.

[125] Da sich eine nachfolgende Klage gegen den Ausgangsbescheid richtet, wird die Ausgangsbehörde daher in der Praxis gebeten, den Umstand der Klageerhebung auch der Widerspruchsbehörde mitzuteilen.

[126] Konnten einige rechtliche Aspekte im Rahmen des Widerspruchsbescheids nicht oder nicht hinreichend ausführlich behandelt werden, werden diese als ergänzende Hinweise an die Ausgangsbehörde in die Begleitverfügung aufgenommen. Dies wird oft der Fall sein, wenn sich Fehler der Ausgangsbehörde nicht auf die Widerspruchsentscheidung ausgewirkt haben, bspw. weil sie geheilt wurden, unbeachtlich waren oder die Ermessensausübung von der Widerspruchsbehörde vorgenommen oder ergänzt wurde. Da eine eigene Androhung von Zwangsmitteln durch die Widerspruchsbehörde nicht möglich ist, kann angeregt werden, dass dies durch die Ausgangsbehörde in einer gesonderten Verfügung erfolgt.

[127] Hilft die Ausgangsbehörde einem Widerspruch vollständig ab, ist die Widerspruchsbehörde hiervon in Kenntnis zu setzen, da sie dann keine eigene Entscheidung mehr treffen muss. In den Eingangsteil sind die Ausgangsbehörde, die den Abhilfebescheid erlässt, und die zuständige Widerspruchsbehörde als Adressat aufzunehmen.

[128] Betreff und Bezug müssen den Verfahrensgegenstand konkret bezeichnen und enthalten zugleich einen Hinweis auf die Verfahrensbeendigung durch Abhilfe.

[129] Der Inhalt des Schreibens an die Widerspruchsbehörde beschränkt sich auf die Mitteilung, dass dem Widerspruch abgeholfen wurde, und eine Übermittlung des Abhilfebescheides zur Kenntnis. Das Schreiben an die Widerspruchsbehörde endet mit einer Grußformel und der Unterschrift.

[130] Wird durch einen Widerspruchsbescheid ein Dritter erstmalig beschwert, ist dieser auch ihm gegenüber bekannt zu geben. Denkbar ist z.B. der Fall, in dem der Widerspruch des Bauherrn doch noch zur begehrten Baugenehmigung führt und dadurch erstmals in die rechtlich geschützten Interessen eines Nachbarn (im baurechtlichen Sinn) eingegriffen wird. Angaben zur Zustellungsart sind im Eingangsteil nicht zwingend, da wegen § 74 Abs. 1 Satz 2 VwGO keine förmliche Zustellung notwendig ist. Zu Beweiszwecken kann sie dennoch erfolgen.

anliegenden Widerspruchsbescheid übersende ich Ihnen zur Kenntnis.[131]

Rechtsbehelfsbelehrung: Klage nach §§ 74, 58 Abs. 1, 73 Abs. 3 VwGO.[132]

(Grußformel, Unterschrift) ◀

Erläuterungen

[131] Weitere Ausführungen als der Hinweis auf den anliegenden Widerspruchsbescheid bzw. dessen tragende Gründe sind in der Regel nicht erforderlich.

[132] Es bedarf jedoch einer gesonderten Rechtsbehelfsbelehrung, da der erstmalig Beschwerte ebenfalls im Klagewege gegen den Widerspruchsbescheid vorgehen kann.

C. Gerichtliche Entscheidungen

I. Urteile

1. Allgemeines, insbesondere zum Rubrum

a) Grundform des verwaltungsgerichtlichen Urteils

▶ **Muster 106: Urteil**

1 A 123/09[133]

Verwaltungsgericht Lüneburg

Im Namen des Volkes[134]

Urteil

In dem Verwaltungsrechtsstreit[135]

des Herrn Nikolaus Müller, Bahnhofstr. 6, 21354 Bleckede

– Kläger –[136]

Prozessbevollmächtigte[137]:

Rechtsanwälte Kurz & Krüger
Burgstr. 2, 21368 Dahlenburg

gegen

den Landkreis Lüneburg, vertreten durch den Landrat, Auf dem Michaeliskloster 4, 21335 Lüneburg[138]

– Beklagter –

wegen ...

hat das Verwaltungsgericht Lüneburg – 1. Kammer –[139] durch die Vorsitzende Richterin am Verwaltungsgericht Reuter, den Richter am Verwaltungsgericht Teufel, die Richterin Petermeier, die ehrenamtliche Richterin Beck und den ehrenamtlichen Richter Koch auf die/aufgrund der mündliche(n) Verhandlung vom 18. Januar 2010 für Recht erkannt[140]:

[133] Das Urteil beginnt oben links mit dem Aktenzeichen. Das Aktenzeichen findet sich in der Regel im Aktenstück, zum Beispiel in einer gerichtlichen Verfügung oder im Protokoll über die mündliche Verhandlung. Obacht ist geboten, wenn die gerichtliche Zuständigkeit im Verfahren gewechselt hat. Zu verwenden ist das Aktenzeichen des Gerichts, das letztlich die Entscheidung erlässt.

[134] Das Urteil ergeht „Im Namen des Volkes" (§ 117 Abs. 1 Satz 1 VwGO). Ob der Term „Im Namen des Volkes" (mit großem „I") in der Zeile vor oder nach dem Wort „Urteil" steht, wird in der Praxis unterschiedlich gehandhabt. Die meisten Verwaltungsgerichte und auch das Bundesverwaltungsgericht handhaben es wie hier.

[135] Bei verwaltungsgerichtlichen Urteilen empfiehlt sich analog zu den zivilgerichtlichen die Einführungsklausel „In dem Verwaltungsrechtsstreit". Ebenso möglich sind die Klauseln „In dem verwaltungsgerichtlichen Verfahren" oder „In der Verwaltungsrechtssache". Sie bieten sich insbesondere an, wenn die Klage für unzulässig erklärt wird, da dann eigentlich kein „Verwaltungsrechtsstreit" vorliegt.

[136] Die Parteibezeichnung steht im Nominativ („Kläger", „Beklagter"), wenn sie wie hier in Gedankenstriche gesetzt wird. Wird sie ohne Gedankenstriche angeführt, steht sie beim Kläger im Genitiv („Klägers"), beim Beklagten im Akkusativ („Beklagten").

[137] Prozessbevollmächtigte werden selbstverständlich nur aufgeführt, soweit eine Partei vertreten ist.

[138] Bei Parteien und Bevollmächtigten ist stets die ladungsfähige Anschrift zu verwenden, nicht die Postfachanschrift. Bei juristischen Personen des öffentlichen Rechts wird nur die Bezeichnung des Vertreters („Landrat") angegeben, nicht sein Name.

[139] Ob der Spruchkörper konkret bezeichnet wird (Name der Kammer), ist in der Ausbildungsliteratur umstritten, in der Praxis aber üblich. Die Ordnungsnummer der Kammer bzw. des Senats lässt sich aus dem Protokoll über die mündliche Verhandlung und auch aus dem Aktenzeichen ersehen. Teilweise wird auch formuliert: „hat die 3. Kammer des Schleswig-Holsteinischen Verwaltungsgerichts ... für Recht erkannt."

[140] Die Namen der Richterinnen und Richter sind in der Regel im Protokoll über die mündliche Verhandlung enthalten. Sofern der Rechtsstreit bereits

(Tenor für Hauptsache, Kosten und Vollstreckbarkeit)[141]

Tatbestand

(Sachdarstellung und Prozessgeschichte mit den Klageanträgen)

Entscheidungsgründe

(rechtliche Begründung)

Rechtsmittelbelehrung: Antrag auf Zulassung der Berufung gem. §§ 124, 124 a VwGO.[142] ◀

b) Besonderheiten zu den Parteibezeichnungen

▶ **Muster 107: Besondere Parteibezeichnungen**

In dem Verwaltungsrechtsstreit

der Frau ...

– Klägerin –

gegen[143]

(1) Klagen gegen die Bundesrepublik Deutschland

die Bundesrepublik Deutschland, vertreten durch das Bundesministerium der Verteidigung, Hardthöhe, 53003 Bonn

– Beklagte –[144]

(2) Klagen gegen eine kommunale Behörde

die Bürgermeisterin der Stadt Ludwigslust, Schloßstr. 38, 19288 Ludwigslust

Beklagte –

(3) Klagen gegen eine Landesbehörde

das Ministerium für Landwirtschaft und Umwelt des Landes Sachsen-Anhalt, Olvenstedter Str. 4, 39108 Magdeburg

– Beklagter –[145]

(4) Vertretung durch anderen Verwaltungsträger

die Gemeinde Westerholz[146], vertreten durch das Amt Langballig, dieses vertreten durch den Amtsvorsteher, Süderende 1, 24977 Langballig

– Beklagte –[147]

Erläuterungen

auf den Einzelrichter übertragen ist, wird auch nur der Einzelrichter hier aufgeführt und formuliert „durch die Richterin am Verwaltungsgericht ... als Einzelrichterin für Recht erkannt". Unterschiedlich wird gehandhabt, ob das Datum der mündlichen Verhandlung vor oder nach den Namen der Richterinnen und Richter genannt wird. Hier ist der Bearbeiter in der Entscheidung frei. Im schriftlichen Verfahren formuliert man, „hat das Verwaltungsgericht im schriftlichen Verfahren nach § 101 Abs. 2 VwGO am 4.6.2010 durch ...".

[141] Siehe zu den Einzelheiten der Tenorierung, der Darstellung des Tatbestands und der Entscheidungsgründe sowie der Rechtsmittelbelehrung die Ausführungen bei den einzelnen Klagearten.

[142] Rechtsmittelbelehrungen sind in der Klausur in der Regel nicht auszuformulieren. Gegen erstinstanzliche Entscheidungen ist in der Regel – sofern die Berufung nicht im Urteil zugelassen wird – ein Antrag auf Zulassung der Berufung nach §§ 124, 124 a VwGO statthaft. Sofern das Verwaltungsgericht die Berufung im Urteil selbst zulässt, lautet die Rechtsmittelbelehrung: „Berufung, §§ 124, 124 a VwGO".

[143] Die Besonderheiten zu den Parteibezeichnungen werden hier nur für die beteiligten Verwaltungsträger und die Behörden erörtert. Sofern – insbesondere auf Klägerseite – juristische Personen des Privatrechts (z.B. Verein, GmbH) oder Personenvereinigungen (z.B. GbR, KG) auftreten, wird auf die Ausführungen zum Zivilurteil verwiesen.

[144] Sofern der Bund beklagt wird, ist die Klage, wie sich aus § 61 Nr. 3, § 78 Abs. 1 Nr. 2 VwGO ergibt, immer gegen die Bundesrepublik Deutschland zu richten, aber nicht gegen die betreffende Behörde. Die Bundesrepublik wird durch die fachlich zuständige Behörde vertreten (z.B. durch ein Bundesministerium).

[145] § 61 Abs. 1 Nr. 2 VwGO erlaubt den Ländern zu bestimmen, dass auch Behörden Verfahrensbeteiligte sein können. Die Beteiligtenfähigkeit von Behörden kommt, abgesehen vom Sonderfall des § 47 Abs. 2 Satz 1 VwGO, nur bei Anfechtungs- und Verpflichtungsklagen sowie bei Fortsetzungsfeststellungsklagen zum Tragen. Feststellungs- und allgemeine Leistungsklagen sind nicht gegen die Behörde, sondern gegen die Körperschaft zu richten, da § 78 VwGO eine Sondervorschrift für Anfechtungs- und Verpflichtungsklagen ist (*Kopp/Schenke*, § 78, Rn. 2).

[146] Wird eine Körperschaft sächlichen Geschlechts beklagt (z.B. das Land, das Ministerium, das Amt), bezeichnet man die Partei üblicherweise im Maskulinum. Im Tatbestand und in den Entscheidungsgründen kann es „das beklagte Land" heißen.

[147] Im Kommunalrecht gelten zum Teil besondere Regelungen für die Prozessvertretung von Gemeinden. Die Ämter in Schleswig-Holstein, Mecklenburg-Vorpommern und Brandenburg, die Verwaltungsverbände in Sachsen, die Verwaltungsgemeinschaften in Sachsen-Anhalt und die Verbandsgemeinden in Rheinland-Pfalz vertreten die ihnen angehörigen Gemeinden und werden ihrerseits durch ihre gesetzlichen Vertreter vertreten. Die Gemeinden bleiben aber Prozesspartei (OVG Schleswig, NordÖR 1998, 28 f.;

(5) Vertretung durch Kollegialorgan

den Main-Taunus-Kreis, vertreten durch den Kreisausschuss[148], Am Kreishaus 1-5, 65719 Hofheim

– Beklagter – ◀

2. Beiladung

a) Rubrum

▶ **Muster 108: Rubrum Beiladung**

In dem Verwaltungsrechtsstreit

der Auto-Service Waldkirchen GmbH, ...

– Klägerin –

gegen

den Landkreis Freyung-Grafenau, ...

– Beklagter –

beigeladen[149]:

1. Stadt Waldkirchen,
   vertreten durch den ersten Bürgermeister,
   Rathausplatz 1, 94065 Waldkirchen
2. ...
   Prozessbevollmächtigte[150]:
   Rechtsanwältin Susanne Menzel,
   Halser Str. 15, 94034 Passau ◀

b) Tatbestand

▶ **Muster 109: Tatbestand Beiladung**

Die Beigeladene beantragt[151],

die Klage abzuweisen.

Sie verweist auf ...

oder: Die Beigeladene hat keinen Antrag gestellt.
Sie hält jedoch ...

oder: Die Beigeladene hat sich nicht zur Sache geäußert. ◀

Erläuterungen

so mittlerweile auch OVG Greifswald, LKV 2001, 520 f.). Beachte: Selbstverständlich können die Ämter oder Verbandsgemeinden auch selbst Prozesspartei sein. Erlässt das Amt einen Verwaltungsakt, ist die Anfechtungsklage gegen das Amt zu richten, nicht gegen die Gemeinde, auch wenn das Amt den Verwaltungsakt in Ausführung einer Satzung einer amtsangehörigen Gemeinde erlässt.

[148] Vertritt ein Kollegialorgan den Verwaltungsträger, reicht die Bezeichnung des Organs. Der handelnde Vertreter (hier z.B. der Landrat, § 45 Abs. 1 S. 2 HessGO) braucht nicht genannt zu werden.

[149] Lädt das Gericht nach § 65 VwGO andere dem Rechtsstreit bei, werden sie im Rubrum aufgeführt, und zwar unabhängig davon, ob es sich um eine notwendige (§ 65 Abs. 2 VwGO) oder eine fakultative Beiladung handelt. Typische Beiladungsfälle sind der Adressat des Verwaltungsakts in Drittanfechtungskonstellationen sowie der Nachbar oder die Belegenheitsgemeinde im Baugenehmigungsverfahren. Die Beigeladenen erhalten keine nach rechts herausgerückte Beteiligtenbezeichnung.

[150] Als Beteiligter am Verfahren kann sich der Beigeladene durch Bevollmächtigte vertreten lassen (§ 63 Nr. 3, § 67 Abs. 1 VwGO). Etwaige Bevollmächtigte sind in das Rubrum aufzunehmen.

[151] Stellt der Beigeladene einen Antrag, ist dieser Antrag in den Tatbestand aufzunehmen. Der Antrag und das Vorbringen des Beigeladenen folgen auf das Beklagtenvorbringen. Sind die Anträge des Klägers und des Beigeladenen identisch, kann der Beigeladenenantrag auch nach dem Vorbringen des Klägers in den Tatbestand eingeordnet werden (VG Schleswig, Urteil vom 14.6.2004 – 14 A 344/02 –, juris Rn. 35).

Stellt der Beigeladene keinen Antrag, ist das ebenfalls im Tatbestand wiederzugeben, da dies für die Kostenverteilung von Bedeutung ist. Sofern sich der Beigeladene gleichwohl zur Sache äußert, ist sein Vorbringen in den Tatbestand aufzunehmen. Das Datum der Beiladung braucht nicht notwendig in der Prozessgeschichte wiedergegeben zu werden. In den Entscheidungsgründen wird der Beigeladene nur im Rahmen der Kostenentscheidung erwähnt.

Erläuterungen

3. Tenor bei erfolgloser Klage

Muster 110: Tenor erfolglose Klage

... hat das Verwaltungsgericht ... für Recht erkannt[152]:

Die Klage wird abgewiesen.[153]

Der Kläger trägt die Kosten des Verfahrens.[154]

Das Urteil ist wegen der Kosten[155] vorläufig vollstreckbar. Der Kläger darf die Vollstreckung durch Sicherheitsleistung in Höhe von 110 Prozent des aufgrund des Urteils vollstreckbaren Betrages abwenden, wenn nicht der Beklagte vor der Vollstreckung Sicherheit in Höhe von 110 Prozent des jeweils zu vollstreckenden Betrages leistet.

Oder[156]**:** Das Urteil ist wegen der Kosten gegen Sicherheitsleistung in Höhe von 110 Prozent des jeweils zu vollstreckenden Betrages vorläufig vollstreckbar.

[152] Der Tenor des verwaltungsgerichtlichen Urteils besteht aus der Hauptsacheentscheidung, der Kostenentscheidung und der Entscheidung über die Vollstreckbarkeit. Der Tenor wird vom übrigen Text durch einen Absatz abgetrennt und eingerückt. Die drei Elemente des Tenors werden ihrerseits durch Absätze voneinander getrennt. Es ist nicht üblich, sie zu nummerieren.

[153] Hat die verwaltungsgerichtliche Klage keinen Erfolg, ist der Tenor unabhängig von der Klageart gleich („abgewiesen"). Widersprüche werden „zurückgewiesen", Anträge „abgelehnt".

[154] Im Verwaltungsprozess trägt der unterliegende Teil die Kosten des „Verfahrens" (§ 154 Abs. 1 VwGO), nicht des „Rechtsstreits".

[155] Hat die Klage keinen Erfolg, gibt es unabhängig von der Klageart in der Hauptsache nichts zu vollstrecken, nur die Kosten.

[156] Für die Vollstreckung gelten nach § 167 Abs. 1 Satz 1 VwGO die §§ 708 ff. ZPO entsprechend. Für die weitere Formulierung des Vollstreckbarkeitstenors kommt es nach §§ 708 Nr. 11, 709, 711 ZPO darauf an, wie hoch die vollstreckbaren Kosten sind. Bei einer Klageabweisung kommt es also auf die Anwaltskosten der Beklagtenseite an. Betragen sie maximal 1.500 €, ist die erste Variante einschlägig (vollstreckbar ohne Sicherheitsleistung, aber Abwendungsbefugnis), sind sie größer als 1.500 € die zweite Variante (vollstreckbar gegen Sicherheitsleistung). Die Schwelle ist überschritten, wenn der Streitwert größer als 8.000 € ist (war der Beklagtenanwalt bereits vor dem 01.08.2013 im Verfahren tätig, liegt die Schwelle bei 10.000 €). Die Vollstreckbarkeitsentscheidung sollte auch dann ausgeurteilt werden, wenn die obsiegende Seite anwaltlich nicht vertreten ist und daher insoweit keine Kosten vollstrecken kann.

4. Zu den einzelnen Klagearten

a) Anfechtungsklage, § 42 Abs. 1 VwGO

(1) Tenor

(a) Urteilstenor bei vollständiger Stattgabe

Muster 111: Tenor Stattgabe Anfechtungsklage

... hat das Verwaltungsgericht ... für Recht erkannt:

Der Bescheid des Beklagten vom ... in der Gestalt des Widerspruchsbescheides vom ... wird aufgehoben.[157]

Der Beklagte trägt die Kosten des Verfahrens.

[157] Nach § 113 Abs. 1 Satz 1 VwGO hebt das Gericht den rechtswidrigen Verwaltungsakt auf. Der Bescheid sollte in jedem Falle mit Datum, ggf. durch Angabe des Az., näher bezeichnet werden. Sofern ein Widerspruchsverfahren stattgefunden hat, hebt das Gericht den Bescheid wegen der Formulierung in § 79 Abs. 1 Nr. 1 VwGO „in der Gestalt des Widerspruchsbescheides" auf. Nach § 113 Abs. 1 Satz 1 VwGO ist auch der Ausspruch statthaft, „den Bescheid vom ... und den Widerspruchsbescheid vom ..." aufzuheben. Hat kein Widerspruchsverfahren stattgefunden, heißt der Hauptsachetenor schlicht: „Der Bescheid des Beklagten vom ... wird aufgehoben."

Das Urteil ist wegen der Kosten vorläufig vollstreckbar. Der Beklagte darf die Vollstreckung durch Sicherheitsleistung in Höhe von 110 Prozent des aufgrund des Urteils vollstreckbaren Betrages abwenden, wenn nicht der Kläger vor der Vollstreckung Sicherheit in Höhe von 110 Prozent des jeweils zu vollstreckenden Betrages leistet.[158]

oder: Das Urteil ist wegen der Kosten gegen Sicherheitsleistung in Höhe von 110 Prozent des jeweils zu vollstreckenden Betrages vorläufig vollstreckbar. ◀

(b) Hauptsachetenor bei Teilanfechtung

▶ **Muster 112: Tenor Teilanfechtung**

Der Bescheid ... wird aufgehoben, soweit ein Betrag von mehr als ... € festgesetzt wird.

oder: Der Bescheid ... wird aufgehoben, soweit dem Kläger auferlegt wird, ...[159] ◀

(c) Urteilstenor bei Teilstattgabe

▶ **Muster 113: Tenor Teilstattgabe Anfechtungsklage**

Beispiel[160]: Der Bescheid des Beklagten vom ... in der Gestalt des Widerspruchsbescheides vom ... wird aufgehoben, soweit dem Kläger untersagt wird, ... Im Übrigen wird die Klage abgewiesen.

Der Beklagte trägt die Kosten des Verfahrens zu ... %, der Kläger zu ... %.[161]

Das Urteil ist wegen der Kosten vorläufig vollstreckbar. Beide Parteien[162] dürfen die Vollstreckung durch Sicherheitsleistung in Höhe von 110 % des aufgrund des Urteils vollstreckbaren Betrages abwenden, wenn nicht die andere Partei vor der Vollstreckung Sicherheit in Höhe von 110 % des jeweils zu vollstreckenden Betrags leistet.

oder: Das Urteil ist wegen der Kosten vorläufig vollstreckbar, für den Beklagten jedoch nur gegen Sicherheitsleistung in Höhe von 110 % des jeweils zu vollstreckenden Betrages. Der Beklagte darf die Vollstreckung des Klägers durch Sicherheitsleistung in Höhe von 110 % des aufgrund des Urteils

Erläuterungen

[158] Ein stattgebendes Urteil auf eine Anfechtungsklage ist nur wegen der Kosten vorläufig vollstreckbar (§ 167 Abs. 2 VwGO). Der Vollstreckbarkeitstenor hängt von der Höhe des vollstreckbaren Betrages ab (§§ 708 Nr. 11, 709, 711 ZPO). Kann der Kläger mehr als 1.500 € (Achtung: nur außergerichtliche Kosten!) vollstrecken, ist das Urteil nach § 709 Satz 1 ZPO gegen Sicherheitsleistung vollstreckbar (OVG Lüneburg, Urteil vom 16.5.2003 – 4 LB 569/02 –, juris; OVG Magdeburg, NVwZ-RR 2008, 366; praktisches Beispiel: VG Halle, ZfWG 2009, 207).

[159] Der Kläger darf seine Anfechtung auf einen Teil des Verwaltungsakts beschränken (zum Beispiel einen bestimmten Betrag oder eine Auflage). Hat eine solche Teil-Anfechtungsklage Erfolg, wird der Verwaltungsakt in den angefochtenen Teilen aufgehoben. Für die Formulierung des Hauptsachetenors in solchen Fällen kann man sich in der Klausur häufig an der Formulierung des Klageantrags orientieren.

Der Hauptsachetenor gleicht insoweit dem Tenor für den Fall, dass der Kläger den Bescheid in vollem Umfang anficht, aber nur teilweise Erfolg hat. Allerdings folgt nicht der Zusatz, dass die Klage im Übrigen abgewiesen wird. Zudem trägt die Beklagtenseite sämtliche Kosten.

[160] Bei einer Teilstattgabe in Höhe eines bestimmten Betrages oder im Umfang einer Auflage muss der konkrete Umfang des Obsiegens aus dem Tenor selbst ersichtlich sein.

[161] Obsiegt der Kläger nur teilweise, werden die Kosten entsprechend der Obsiegens- und Unterliegensquoten geteilt. Die Quotelung kann in Prozent oder in Brüchen angegeben werden.

[162] Falls die Vollstreckungsvoraussetzungen für beide Parteien gleich sind, kann der Vollstreckbarkeitstenor für beide Parteien gemeinsam gefasst werden.

[163] Sind die Voraussetzungen unterschiedlich, so ist im Tenor zu differenzieren (siehe die Alternativformulierung). Hier ist für jede Partei einzeln festzustellen, wie hoch die von ihr zu vollstreckenden außergerichtlichen Kosten sind. Maßgebliche Rechengrößen sind der Streitwert und die Kostentragungsquote. In den meisten Klausurfällen wird für beide Seiten eine Vollstreckung mit Abwendungsbefugnis (§§ 708 Nr. 11, 711 ZPO) gegeben sein.

vollstreckbaren Betrages abwenden, wenn nicht der Kläger vor der Vollstreckung Sicherheit in Höhe von 110 % des jeweils zu vollstreckenden Betrages leistet.[163] ◀

(2) Tatbestand

▶ **Muster 114: Tatbestand Anfechtungsklage**

Tatbestand[164]

Der Kläger begehrt die Aufhebung einer bauaufsichtlichen Nutzungsuntersagung.[165]

Der Kläger ist Eigentümer des Grundstücks ... in .... Das Grundstück ist mit einem kombinierten Wohn- und Geschäftshaus bebaut. Im Erdgeschoss befindet sich ein Ladenlokal, das ursprünglich als Lebensmittelladen und von 1988 bis 2008 als Copy Shop genutzt wurde. Seit 2009 lagert der Kläger dort Baustoffe für seinen am Stadtrand gelegenen Handwerksbetrieb. Das Grundstück liegt im Geltungsbereich eines qualifizierten Bebauungsplans, der für das betreffende Gebiet die Festsetzung ... trifft. ...[166]

Mit dem streitgegenständlichen Bescheid vom ... untersagte der Beklagte dem Kläger, das ehemalige Ladenlokal weiterhin als Baustofflager zu nutzen. Zur Begründung erklärte der Beklagte, ...[167]

Am ... erhob der Kläger Widerspruch. Die Nutzungsuntersagung sei rechtswidrig, denn ...

Der Beklagte half dem Widerspruch nicht ab. Die ... wies den Widerspruch mit Bescheid vom ..., dem Kläger zugestellt am ..., zurück[168]. In der Begründung verweist ...

Die hiergegen erhobene Klage des Klägers ist am ... beim Gericht eingegangen[169]. Der Kläger behauptet, ...

Der Kläger beantragt[170],

> den Bescheid des Beklagten vom ... in der Gestalt des Widerspruchsbescheids der ... vom ... aufzuheben.

Der Beklagte beantragt,

> die Klage abzuweisen.

Er behauptet, ...

Das Gericht hat Beweis erhoben durch die Vernehmung des Zeugen ..., durch die Einholung eines

Erläuterungen

[164] Der Tatbestand wird mit einer entsprechenden zentrierten Überschrift gekennzeichnet. Die Ausführungen im Tatbestand selbst werden jedenfalls nach der reinen Lehre nicht alphanumerisch gegliedert.

[165] Der Tatbestand beginnt mit einem Einleitungssatz, der den Gegenstand des vorliegenden Rechtsstreits möglichst kompakt und möglichst präzise benennt. Das ist von besonderer Bedeutung, wenn im Verlauf des Verfahrens verschiedene behördliche Anordnungen ergangen sind, sich die Klage aber nur gegen eine hiervon richtet.

Damit wird das Interesse gleich auf den richtigen Streitgegenstand gelenkt. Ferner sollte bereits aus dem Einleitungssatz hervorgehen, ob der Kläger selbst Adressat der Verfügung ist oder ob es sich um einen Fall der Drittanfechtung handelt.

Im Einleitungssatz darf nichts vorweggenommen werden, was erst im Laufe des gerichtlichen Verfahrens zu klären ist. Die hier verwendete Formulierung „Aufhebung einer bauaufsichtlichen Verfügung" darf man also nur verwenden, wenn das Vorliegen eines Verwaltungsakts nicht streitig und nicht weiter problematisch ist. Das ist regelmäßig bei ordnungsrechtlichen Verfügungen der Fall. Meint aber z.B. der Beklagte, es handele sich bei der angegriffenen Maßnahme nicht um einen Verwaltungsakt, sondern lediglich um ein einfaches Schreiben, mit dem er den Kläger über die Rechtslage aufklärt, müsste man formulieren: „Der Kläger wehrt sich gegen ein Schreiben, in dem die Beklagte die Nutzung seines Ladenlokals für unzulässig erklärt."

[166] Nach dem Einleitungssatz folgt der unstreitige Teil des Sachverhalts. Streitigkeiten, die im weitesten Sinne baurechtlicher Natur sind, setzt man am besten mit der Schilderung der Örtlichkeiten fort. Grundstücke können, je nach Aktenlage oder nach der Bedeutung im Einzelfall, mit der Postanschrift oder mit der Nummer des Flurstücks bezeichnet werden. In den Tatbestand sind alle für die Entscheidung maßgeblichen Umstände aufzunehmen.

[167] In der Regel schildert man die Sach- und Rechtsausführungen der Parteien dort, wo sie im Verwaltungsverfahren auftraten, also zum Beispiel bei der Begründung des Ausgangsbescheids oder des Widerspruchsbescheids. Rechtlich oder sachlich Streitiges ist in indirekter Rede wiederzugeben.

[168] Das Widerspruchsverfahren ist hier für das Beispiel geschildert, dass eine andere als die Ausgangsbehörde den Widerspruchsbescheid erlässt. Sind Ausgangs- und Widerspruchsbehörde identisch, lautet die Formulierung schlicht: „Der Beklagte wies den Widerspruch mit Bescheid vom ... zurück." Nähere Ausführungen zum Datum oder Wochentag der Bekanntgabe des Ausgangsbescheids, der Einlegung des Widerspruchs, der Zustellung des Widerspruchsbescheids oder der Klageerhebung sind nur erforder-

Gutachtens des Sachverständigen ... sowie durch die Besichtigung der Örtlichkeiten in der .... Wegen des Ergebnisses der Beweisaufnahme wird auf die Sitzungsniederschrift verwiesen.[171]

Wegen der weiteren Einzelheiten des Sach- und Streitstands wird auf die Gerichtsakten sowie den beigezogenen Verwaltungsvorgang verwiesen.[172] ◀

(3) Entscheidungsgründe

▶ **Muster 115: Entscheidungsgründe Anfechtungsklage**

<u>Entscheidungsgründe</u>

Die Klage ist zulässig.[173] Die Klage ist insbesondere innerhalb der nach § 74 Abs. 1 Satz 1 VwGO vorgeschriebenen Monatsfrist erhoben worden. Der Widerspruchsbescheid wurde dem Kläger am ... zugestellt. Die an sich gemäß § 57 Abs. 1, 2 VwGO i.V.m. § 222 Abs. 1 ZPO, § 188 Abs. 2 BGB am ... ablaufende Monatsfrist verlängerte sich aber, weil es sich bei diesem Tag um einen Sonnabend handelt, nach § 57 Abs. 2 VwGO i.V.m. § 222 Abs. 2 ZPO um zwei Tage auf Montag, ... Daher ...

Die Klage ist jedoch unbegründet.[174] Die angegriffene Nutzungsuntersagung ist rechtmäßig. Rechtsgrundlage ist .... Danach kann die untere Bauaufsichtsbehörde die im Widerspruch zu öffentlich-rechtlichen Vorschriften stehende Nutzung baulicher Anlagen untersagen. Die Nutzung des Ladenlokals steht im Widerspruch zu den Festsetzungen ...

Die Kostenentscheidung folgt aus § 154 Abs. 1 VwGO.

Die Entscheidung über die vorläufige Vollstreckbarkeit folgt aus § 167 Abs. 1, 2 VwGO i.V.m. §§ 708 Nr. 11, 711 ZPO.[175] ◀

Erläuterungen

lich, wenn die Einhaltung der Klage- oder Widerspruchsfrist problematisch ist.

[169] Die Klageerhebung gehört – anders als das Widerspruchsverfahren – zur Prozessgeschichte und steht im Perfekt.

[170] Die Anträge der Parteien werden eingerückt (vgl. § 117 Abs. Satz 1 VwGO). Die Anträge sind dem Protokoll über die mündliche Verhandlung zu entnehmen, ggf. der Klageschrift und der Klageerwiderung. Offensichtliche Fehler bei der Antragstellung kann das Gericht hier berichtigen, wobei dann der Antrag mit der Formel „Der Kläger beantragt sinngemäß“ eingeleitet wird.

[171] Die Beweisaufnahme ist Teil der Prozessgeschichte. Sie wird nach dem Beklagten- bzw. Beigeladenenvorbringen geschildert, allerdings nur, wenn und soweit eine Beweisaufnahme stattgefunden hat. Erst in den Entscheidungsgründen wird die Beweiserhebung bewertet, da das bereits zur Entscheidung des Gerichts gehört.

[172] Zwar soll der Tatbestand alle entscheidungsrelevanten Informationen enthalten, doch sind die Bezugnahme auf die Gerichts- und Verwaltungsakten üblich und nach § 117 Abs. 3 Satz 2 VwGO gewünscht. Die Bezugnahme bildet den Schluss des Tatbestands.

[173] Die Entscheidungsgründe werden ebenso wenig wie der Tatbestand alphanumerisch gegliedert. Einzelne Abschnitte werden durch einen Absatz voneinander abgegrenzt. Es wird nur zu den Fragen Stellung genommen, die zu Ausführungen Anlass geben. Bei Anfechtungsklagen dürften vor allem die Statthaftigkeit der Klage (Stichwort: Handelt es sich bei der angegriffenen Maßnahme um einen Verwaltungsakt?) und die Klagefrist, seltener die Beteiligtenfähigkeit zu thematisieren sein, in Drittanfechtungsfällen darüber hinaus die Klagebefugnis. Liegt eine behördliche Verfahrenshandlung nach § 44 a VwGO vor, fehlt das Rechtsschutzbedürfnis (OVG Koblenz, NVwZ-RR 1998, 445). In Bezug auf die Anfechtungsklage wird auch vertreten, dass die Klage unstatthaft sei (OVG Lüneburg, Beschluss vom 17.6.2009 – 5 LA 102/07 –, juris Rn. 15).

[174] Die Darstellung der Begründetheit orientiert sich am üblichen Aufbauschema für die Prüfung der Rechtmäßigkeit eines Verwaltungsakts. Zu Beginn ist die Rechtsgrundlage für den angegriffenen Verwaltungsakt zu nennen. Sodann sind die formellen (Zuständigkeit, Verfahren, Form) und materiellen Anforderungen (Tatbestandsvoraussetzungen) der Norm zu nennen. Es folgt gegebenenfalls die Prüfung, ob die Behörde ein ihr zustehendes Ermessen im Sinne des § 114 VwGO fehlerfrei ausgeübt hat.

[175] Bei vollständigem Obsiegen oder Unterliegen reicht hier der Verweis auf § 154 Abs. 1 VwGO aus. Bei teilweisem Obsiegen ist auf § 155 Abs. 1 Satz 1 VwGO abzustellen. Die Vollstreckbarkeitsentscheidung ist unter Nennung der ZPO-Normen zu begründen.

Erläuterungen

b) Verpflichtungsklage, § 42 Abs. 1 2. Alt. VwGO

(1) Tenor

Muster 116: Tenor Verpflichtungsklage

... hat das Verwaltungsgericht ... für Recht erkannt:[176]

[176] Wie bei allen Klagearten, wird auch bei der Verpflichtungsklage der Tenor mit der Formulierung „hat das Verwaltungsgericht ... für Recht erkannt" eingeleitet.

(a) Urteilstenor bei vollständiger Stattgabe

Muster 117: Tenor Verpflichtungsklage Stattgabe

Unter Aufhebung des Bescheids der Gemeinde Kronshagen vom ... und des Widerspruchsbescheids des Kreises Rendsburg-Eckernförde vom ...[177] wird die Beklagte verpflichtet, die am ... beantragte gewerberechtliche Erlaubnis zur Schaustellung von Personen zu erteilen.[178]

Die Beklagte trägt die Kosten des Verfahrens.[179]

Das Urteil ist wegen der Kosten[180] vorläufig vollstreckbar. Der Beklagte darf die Vollstreckung durch Sicherheitsleistung in Höhe von 110 % des aufgrund des Urteils vollstreckbaren Betrages abwenden, wenn nicht der Kläger vor der Vollstreckung Sicherheit in Höhe von 110 % des jeweils zu vollstreckenden Betrages leistet.

Die Berufung wird zugelassen.[181]

[177] Die Verpflichtungsklage ist auf den Erlass eines begünstigenden Verwaltungsakts gerichtet, wobei der Regelfall die Versagungsgegenklage ist, in der ein ablehnender Erstbescheid sowie ein Widerspruchsbescheid vorliegen. Dann sind zusätzlich zum Verpflichtungsausspruch auch diese Bescheide aufzuheben. Alternativ kann auch formuliert werden: „Unter Aufhebung des Bescheids ... in Gestalt des Widerspruchsbescheids ... wird ...".

[178] Ein Verpflichtungsausspruch kommt nur beim Vorliegen der Spruchreife nach § 113 Abs. 5 Satz 1 VwGO in Betracht, ansonsten bleibt es beim „Bescheidungsurteil". Achten Sie darauf, bei der Verpflichtungsklage immer auch diese Begrifflichkeit („wird verpflichtet") zu verwenden. Anders als die Widerspruchsbehörde, die einen begehrten Verwaltungsakt selbst erlassen kann, besitzt das Verwaltungsgericht diese Kompetenz nicht.

[179] Beim vollständigen Obsiegen trägt gemäß § 154 Abs. 1 VwGO die Beklagte die gesamten Kosten. Eine Kostengrundentscheidung ist nach § 161 VwGO von Amts wegen zu treffen. Werden keine Gerichtskosten erhoben (vgl. § 188 VwGO) empfiehlt sich folgende Formulierung: „Gerichtskosten werden nicht erhoben. Die außergerichtlichen Kosten des Verfahrens trägt die Beklagte."

[180] Nach § 167 Abs. 2 VwGO bezieht sich der Ausspruch zur vorläufigen Vollstreckbarkeit nur auf die Kosten.

[181] Gemäß § 124 a Abs. 1 VwGO lässt das VG die Berufung mit bindender Wirkung zu, wenn die dort genannten Voraussetzungen vorliegen. Diese Entscheidung ist in den Tenor aufzunehmen.

(b) Urteilstenor bei teilweiser Stattgabe

Muster 118: Tenor Verpflichtungsklage teilweise Stattgabe

Unter Aufhebung des Bescheids der ... und des Widerspruchsbescheids ... wird die Beklagte verpflichtet, den Antrag des Klägers vom ... auf Erteilung einer gewerberechtlichen Erlaubnis zur Schaustellung von Personen unter Beachtung der Rechtsauffassung des Gerichts neu zu bescheiden.[182] Im Übrigen wird die Klage abgewiesen.[183]

Der Beklagte trägt die Kosten des Verfahrens zu ... %, der Kläger zu ... %.[184]

[182] Ist die Sache nicht spruchreif, ist nach Maßgabe des § 113 Abs. 5 Satz 2 VwGO ein Bescheidungsurteil zu formulieren. Ein solches wird oftmals bei Ermessensentscheidungen der Behörde in Betracht kommen, wenn ein Ermessensfehler vorliegt, dennoch aber kein Anspruch bejaht werden kann, z.B. weil keine Ermessensreduktion auf Null vorliegt.

[183] Hatte der Kläger in einem solchen Fall einen Verpflichtungsantrag gestellt, muss die Klage „im Übrigen" abgewiesen werden. Dies gilt auch bei allen anderen denkbaren Formen des Teilunterliegens des Klägers.

[184] In Fällen des teilweisen Obsiegens und Unterliegens kommt es zu einer Quotelung hinsichtlich der Kosten (§ 155 Abs. 1 Satz 1 VwGO). Denkbar ist auch, dass die Kosten gegeneinander aufgehoben werden. Das bedeutet, dass jeder Beteiligte seine außergerichtlichen Kosten selbst trägt und die gericht-

Das Urteil ist wegen der Kosten vorläufig vollstreckbar. Beide Parteien dürfen die Vollstreckung durch Sicherheitsleistung in Höhe von 110 % des aufgrund des Urteils vollstreckbaren Betrages abwenden, wenn nicht die andere Partei vor der Vollstreckung Sicherheit in Höhe von 110 % des jeweils zu vollstreckenden Betrags leistet.[185] ◀

(c) Urteilstenor bei fehlendem Widerspruchsbescheid

▶ **Muster 119: Tenor Verpflichtungsklage bei fehlendem Widerspruchsbescheid**

Unter Aufhebung des Bescheids der Gemeinde Kronshagen vom ... wird die Beklagte verpflichtet, die am ... beantragte gewerberechtliche Erlaubnis ... zu erteilen.[186] ◀

(d) Urteilstenor im Fall der Untätigkeitsklage

▶ **Muster 120: Tenor Untätigkeitsklage**

Die Beklagte wird verpflichtet, die am ... beantragte gewerberechtliche Erlaubnis zur Schaustellung von Personen zu erteilen.[187] ◀

(2) Tatbestand

▶ **Muster 121: Tatbestand Verpflichtungsklage**

Tatbestand[188]

Der Kläger begehrt eine gewerberechtliche Erlaubnis zur Schaustellung von Personen.[189]

Der Kläger ist Betreiber einer Gaststätte in ...[190]

Mit Schreiben vom ... beantragte er bei der Beklagten die Erlaubnis zur Schaustellung von Personen, da er ...

Die Beklagte lehnte diesen Antrag durch Bescheid vom ... mit der Begründung ab, ...

Am ... erhob der Kläger Widerspruch. Die Versagung der gewerberechtlichen Erlaubnis sei rechtswidrig, denn ...

Die Beklagte half dem Widerspruch nicht ab. Die ... wies den Widerspruch mit Bescheid vom ..., dem Kläger zugestellt am ..., zurück. In der Begründung verweist sie darauf, ...[191]

Die hiergegen erhobene Klage des Klägers ist am ... beim Gericht eingegangen. Der Kläger behauptet, ...[192]

Erläuterungen

lichen Kosten zwischen ihnen zu gleichen Teilen geteilt werden.

[185] Falls die Vollstreckungsvoraussetzungen für beide Parteien gleich sind, kann auch bei der Verpflichtungsklage der Vollstreckbarkeitstenor für beide Parteien gemeinsam gefasst werden. Sind die Voraussetzungen unterschiedlich, so ist im Tenor zu differenzieren.

[186] In Fällen der Entbehrlichkeit eines Widerspruchsverfahrens (§ 68 Abs. 1 Satz 2 VwGO) oder bei Untätigkeit der Widerspruchsbehörde (§ 75 VwGO) sind nur der Ausgangsbescheid aufzuheben und die Verpflichtung der Behörde zum Erlass des begehrten VA auszusprechen.

[187] Bei vollständiger Untätigkeit von Ausgangs- und Widerspruchsbehörde (§ 75 VwGO) beschränkt sich der Hauptsachetenor auf die Verpflichtung der Ausgangsbehörde.

[188] Die Urteilsbegründung wird wie bei der Anfechtungsklage in „Tatbestand" und „Entscheidungsgründe" unterteilt.

[189] Die Sachverhaltsdarstellung sollte mit einem Einleitungssatz beginnen, der kurz das Begehren des Klägers umreißt (Präsens).

[190] Zunächst wird der feststehende Sachverhalt dargestellt. Zeitform ist in der Regel Imperfekt, allerdings sind weiterhin gegebene Tatsachen (hier: Eigentümerstellung) im Präsens zu formulieren.

[191] Die Verfahrensgeschichte setzt sich bei der Verpflichtungsklage aus dem ursprünglichen Antrag, der Ablehnung des Antrages durch die Ausgangsbehörde mit der zugehörigen Begründung, der Erhebung des Widerspruchs mit Begründung, der Nichtabhilfe, dem Widerspruchsbescheid und seiner Begründung zusammen. Sie ist im Imperfekt zu formulieren; das Vorbringen der Beteiligten ist in indirekter Rede wiederzugeben.

[192] Anschließend folgt die Klageerhebung unter Nennung des Eingangs bei Gericht im Perfekt (alternativ: „hat der Kläger Klage erhoben"). Im unmittelbaren Anschluss wird das Klägervorbringen in indirekter Rede wiedergegeben. Dabei werden die Formulierungen „behauptet", „trägt vor" für Tatsachenvortrag, „meint", „ist der Ansicht" für Rechtsansichten und „führt aus", „macht geltend" ganz allgemein verwendet. Bezieht sich der Kläger im Wesentlichen

Der Kläger beantragt,[193]

den Bescheid der Beklagten vom ... in der Gestalt des Widerspruchsbescheids der ... vom ... aufzuheben und die Beklagte zu verpflichten, die am ... bei der Beklagten beantragte Erlaubnis zur Schaustellung von Personen zu erteilen.[194]

Die Beklagte beantragt,

die Klage abzuweisen.

Sie behauptet, ...[195]

(Beigeladenenantrag und -vorbringen)[196]

Das Gericht hat Beweis erhoben durch ... Wegen des Ergebnisses der Beweisaufnahme wird auf die Sitzungsniederschrift verwiesen.

Wegen der weiteren Einzelheiten des Sach- und Streitstands wird auf die Gerichtsakten sowie den beigezogenen Verwaltungsvorgang verwiesen.[197] ◀

Erläuterungen

auf das Vorbringen im Vorverfahren sollte wie folgt formuliert werden: „Der Kläger wiederholt sein Vorbringen aus dem Vorverfahren und ergänzt seine Ausführungen, indem er darauf verweist, dass ... / dahingehend, dass ...".

[193] Es kann auch sein, dass der Kläger keinen ausdrücklichen Antrag gestellt hat, sondern lediglich zum Ausdruck bringt, dass er mit der behördlichen Entscheidung unzufrieden ist. Die Formulierung lautet dann: „Der Kläger beantragt sinngemäß, ...".

[194] Der klägerische Antrag ist eingerückt und mit seinem tatsächlichen Wortlaut aufzunehmen. Formuliert er dabei unzutreffend oder ungenau (z.B. „zu verurteilen" statt „zu verpflichten"), ist dies so zu übernehmen und in der rechtlichen Würdigung klarzustellen. Der Antrag ist zu Beginn der rechtlichen Würdigung ggf. auszulegen oder umzudeuten (s. Rn. 136).

[195] Der Beklagte wird in der Regel beantragen, die Klage abzuweisen. Für den Beklagtenvortrag gelten die gleichen Grundsätze wie für den Kläger. Auch hier ist es denkbar, dass dieser im Wesentlichen die Argumente aus dem Vorverfahren wiederholt.

[196] Nach dem Beklagtenantrag und seinem Vorbringen sind ggf. der Antrag und das Vorbringen des oder der Beigeladenen einzufügen (s. Rn. 122 ff.).

[197] Die Prozessgeschichte beinhaltet Beweiserhebungen, für deren Ergebnisse auch Verweisungen üblich sind, den Verzicht der Beteiligten auf eine mündliche Verhandlung (§ 101 Abs. 2 VwGO), die Übertragung des Verfahrens auf einen Einzelrichter (§ 6 VwGO) oder einen vorangegangenen Gerichtsbescheid (§ 84 VwGO). Der Schlusssatz ergibt sich aus § 117 Abs. 3 Satz 2 VwGO.

(3) Entscheidungsgründe

▶ **Muster 122: Entscheidungsgründe Verpflichtungsklage**

<u>Entscheidungsgründe</u>

Der Antrag des Klägers kann als ... ausgelegt (bzw. in einen Antrag auf ... umgedeutet) werden.[198] Bei verständiger Würdigung seines Antrags begehrt er, ... Dies hat er zwar in seiner Klageschrift vom ... nicht hinreichend zum Ausdruck gebracht, da ... Der klägerische Antrag lässt sich jedoch nach § 88 VwGO in dieser Weise auslegen, da ...

Die Klage ist zulässig, aber unbegründet.[199]

Die Klage ist zulässig. Insbesondere ...[200]

Die Klage ist jedoch unbegründet. Versagungsbescheid der Beklagten und Widerspruchsbescheid sind rechtmäßig und verletzen den Kläger nicht in seinen Rechten. Der Kläger hat keinen Anspruch auf Erteilung der von ihm beantragten gewerberechtlichen Erlaubnis zur Schaustellung von Personen.[201]

[198] Die Entscheidungsgründe beginnen ggf. mit einer Auslegung oder Umdeutung des klägerischen Antrages. Dabei ist jedoch zu beachten, dass, wenn ein Sitzungsprotokoll mit einem bestimmten Antrag existiert, dieser wegen § 86 Abs. 3 VwGO keiner Auslegung mehr zugänglich ist. Dann muss der dort gestellte Antrag zu Grunde gelegt werden, auch wenn er ggf. nicht sachgerecht ist.

[199] Es folgt (bzw. am Anfang steht) ein Ergebnissatz, der eine Aussage zur Zulässigkeit und Begründetheit der Klage trifft.

[200] Im Rahmen der Zulässigkeitsprüfung ist nur auf die Prüfungspunkte näher einzugehen, die tatsächlich problematisch sind. Beim Vorliegen einer subjektiven (§ 64 VwGO i.V.m. §§ 59 ff. ZPO) oder objektiven Klagehäufung (§ 44 VwGO) sind die Zulässigkeitsvoraussetzungen jeweils eigenständig zu prüfen. Für die Verpflichtungsklage kommen folgende Prüfungspunkte in Betracht: Verwaltungsrechtsweg, Statthaftigkeit (gerichtet auf Erlass eines Verwaltungsaktes), Klagebefugnis (§ 42 Abs. 2 VwGO), Vorverfahren, Form und Frist (ggf. Prüfung des § 75 VwGO bei Untätigkeit), allgemeine Zulässigkeitsvoraussetzungen.

[201] Der Ergebnissatz der Begründetheit äußert sich einerseits zur Rechtmäßigkeit von Versagungs- und Widerspruchsbescheid sowie Rechtsverletzung, andererseits wird ausgesprochen, ob der Kläger einen Anspruch auf den begehrten Verwaltungsakt hat.

Rechtsgrundlage der Versagung ist § ... Nach dieser Vorschrift ist die Erlaubnis durch die zuständige Behörde zu versagen, wenn ... Diese Voraussetzungen liegen hier vor: ...[202]

(Kostenentscheidung/Vollstreckbarkeit)[203]

Die Berufung wird zugelassen. Es handelt sich um eine Rechtssache von grundsätzlicher Bedeutung i.S.d. § 124 a Abs. 1 VwGO. ...[204] ◀

c) Feststellungsklage § 43 Abs. 1 VwGO

(1) Tenor

▶ **Muster 123: Tenor Feststellungsklage**

... hat das Verwaltungsgericht ... für Recht erkannt:

Es wird festgestellt, dass die Mitgliedschaft der Klägerin in der Freiwilligen Feuerwehr Puttgarden bis zur Aufnahme in die Freiwillige Feuerwehr Bisdorf-Hinrichsdorf weiter besteht und nicht durch Austritt, Kündigung, Ausschluss oder einen sonstigen Grund beendet worden ist.[205]

Die Kosten des Verfahrens trägt die Beklagte.

Das Urteil ist wegen der Kosten vorläufig vollstreckbar. ...[206] ◀

(2) Tatbestand

▶ **Muster 124: Tatbestand Feststellungsklage**

Tatbestand

Der Kläger begehrt die Feststellung, dass ... keine Sondernutzung im Sinne des Straßen- und Wegegesetzes des Landes ... darstellt und er dies ohne Erlaubnis der zuständigen Behörde ausüben darf.[207]

Der Kläger ist ... Am ... teilte ihm ein Mitarbeiter der Beklagten mit, dass die Beklagte davon ausgehe, seine ... sei als straßenrechtliche Sondernutzung erlaubnispflichtig. Zur Begründung wurde auf ... verwiesen.[208]

Der Kläger ist der Ansicht, ...

Nachdem der Kläger mit der am ... beim Gericht eingegangenen Klage zunächst beantragt hatte, festzustellen, dass ..., beantragt er nunmehr,[209]

Erläuterungen

[202] Die Prüfung folgt dem allgemeinen Prüfungsschema. Es sind die Anspruchsgrundlage und Anspruchsvoraussetzungen zu nennen und der Sachverhalt zu subsumieren. Handelt es sich um eine Ermessensentscheidung sind die ablehnenden Bescheide auf Ermessensfehler (§ 114 VwGO) zu untersuchen. Liegen solche vor, kommt in der Regel nur ein Bescheidungsurteil in Betracht. Ausnahmsweise, z.B. bei einer Ermessensreduktion auf Null, kann auch eine Verpflichtung ausgesprochen werden.

[203] Die Kosten- und Vollstreckbarkeitsentscheidung richtet sich nach allgemeinen Grundsätzen.

[204] Die Zulassung der Berufung durch das Verwaltungsgericht ist zu begründen und in den Tenor aufzunehmen. Zur Nichtzulassung ist das Verwaltungsgericht hingegen nicht befugt.

[205] Der Tenor einer Feststellungsklage sollte immer die Formulierung „wird festgestellt" enthalten. Die weitere Fassung richtet sich nach dem festzustellenden Rechtsverhältnis; im Falle der Nichtigkeitsfeststellungsklage ist die „Nichtigkeit festzustellen".

[206] Da ein Feststellungsurteil keinen vollstreckungsfähigen Inhalt in der Hauptsache hat, kann sich der Ausspruch zur vorläufigen Vollstreckbarkeit analog § 167 Abs. 2 VwGO lediglich auf die Kosten beziehen.

[207] Der Einleitungssatz hat das Feststellungsbegehren des Klägers möglichst konkret zu umschreiben.

[208] Die Darstellung des feststehenden Sachverhalts entspricht weitgehend den anderen Klagearten (Imperfekt). Es ist jedoch darauf zu achten, dass die tatsächlichen Umstände wiedergegeben werden, aus denen z.B. das Feststellungsinteresse resultiert (also z.B. beim Negativattest der Umstand, dass die Behörde die Erlaubnisfreiheit bestreitet). Es ist auch möglich in diesem Zusammenhang Rechtsansichten und Tatsachenbehauptungen der Beteiligten in indirekter Rede wiederzugeben.

[209] Nach der Darstellung des Klägervorbringens folgt der Klagantrag, der im Wortlaut wiederzugeben ist. Denkbar ist es auch, dass der Kläger seinen ursprünglichen Antrag im Laufe des verwaltungsgerichtlichen Verfahrens ändert. Diese Konstellation ist in der vorgezogenen Prozessgeschichte darzustellen. Ob die Voraussetzungen einer (zulässigen) Klagänderung nach § 91 VwGO vorgelegen haben, ist hingegen eine Frage der rechtlichen Würdigung und am Beginn der Entscheidungsgründe darzustellen. Eine beliebte Fallgruppe, in der zu einer Feststellungsklage übergegangen wird, ist die einseitige Erledigung des Rechts-

festzustellen, dass ... keine Sondernutzung im Sinne des Straßen- und Wegegesetzes des Landes ... darstellt und er dies ohne Erlaubnis der zuständigen Behörde ausüben darf.

Die Beklagte beantragt,

die Klage abzuweisen.[210]

(Beklagtenvorbringen)

(Prozessgeschichte)

(Schlusssatz)[211] ◀

(3) Entscheidungsgründe

▶ **Muster 125: Entscheidungsgründe Feststellungsklage**

<u>Entscheidungsgründe</u>

Die Klage auf Feststellung, dass ..., ist zulässig und begründet.

Die Klage ist zulässig. Insbesondere ...[212]

Die Klage ist auch begründet. Das ... stellt keine Sondernutzung im Sinne des Straßen- und Wegegesetzes des Landes ... dar. Der Kläger kann dies ohne Erlaubnis der zuständigen Behörde ausüben.

Eine erlaubnispflichtige Sondernutzung liegt nur vor, wenn ...[213]

(Kostenentscheidung, Vollstreckbarkeit) ◀

d) Leistungsklage

(1) Tenor

▶ **Muster 126: Tenor Leistungsklage**

... hat das Verwaltungsgericht ... für Recht erkannt: ◀

Erläuterungen

streits (s. Rn. 162). Auch eine teilweise Klagerücknahme (§ 92 VwGO) ist an dieser Stelle darzustellen.

[210] Besonderheiten beim Beklagtenantrag und Beklagtenvorbringen sind nicht zu beachten. Anders als bei der Verpflichtungs- und Anfechtungsklage ist in der Regel aber ein Verweis auf die Ausführungen im Vorverfahren nicht möglich.

[211] Die Darstellung des Tatbestandes endet mit der Darstellung der Prozessgeschichte und dem Schlusssatz (§ 117 Abs. 3 Satz 2 VwGO).

[212] In den Entscheidungsgründen sind zunächst Ausführungen zur Zulässigkeit der Klage vorzunehmen. Dabei sollten die besonderen Zulässigkeitsvoraussetzungen dieser Klageart in der Regel ausführlicher angesprochen werden. Eine Feststellungsklage nach § 43 Abs. 1 VwGO kommt in drei Fallgruppen in Betracht: Feststellung des Bestehens oder Nichtbestehens eines Rechtsverhältnisses sowie Nichtigkeitsfeststellungsklage. Bei der positiven und negativen Feststellungsklage muss immer ein konkretes Rechtsverhältnis Gegenstand der Feststellung sein. Zudem müssen ein besonderes Interesse an der Feststellung und die Klagebefugnis analog § 42 Abs. 2 VwGO vorliegen. Schließlich ist die Subsidiarität der Feststellungsklage gegenüber Leistungs- und Gestaltungsklagen zu beachten.

[213] Der Aufbau der Prüfung der Begründetheit richtet sich immer nach dem konkreten Rechtsverhältnis, dessen Bestehen oder Nichtbestehen festgestellt werden soll. Es empfiehlt sich eine strenge Orientierung an der maßgeblichen Norm. Typische Fallkonstellationen sind der Streit über die Erlaubnisfreiheit einer bestimmten Tätigkeit sowie um bestimmte Statusverhältnisse (Beamtenverhältnis, Mitgliedschaft in der Industrie- und Handelskammer o.ä.). Bei der Nichtigkeitsfeststellungsklage sind spezielle Nichtigkeitsnormen und die allgemeine Vorschrift des § 44 VwVfG zu prüfen. Wird Anfechtungsklage erhoben und stellt sich im Verfahren die Nichtigkeit heraus, kommt eine Klagänderung nach § 91 VwGO in Betracht.

(a) Tenor bei Klagen auf Geldzahlung

▶ MUSTER 127: TENOR LEISTUNGSKLAGE GELDZAHLUNG

Die Beklagte wird verurteilt, an den Kläger 9.800,- € zuzüglich Zinsen in Höhe von 5 Prozentpunkten über dem Basiszinssatz seit dem ... zu zahlen.[214]

Die Beklagte hat die Kosten des Verfahrens zu tragen.

Das Urteil ist gegen eine Sicherheitsleistung in Höhe von 110 % des vollstreckbaren Betrages vorläufig vollstreckbar.[215] ◀

(b) Tenor bei sonstigen Leistungsklagen

▶ MUSTER 128: TENOR SONSTIGE LEISTUNGSKLAGEN

Die Beklagte wird verurteilt, die Errichtung einer Feuerwehrsirene in der Olshausenstraße 75, 24105 Kiel, zu unterlassen.[216]

Die Beklagte hat die Kosten des Verfahrens zu tragen.

Das Urteil ist gegen eine Sicherheitsleistung von ... € vorläufig vollstreckbar.[217] ◀

(c) Tenor beim Vorliegen eines Widerspruchsbescheids

▶ MUSTER 129: TENOR LEISTUNGSKLAGE MIT WIDERSPRUCH

Unter Aufhebung des Widerspruchsbescheids[218] ... wird die Beklagte verurteilt, ... ◀

(2) Tatbestand

▶ MUSTER 130: TATBESTAND LEISTUNGSKLAGE

<u>Tatbestand</u>

Der Kläger begehrt von der Beklagten, die Errichtung einer Feuerwehrsirene in ihrer unmittelbaren Nachbarschaft in der Olshausenstraße in Kiel zu unterlassen.[219]

Der Kläger ist Eigentümer ... Am ... teilte die Beklagte dem Kläger mit, dass sie beabsichtige, am

ERLÄUTERUNGEN

[214] Grundsätzlich ist bei Leistungsklagen zur Abgrenzung von Verpflichtungsklagen die Formulierung „wird verurteilt" zu verwenden. Bei Leistungsklagen, die auf eine Geldzahlung gerichtet sind, ist immer auch ein Zinsanspruch zu tenorieren. Auch wenn der Kläger – wie im Zivilrecht – Zinsen „seit Rechtshängigkeit" beantragt hat, ist im Tenor das konkrete Datum einzusetzen. Nach vorzugswürdiger Ansicht kann der Kläger Prozesszinsen in analoger Anwendung des § 187 Abs. 1 BGB erst ab dem auf den Eingang der Klage folgenden Tag verlangen (BVerwG, NVwZ 2002, 718).

[215] Der Ausspruch zur vorläufigen Vollstreckbarkeit bezieht sich bei Leistungsklagen auf eine Geldzahlung nicht nur auf die Kosten, sondern auch auf die Geldforderung. Die Höhe der Sicherheitsleistung kann nach § 709 Satz 2 ZPO in einem bestimmten Verhältnis zum vollstreckbaren Betrag angegeben werden. Ein „Sicherheitsaufschlag" von 10 bis 20% ist dabei üblich.

[216] Bei allen anderen Leistungsklagen, also auch solchen, die auf ein Unterlassen der Behörde gerichtet sind, richtet sich die Fassung des Tenors nach dem konkreten Verfahrensgegenstand.

[217] § 167 Abs. 2 VwGO kann auf die Leistungsklage nicht analog angewendet werden (str.). Der Ausspruch zur vorläufigen Vollstreckbarkeit bezieht sich daher auch auf den Hauptausspruch. Da die Voraussetzungen des § 709 Satz 2 ZPO dann allerdings nicht vorliegen, ist die Höhe der Sicherheitsleistung konkret zu berechnen.

[218] Im Beamtenrecht ist gegen alle Maßnahmen, auch wenn diese keinen VA-Charakter aufweisen, ein Vorverfahren durchzuführen (§§ 54 Abs. 2 BeamtStG, 126 Abs. 2 BBG). Daher ist in diesen Fällen auch bei der Leistungsklage im Tenor der Widerspruchsbescheid aufzuheben. Der Widerspruch ist daher auch im Tatbestand aufzuführen, da ggf. im Rahmen der rechtlichen Würdigung die Zulässigkeit der Klage fraglich ist.

[219] Der Einleitungssatz bezeichnet konkret das Leistungsbegehren des Klägers. Bei Klagen auf Geldzahlungen ist auch der (vermeintliche) Grund der Zahlungsverpflichtung anzugeben.

Standort ... eine Feuerwehrsirene zu errichten.[220] Der Kläger wandte sich am ... an die Beklagte und äußerte seine Bedenken.[221] Am ... nahm eine Baufirma im Auftrag der Beklagten erste bauliche Maßnahmen vor.

Der Kläger ist der Ansicht, ...

Mit der am ... beim ... eingegangenen Klage beantragt er,

die Beklagte zu verurteilen, von der Errichtung einer Feuerwehrsirene in der Olshausenstraße, 24105 Kiel abzusehen.

Die Beklagte beantragt,

die Klage abzuweisen.

Sie behauptet, ...

(Prozessgeschichte, Schlusssatz) ◀

Erläuterungen

[220] Bei Klagen auf ein Unterlassen hoheitlicher Maßnahmen (z.B. VA-Erlass) ist regelmäßig ein qualifiziertes Rechtsschutzbedürfnis zu fordern; insbesondere muss sich die drohende staatliche Maßnahme bereits konkretisiert haben. Die diesbezüglichen Tatsachen sind daher in den feststehenden Sachverhalt aufzunehmen. Ansonsten entspricht der Aufbau des Tatbestandes weitgehend den anderen Klagearten, es bestehen vor allem Ähnlichkeiten mit der Verpflichtungsklage.

[221] In den Tatbestand ist ebenfalls der Umstand aufzunehmen, dass der Kläger versucht hat, sein Begehren bereits gegenüber der Behörde durchzusetzen. Auch wenn kein förmlicher Antrag vorgeschrieben ist, ist zu fordern, dass der Kläger einfachere Möglichkeiten zur Rechtsdurchsetzung erfolglos ergriffen hat.

(3) Entscheidungsgründe

▶ **Muster 131: Entscheidungsgründe Leistungsklage**

Entscheidungsgründe

Die Klage ist als allgemeine Leistungsklage zulässig. Diese ist zwar nicht ausdrücklich normiert, wird aber von ... vorausgesetzt.[222] Der Zulässigkeit steht insbesondere nicht entgegen, dass ...[223]

Die Klage ist aber unbegründet. Der Kläger hat keinen Anspruch darauf, dass ... Einzig in Betracht kommende Rechtsgrundlage wäre ... Nach dieser Vorschrift kann ... Diese Voraussetzungen liegen nicht vor ...[224] ◀

[222] In den Entscheidungsgründen ist zunächst darzustellen, dass die allgemeine Leistungsklage zwar nicht explizit in der VwGO geregelt ist, aber von §§ 43 Abs. 2, 111, 113 Abs. 4 VwGO vorausgesetzt wird. Sie ist überdies Folge der umfassenden Rechtsschutzgarantie gegen Akte der öffentlichen Gewalt aus § 40 Abs. 1 VwGO, Art. 19 Abs. 4 GG. Die allgemeine Leistungsklage ist auf die Vornahme schlicht-hoheitlichen Handelns (sonst Verpflichtungsklage) oder das Unterlassen schlicht-hoheitlichen Handelns oder von Verwaltungsakten gerichtet. Letzteres kommt nur in Ausnahmefällen in Betracht, da der repressive Rechtsschutz mit Vorverfahren und aufschiebender Wirkung in der Regel hinreichenden Schutz bietet. Zu fordern ist ein qualifiziertes Rechtsschutzbedürfnis, was nur vorliegt, wenn der VA straf- oder bußgeldbewehrt ist, sich der drohende VA typischerweise kurzfristig erledigt oder in sonstiger Weise vollendete Tatsachen schafft.

[223] Im Rahmen der Zulässigkeit der Klage sind nur die relevanten Punkte anzusprechen. Dies können sein: Eröffnung des Verwaltungsrechtsweges (oft ist die Rechtsnatur von Äußerungen fraglich, die widerrufen oder unterlassen werden sollen), Statthaftigkeit der Leistungsklage, Klagebefugnis analog § 42 Abs. 2 VwGO (h.M.), Klagegegner nach § 78 VwGO (str.) sowie die allgemeinen Sachentscheidungsvoraussetzungen. Ein Vorverfahren ist nicht durchzuführen, eine Frist nicht einzuhalten. Es findet lediglich das Rechtsinstitut der Verwirkung Anwendung.

[224] Die Prüfung der Begründetheit ist im Wesentlichen aufzubauen wie bei der Verpflichtungsklage. Es sind eine Anspruchsgrundlage zu suchen, deren Voraussetzungen darzustellen und der Sachverhalt darunter zu subsumieren. Ansprüche können sich aus Verwaltungsakten, aus dem Gesetz oder subsidiär auch aus den Grundrechten ergeben.

ERLÄUTERUNGEN

e) Fortsetzungsfeststellungsklage

(1) Tenor

▶ MUSTER 132: TENOR FORTSETZUNGSFESTSTELLUNGSKLAGE

... hat das Verwaltungsgericht ... für Recht erkannt: ◀

(a) Anfechtungssituation

▶ MUSTER 133: TENOR FORTSETZUNGSFESTSTELLUNGSKLAGE ANFECHTUNGSSITUATION

Es wird festgestellt, dass der Bescheid der ... vom ... und der Widerspruchsbescheid der ... vom ... rechtswidrig waren und der Kläger dadurch in seinen Rechten verletzt wurde.[225]

Die Beklagte trägt die Kosten des Verfahrens.[226]

Das Urteil ist wegen der Kosten vorläufig vollstreckbar. Der Beklagten bleibt nachgelassen ... ◀

[225] In der Anfechtungssituation und bei Erledigung nach Erlass des Widerspruchsbescheides (unabhängig davon, ob vor oder nach der Klageerhebung) ist die Rechtswidrigkeit und Rechtsverletzung beim Kläger sowohl hinsichtlich des Ausgangs- als auch des Widerspruchsbescheids festzustellen. Alternativ kann wie bei der Anfechtungsklage formuliert werden: „Es wird festgestellt, dass der Bescheid ... in der Gestalt des Widerspruchsbescheid ... rechtswidrig war und der Kläger dadurch in seinen Rechten verletzt wurde." In der Praxis ist auch die Formulierung „Der Bescheid ... und der Widerspruchsbescheid ... waren rechtswidrig und haben dadurch den Kläger in seinen Rechten verletzt" zu finden. Dem Tenor sieht man nicht an, ob die Erledigung vor oder nach der Klageerhebung eingetreten ist, also ob § 113 Abs. 1 Satz 4 VwGO direkt oder analog Anwendung findet. Nur bei einer Erledigung vor Erlass des Widerspruchsbescheides wird dieser im Tenor nicht erwähnt.

[226] Die Kostentragung bestimmt sich nach den allgemeinen Grundsätzen der §§ 154, 155 VwGO.

(b) Verpflichtungssituation

▶ MUSTER 134: TENOR FORTSETZUNGSFESTSTELLUNGSKLAGE VERPFLICHTUNGSSITUATION

Es wird festgestellt, dass die Versagung der ... durch Bescheid der ... vom ... und durch den Widerspruchsbescheid der ... vom ... rechtswidrig waren, der Kläger dadurch in seinen Rechten verletzt wurde und dass die Beklagte verpflichtet war, dem Kläger die begehrte ... zu erteilen.[227]

Die Beklagte trägt die Kosten des Verfahrens.

Das Urteil ist wegen der Kosten vorläufig vollstreckbar. Der Beklagten bleibt nachgelassen ...[228] ◀

[227] In der Verpflichtungssituation sind einerseits die Rechtswidrigkeit der Bescheide und die Rechtsverletzung des Klägers festzustellen, andererseits,dass die Beklagte zur Erteilung des begehrten VA verpflichtet gewesen wäre. Im Fall eines Bescheidungsurteils ist im Tenor festzustellen, dass eine Verpflichtung der Behörde zur Neubescheidung bestanden hätte.

[228] Ein Fortsetzungsfeststellungsurteil ist nur „wegen der Kosten" für vorläufig vollstreckbar zu erklären. § 167 Abs. 2 VwGO findet unabhängig davon entsprechende Anwendung, ob man die Klage nach § 113 Abs. 1 Satz 4 VwGO als Unterfall der Anfechtungs-/Verpflichtungs- oder Feststellungsklage ansieht.

(2) Tatbestand

▶ **Muster 135: Tatbestand Fortsetzungsfeststellungsklage**

Tatbestand

Der Kläger begehrt die Feststellung, dass die Beklagte zur Erteilung einer gewerberechtlichen Erlaubnis verpflichtet war.[229]

Der Kläger ist Betreiber einer Gaststätte in ...

Mit Schreiben vom ... beantragte er bei der Beklagten die Erlaubnis zur Schaustellung von Personen, da er ...

Die Beklagte lehnte diesen Antrag durch Bescheid vom ... mit der Begründung ab, ...

Am ... erhob der Kläger Widerspruch. Die Versagung der gewerberechtlichen Erlaubnis sei rechtswidrig, denn ...[230]

Am ... erklärte der Kläger gegenüber der Beklagten und der Widerspruchsbehörde, er benötige die Erlaubnis nicht mehr, da er sein Geschäft zunächst aufgeben wolle.[231]

Der Kläger behauptet, ...

Mit der am ... erhobenen Klage beantragt der Kläger,[232]

> festzustellen, dass die Versagung der ... rechtswidrig war und die Beklagte zur Erteilung verpflichtet war.

(Beklagtenantrag, Beklagtenvorbringen)

(Prozessgeschichte, Schlusssatz)[233] ◀

Erläuterungen

[229] In der Verpflichtungssituation kann sich der Einleitungssatz auf das Begehren, die Verpflichtung der Behörde festzustellen, beschränken.

[230] Der Aufbau des Tatbestandes in feststehenden Sachverhalt, Antrag des Klägers, ablehnenden Ausgangsbescheid und Begründung, Widerspruch des Klägers mit Begründung, ggf. Widerspruchsbescheid und Ausführungen der Widerspruchsbehörde entspricht weitgehend der Anfechtungs- und Verpflichtungsklage.

[231] In jedem Fall sind jedoch zusätzlich das erledigende Ereignis und der Zeitpunkt der Erledigung aufzunehmen. Denkbar ist eine Erledigung durch Zeitablauf, wegen Veränderung der tatsächlichen oder rechtlichen Umstände. Zu beachten ist, dass sich ein Verwaltungsakt in der Regel durch seinen Vollzug nicht erledigt, da der Verwaltungsakt weiterhin die Rechtsgrundlage der Vollstreckung und etwaiger Kostenbescheide bleibt. In diesem Zusammenhang können in der Regel auch die Umstände erwähnt werden, aus denen sich die konkrete Wiederholungsgefahr, das Rehabilitationsinteresse oder ein anderes anerkanntes Feststellungsinteresse des Klägers herleiten lässt.

[232] Der Klägerantrag ist wörtlich wiederzugeben, z.B. wenn er lediglich die Feststellung, dass die Behörde zur Erteilung verpflichtet war, begehrt. Der Tenor bezieht sich dann dennoch weitergehend auf die Rechtswidrigkeit der Versagung und des Widerspruchsbescheids sowie die Rechtsverletzung des Klägers.

[233] Beklagtenantrag, -vorbringen sowie Prozessgeschichte und Schlusssatz entsprechen den anderen Klagarten. Bei Erledigung nach Klageerhebung liegt eine (privilegierte) Klageänderung vor, die in die vorgezogene Prozessgeschichte aufgenommen wird.

(3) Entscheidungsgründe

▶ **Muster 136: Entscheidungsgründe Fortsetzungsfeststellungsklage**

Entscheidungsgründe

Die Klage ist statthaft, zulässig und begründet.

Die Klage ist als Fortsetzungsfeststellungsklage analog § 113 Abs. 1 Satz 4 VwGO statthaft und zulässig. Auch in der Verpflichtungssituation und bei Eintritt des erledigenden Ereignisses vor Klageerhebung ist dies die richtige Rechtsschutzform. ...[234]

Die Fortsetzungsfeststellungsklage ist auch zulässig. Insbesondere war keine Klagefrist einzuhalten

[234] Im Rahmen der Entscheidungsgründe ist zunächst immer auf die Statthaftigkeit der Fortsetzungsfeststellungsklage einzugehen. § 113 Abs. 1 S. 4 VwGO erfasst unmittelbar nämlich nur die Erledigung eines belastenden Verwaltungsaktes, also die Anfechtungssituation, nach Erhebung einer Anfechtungsklage. Anerkannt ist jedoch auch die analoge Anwendung auf die Verpflichtungsklage und in den Fällen der Erledigung vor Klageerhebung. Es sind jeweils die Voraussetzungen der Analogie (planwidrige Regelungslücke, vergleichbare Interessenlage) darzulegen. Vor allem bei der Erledigung vor Klagerhebung wird diskutiert, ob nicht die allgemeine Feststellungsklage die statthafte Rechtsschutzform bildet; s. dazu *Pietzner*, VerwArch 1993, 261 (280 ff.).

... Auch die fehlende Durchführung eines Vorverfahrens steht der Zulässigkeit nicht entgegen ...[235]

Die Klage ist im Wesentlichen auch begründet. Die Versagung der Genehmigung durch die ... war rechtswidrig und verletzte den Kläger in seinen Rechten. Allerdings war die ... nicht zur Erteilung verpflichtet, dem Kläger stand lediglich ein Anspruch auf Neubescheidung zu ...[236] ◀

Erläuterungen

[235] Bei der Fortsetzungsfeststellungsklage ist detaillierter auf die Zulässigkeitsvoraussetzungen einzugehen, da diese variieren können. Dies gilt insbesondere für das Erfordernis der Einhaltung der Klagefrist des § 74 VwGO und die Durchführung des Vorverfahrens nach § 68 VwGO. Weiterhin sind Ausführungen zum Fortsetzungsfeststellungsinteresse (Wiederholungsgefahr, Rehabilitationsinteresse, Vorbereitung Amtshaftungsprozess o.ä.) erforderlich.

[236] Die Prüfung der Begründetheit folgt im Wesentlichen dem Aufbau bei Anfechtungs- oder Verpflichtungsklage.

II. Beschlüsse im einstweiligen Rechtsschutz

1. Rubrum

▶ **Muster 137: Rubrum einstweiliger Rechtsschutz**

3 A 119/07

Schleswig-Holsteinisches

Verwaltungsgericht

Beschluss[237]

In der Verwaltungsstreitsache[238]

des ...

– Antragssteller –[239]

Prozessbevollmächtigte:[240]

Rechtsanwältin ...

gegen

die ...

– Antragsgegnerin –

wegen baurechtlicher Nutzungsuntersagung

hier: Antrag auf Wiederherstellung der aufschiebenden Wirkung[241]

hat die 3. Kammer des Schleswig-Holsteinischen Verwaltungsgerichts ohne mündliche Verhandlung am ... durch die Richterin am Verwaltungsgericht ... als Einzelrichter[242]

beschlossen:[243] ◀

[237] Die VwGO enthält für die Beschlüsse keine detaillierten Formvorschriften. § 117 VwGO gilt nicht unmittelbar. Dennoch orientiert sich die Praxis an den Vorgaben für das verwaltungsgerichtliche Urteil.

[238] Im Unterschied zu den verwaltungsgerichtlichen Urteilen, ergehen Beschlüsse nicht „Im Namen des Volkes".

[239] Die Beteiligten werden im einstweiligen Rechtsschutz als „Antragsteller" und „Antragsgegner" bezeichnet. Werden diese ohne Gedankenstriche angeführt, steht dies beim Antragsteller im Genitiv („Antragstellers"), beim Antragsgegner im Akkusativ.

[240] Lassen sich die Beteiligten im einstweiligen Rechtsschutzverfahren anwaltlich vertreten, werden die Bevollmächtigten als „Prozess- oder Verfahrensbevollmächtigte" bezeichnet.

[241] Auch im einstweiligen Rechtsschutzverfahren wird der Verfahrensgegenstand im Rubrum kurz umrissen. Dabei ist es in der Praxis üblich neben dem Gegenstand des Hauptsacheverfahrens zugleich deutlich zu machen, dass einstweiliger Rechtsschutz begehrt wird (bei § 123 VwGO: „hier: einstweilige Anordnung").

[242] Aufgrund der Eilbedürftigkeit der Entscheidung im einstweiligen Rechtsschutz erfolgen Beschlüsse nach § 80 Abs. 5 oder § 123 VwGO oftmals durch den Einzelrichter nach § 6 VwGO. Dennoch ist der Spruchkörper („... Kammer des VG ...") anzugeben. Gemäß § 101 Abs. 2 VwGO kann mit dem Einverständnis der Beteiligten auf eine mündliche Verhandlung verzichtet werden. Auch dies ist im Rubrum aufzunehmen (alternativ: „im Wege schriftlicher Entscheidung" oder „aufgrund der Beratung vom ..."). Gleiches gilt für die Entscheidung durch den Vorsitzenden oder Berichterstatter nach § 87 a Abs. 2, 3 VwGO.

[243] Das Rubrum endet bei allen Beschlüssen mit der Formulierung „beschlossen".

2. Tenor bei erfolglosen Anträgen

▶ **Muster 138: Tenor bei erfolglosen Anträgen im einstweiligen Rechtsschutz**

Der Antrag wird abgelehnt.[244]

[244] Bleibt der Antrag im einstweiligen Rechtsschutz ohne Erfolg, wird dieser „abgelehnt" oder „zurückgewiesen". Bei einem Teilerfolg ist der Antrag „im Übrigen" abzulehnen.

Erläuterungen

Der Antragsteller hat die Kosten des Verfahrens zu tragen.[245]

Der Streitwert wird auf ... € festgesetzt.[246] ◀

[245] Die Kostenentscheidung richtet sich nach den gleichen Vorschriften wie beim verwaltungsgerichtlichen Urteil (§§ 154, 155 VwGO). Ein Ausspruch zur vorläufigen Vollstreckbarkeit ist entbehrlich, da Beschlüsse mit vollstreckbarem Inhalt bereits gem. § 168 Abs. 1 Nr. 1, 2 und § 149 VwGO vollstreckbar sind.

[246] Als Ziffer 3 wird in den Tenor im einstweiligen Rechtsschutz der Streitwertbeschluss aufgenommen. Dieser orientiert sich in der Regel an der Hälfte des Streitwertes der Hauptsache. Im Urteilsverfahren wird der Streitwertbeschluss zusätzlich zum verwaltungsgerichtlichen Urteil angefertigt. In der Klausur ist dies in der Regel erlassen. Sollte der Bearbeiterhinweis aber keinen Hinweis enthalten, empfiehlt es sich einen solchen dennoch anzufertigen. Streitwerte für gängige Verfahren können dem Streitwertkatalog für die Verwaltungsgerichtsbarkeit entnommen werden.

3. Beschluss nach § 80 Abs. 5 VwGO

a) Tenor

(1) Tenor bei erfolgreichem Antrag (Grundfall)

▶ **Muster 139: Tenor bei erfolgreichem § 80 V Antrag**

Die aufschiebende Wirkung des Widerspruchs gegen die Nutzungsuntersagung der Stadt Kiel vom ... wird wiederhergestellt.[247] ◀

[247] Der Tenor ergibt sich aus § 80 Abs. 5 S. 1 VwGO. Grundsätzlich wird die aufschiebende Wirkung des „Widerspruchs" wiederhergestellt. Dies gilt auch, wenn bereits Klage erhoben wurde. Nach vorzugswürdiger Ansicht (*Schoch*, Jura 2002, 41, s. auch Rn. 158) ist die Einlegung des Widerspruchs für die Zulässigkeit eines Antrages nach § 80 Abs. 5 VwGO in der Regel erforderlich.

(2) Tenor bei Entbehrlichkeit des Widerspruchsverfahrens

▶ **Muster 140: Tenor bei Entbehrlichkeit des Widerspruchsverfahrens iRd § 80 V**

Die aufschiebende Wirkung der Klage gegen die Nutzungsuntersagung der Stadt Kiel vom ... für das Grundstück ... und der darauf befindlichen Lagerhalle wird wiederhergestellt.[248] ◀

[248] Ein Widerspruchsverfahren ist in den Fällen des § 68 Abs. 1 Satz 2 VwGO (spezialgesetzlicher Ausschluss, VA einer obersten Landes- oder Bundesbehörde, erstmalige Beschwer) entbehrlich. Dann ist die aufschiebende Wirkung der Klage wiederherzustellen.

(3) Tenor bei Ausschluss der aufschiebenden Wirkung

▶ **Muster 141: Tenor bei Ausschluss der aufschiebende Wirkung iRd § 80 V**

Die aufschiebende Wirkung des Widerspruchs des Antragstellers gegen die dem Beigeladenen erteilte Baugenehmigung der Stadt Kiel vom ... wird angeordnet.[249] ◀

[249] Liegt ein Fall des gesetzlichen Ausschlusses der aufschiebenden Wirkung (z.B. § 212 a BauGB) vor, muss diese „angeordnet" und nicht „wiederhergestellt" werden. In Betracht kommt auch eine Kombination der Anordnung und der Wiederherstellung, wenn ein Bescheid mehrere Regelungen trifft (z.B. bei Androhung einer Ersatzvornahme, gegen die der Widerspruch aufgrund der landesrechtlichen Vorschriften keine aufschiebende Wirkung besitzt).

(4) Tenor bei Verstoß gegen § 80 Abs. 3 Satz 1 VwGO

▶ Muster 142: Tenor bei Verstoß gegen § 80 III 1

Die Anordnung der sofortigen Vollziehung der Nutzungsuntersagung der Stadt Kiel vom ... wird aufgehoben.[250] ◀

(5) Tenor im Fall des faktischen Vollzugs

▶ Muster 143: Tenor iRd § 80 V bei faktischem Vollzug

Es wird festgestellt, dass der Widerspruch des Antragstellers gegen die Nutzungsuntersagung der Stadt Kiel vom ... aufschiebende Wirkung hat.[251] ◀

b) Gründe

▶ Muster 144: Gründe beim Beschluss nach § 80 V

I.[252]

Der Antragsteller wendet sich im Wege des einstweiligen Rechtsschutzes gegen die für sofort vollstreckbar erklärte Nutzungsuntersagung der Antragsgegnerin vom ... .[253]

Der Antragsteller ist Eigentümer einer ...[254]

Am ... gab die Antragsgegnerin dem Antragsteller auf, das Gebäude Olshausenstraße 75, 24105 Kiel, nicht mehr zum Zwecke der Wohnungsprostitution zu nutzen. Die Nutzungsuntersagung war mit der Anordnung der sofortigen Vollziehbarkeit sowie der Androhung eines Zwangsgeldes in Höhe von 500,00 € versehen.[255]

Zur Begründung führte die Antragsgegnerin aus: ... Die Anordnung der sofortigen Vollziehbarkeit sei erforderlich, weil ...[256]

Der Antragsteller hat hiergegen am ... Widerspruch eingelegt und zeitgleich das Verfahren des einstweiligen Rechtsschutzes eingeleitet.[257] Er ist der Ansicht, ...[258]

Mit der am ... beim Gericht eingegangenen Antragsschrift[259] beantragt der Antragsteller,

Erläuterungen

[250] Nach der Rechtsprechung (OVG Schleswig, NVwZ-RR 1996, 148) ist im Fall des Verstoßes gegen das Begründungserfordernis des § 80 Abs. 3 Satz 1 VwGO lediglich die Anordnung der sofortigen Vollziehung aufzuheben. Eine Wiederherstellung der aufschiebenden Wirkung in vollem Umfang kommt hingegen nicht in Betracht (anders: OVG Magdeburg, DÖV 1994, 352, zum Ganzen *Niedzwicki*, JuS 2009, 226 ff.).

[251] Beim sog. „faktischen Vollzug" (Missachtung der aufschiebenden Wirkung durch die Behörde), bei dem ebenfalls § 80 Abs. 5 VwGO einschlägig ist (s. Rn. 158), wird die aufschiebende Wirkung nicht wiederhergestellt, sondern „festgestellt" (VG München, Beschl. v. 17.10.2017 – M 21 S 17.44597).

[252] Anders als beim verwaltungsgerichtlichen Urteil wird keine Unterteilung in „Tatbestand" und „Entscheidungsgründe" vorgenommen. Beschlüsse haben wie im Zivilrecht einheitliche „Gründe", die in „I." (= Tatbestand) und „II." (= Entscheidungsgründe) gegliedert werden.

[253] Auch bei der Anfertigung von Beschlüssen im einstweiligen Rechtsschutz empfiehlt es sich, die Sachverhaltsdarstellung mit einem Einleitungssatz, der den Verfahrensgegenstand umreißt, zu beginnen.

[254] Die Gründe zu I. beginnen mit der Darstellung des feststehenden Sachverhalts im Imperfekt.

[255] Es folgt die Verfahrensgeschichte, bei der zunächst der Ausgangsbescheid mit seinem Hauptausspruch und allen weiteren Regelungen, vor allem der Anordnung der sofortigen Vollziehbarkeit, dargestellt werden. Die Zeitform ist Imperfekt.

[256] Auch die Begründung der Ausgangsbehörde wird in indirekter Rede wiedergegeben. Da nach h.M. zwischen der Begründung der Hauptregelung und der Anordnung der sofortigen Vollziehbarkeit zu differenzieren ist (*Schoch* § 80 Rn. 248), muss diese gesondert dargestellt werden. Sie ist im Rahmen der rechtlichen Würdigung an § 80 Abs. 3 Satz 1 VwGO zu messen.

[257] Da nach h.M. die Einlegung des Widerspruchs Zulässigkeitsvoraussetzung für ein Verfahren nach § 80 Abs. 5 VwGO ist, muss auch die Einlegung des Widerspruchs in der Verfahrensgeschichte auftauchen. In der Regel wird der Antragsteller zeitgleich den Antrag nach § 80 Abs. 5 VwGO stellen und Widerspruch einlegen.

[258] Aus diesem Grund kann das Vorbringen des Antragstellers zum Widerspruchsbescheid und im Rahmen des Verfahrens auf einstweiligen Rechtsschutz regelmäßig zusammengefasst werden.

[259] Zu nennen ist des Weiteren der Eingang des Eilantrages beim Verwaltungsgericht.

die aufschiebende Wirkung des Widerspruchs gegen die Nutzungsuntersagung der Antragsgegnerin vom ... wiederherzustellen.[260]

Die Antragsgegnerin beantragt,

den Antrag abzulehnen.

Sie ist der Ansicht, ...

Wegen der weiteren Einzelheiten des Sach- und Streitstands wird auf die Gerichtsakten sowie den beigezogenen Verwaltungsvorgang verwiesen.[261]

II.

Der Antrag ist zulässig, jedoch unbegründet.

Gemäß § 88 VwGO ist der Antrag ausgehend vom wahren Rechtsschutzziel des Antragstellers auszulegen und diese Auslegung zu Grunde zu legen. Obwohl der Antragsteller lediglich die „Wiederherstellung" der aufschiebenden Wirkung beantragt hat, zugleich aber den gesamten Bescheid der Antragsgegnerin vom ... zum Gegenstand des einstweiligen Rechtsschutzverfahrens machen will, ist erkennbar, dass auch hinsichtlich der Androhung des Zwangsgeldes eine „Anordnung" der aufschiebenden Wirkung begehrt wird.[262]

Der Antrag des Antragstellers, die aufschiebende Wirkung gegen die Nutzungsuntersagung der Antragsgegnerin vom ... wiederherzustellen, ist gem. § 123 Abs. 5 und § 80 Abs. 5 VwGO statthaft und zulässig.[263]

Nach der Vorrangregel des § 123 Abs. 5 VwGO wird einstweiliger Rechtsschutz immer dann über § 80 Abs. 5 VwGO gewährt, wenn Gegenstand des Hauptsacherechtsbehelfs ein Verwaltungsakt ist, gegen den Widerspruch und Klage keine aufschiebende Wirkung haben. Dies ist vorliegend der Fall ...[264]

Der Antragssteller hat am ... Widerspruch gegen den Bescheid der Antragsgegnerin eingelegt, so dass dahinstehen kann, ob dies eine zwingende Zulässigkeitsvoraussetzung eines Antrages nach § 80 Abs. 5 VwGO ist.[265]

Die nach § 42 Abs. 2 VwGO erforderliche Antragsbefugnis ergibt sich aus ...[266] Auch die Zulässigkeitsvoraussetzungen im Übrigen sind erfüllt.[267]

Erläuterungen

[260] Der Antrag ist wörtlich wiederzugeben. Gerade im einstweiligen Rechtsschutz ist es aber auch denkbar, dass kein ausdrücklicher Antrag ersichtlich ist. Dann wird formuliert: „beantragt sinngemäß ...".

[261] Es folgen der Antrag des Antragsgegners sowie sein Vorbringen in indirekter Rede. Die Gründe zu I. schließen mit dem Schlusssatz nach § 117 Abs. 3 Satz 2 VwGO.

[262] Zu Beginn der Gründe zu II., der rechtlichen Würdigung, ist zunächst ggf. eine Auslegung des Antrages nach § 88 VwGO vorzunehmen. Oft wird die Konstellation vorliegen, dass der Antragsteller sich gegen einen Bescheid wendet, der verschiedene Regelungen beinhaltet, von denen einige kraft Gesetzes, andere nur aufgrund der gesonderten Anordnung vollziehbar sind. Beantragt er gleichwohl nur, die aufschiebende Wirkung „wiederherzustellen", ist dieser Antrag auch auf eine „Anordnung" gerichtet.

[263] Nach dem Ergebnissatz zur Statthaftigkeit und Zulässigkeit des Antrages folgen wie beim verwaltungsgerichtlichen Urteil nur Ausführungen zu den relevanten Zulässigkeitsaspekten.

[264] Im Rahmen der Statthaftigkeit sollte immer zur Abgrenzung zu § 123 VwGO Stellung genommen werden. Diese richtet sich nach § 123 Abs. 5 VwGO: Liegt in der Hauptsache ein Verwaltungsakt, gegen den Klage und Widerspruch keine aufschiebende Wirkung haben, bzw. eine Anfechtungsklage vor, ist das Vorgehen nach § 80 Abs. 5 VwGO vorrangig. Folgende Sonderkonstellationen sind zu beachten: Leistungsbescheide (Dauer-VA oder monatlich neue Gewährung), Duldungsfiktion im Ausländerrecht (§ 80 Abs. 5 VwGO), faktischer Vollzug (§ 80 Abs. 5 VwGO).

[265] Umstritten ist, ob die Einlegung des Widerspruchs oder Erhebung der Klage zwingende Zulässigkeitsvoraussetzung eines Antrages nach § 80 Abs. 5 VwGO ist. Darauf kann nach h.M. nur bei besonderer Eilbedürftigkeit verzichtet werden (*Kintz*, Rn. 465). Für diese Auffassung spricht, dass nur der eingelegte Widerspruch aufschiebende Wirkung entfaltet, die wiederhergestellt werden kann. Sie führt jedoch ggf. auch zu einer faktischen Verkürzung der Widerspruchs- bzw. Klagefrist. In der Regel wird der Antragsteller zeitgleich Widerspruch einlegen und seinen Antrag nach § 80 Abs. 5 VwGO stellen, sodass eine Darstellung und Entscheidung des Streites in der Klausur entbehrlich ist.

[266] Da der einstweilige Rechtsschutz nicht weiter reichen kann als das Hauptsacheverfahren, findet § 42 Abs. 2 VwGO entsprechende Anwendung.

[267] Weitere Zulässigkeitsvoraussetzungen des Antrages nach § 80 Abs. 5 VwGO sind: Eröffnung des Verwaltungsrechtsweges (wenn dies gerügt wird, ist str. ob § 17 a GVG auch im einstweiligen Rechtsschutz gilt und daher eine Vorabentscheidung zu treffen ist, s. Rn. 164), richtiger Antragsgegner analog § 78 VwGO, allgemeine Sachentscheidungsvoraussetzungen und das allgemeine Rechtsschutzbedürfnis. Hier ist zu diskutieren, ob es eines Antrages auf Aussetzung an die Behörde bedarf (vgl. § 80 Abs. 4 VwGO). Nach h.M. ist dies jedoch nur in den Fällen

Der Antrag führt in der Sache jedoch nicht zum Erfolg.

Die Anordnung der sofortigen Vollziehbarkeit genügt den formellen Anforderungen des § 80 Abs. 3 Satz 1 VwGO.[268]

Eine Anhörung vor Erlass der Anordnung der sofortigen Vollziehbarkeit der Nutzungsuntersagung war nicht erforderlich.

Die Anordnung der sofortigen Vollziehbarkeit ist auch in materieller Hinsicht gerechtfertigt.

Ein Antrag nach § 80 Abs. 5 VwGO auf Wiederherstellung der aufschiebenden Wirkung hat in der Sache nur Erfolg, wenn das Aussetzungsinteresse des Antragstellers das Vollzugsinteresse der Allgemeinheit überwiegt.[269]

Ob dies der Fall ist, beurteilt sich nach den Erfolgsaussichten des Hauptsacherechtsbehelfs, die im Rahmen einer summarischen Prüfung zu ermitteln sind. Ist die von der Antragsgegnerin ausgesprochene Nutzungsuntersagung rechtswidrig, überwiegt das Aussetzungsinteresse, da an der Vollziehung eines rechtswidrigen Verwaltungsaktes kein Vollziehungsinteresse bestehen kann. Ist die Nutzungsuntersagung hingegen rechtmäßig, bedarf es einer zusätzlichen Prüfung des besonderen öffentlichen Interesses an der sofortigen Vollziehbarkeit, da nach dem Grundsatz des § 80 Abs. 1 Satz 1 VwGO jedem Widerspruch – also auch dem gegen einen rechtmäßigen Verwaltungsakt – aufschiebende Wirkung zukommt.[270]

Nach diesen Grundsätzen überwiegt das öffentliche Interesse an der sofortigen Vollziehbarkeit der Nutzungsuntersagung das Aussetzungsinteresse des Antragstellers. Der Hauptsacherechtsbehelf wird voraussichtlich keine Aussicht auf Erfolg haben.[271] Die Nutzungsuntersagung ist rechtmäßig. ... Für die Anordnung der sofortigen Vollziehbarkeit sprechen folgende überragende Interessen des Gemeinwohls: ...[272]

Die Kostenentscheidung beruht auf § 154 Abs. 1 VwGO. Die Streitwertfestsetzung folgt aus § 52 Abs. 2 und § 53 Abs. 3 GKG.

Erläuterungen

des § 80 Abs. 4 VwGO erforderlich, da es sich nicht um einen allgemeinen Grundsatz handelt.

[268] Zunächst sind die formellen Anforderungen an eine Anordnung der sofortigen Vollziehbarkeit nach § 80 Abs. 2 Satz 1 Nr. 4 VwGO zu prüfen. Sind diese nicht gewahrt, kommt auch eine isolierte Aufhebung der Anordnung der sofortigen Vollziehbarkeit in Betracht, ohne weitergehend über die Wiederherstellung der aufschiebenden Wirkung zu entscheiden (s. Rn. 156). Neben dem Begründungserfordernis des § 80 Abs. 3 Satz 1 VwGO, das verlangt, dass auf den Einzelfall abgestellt wird und sich die Begründung nicht in der Begründung des Hauptausspruchs oder Floskeln erschöpft, sind ggf. auch noch die Zuständigkeit der anordnenden Behörde und weitere Verfahrensfragen (bspw. Anhörungserfordernis nach § 28 VwVfG, nach h.M. nicht geboten) anzusprechen. Einer Prüfung der formellen Anforderungen bedarf es nur in den Fällen des § 80 Abs. 2 Satz 1 Nr. 4 VwGO, ansonsten kann direkt zur materiellen Prüfung übergegangen werden.

[269] Materiell hat ein Antrag nach § 80 Abs. 5 VwGO nur Erfolg, wenn das Aussetzungsinteresse des Antragstellers das Vollzugsinteresse der Allgemeinheit (nicht der Behörde) überwiegt.

[270] Der Maßstab, wann dies der Fall ist, ist zunächst allgemein näher darzustellen. Im Rahmen des einstweiligen Rechtsschutzes erfolgt lediglich eine summarische Prüfung der Erfolgsaussichten der Hauptsache. Ausgehend vom Ergebnis dieser Prüfung ist weitergehend zu differenzieren: Ist der VA rechtswidrig, überwiegt das Aussetzungsinteresse, ist er rechtmäßig oder ist von einem non liquet auszugehen, bedarf es einer weitergehenden Abwägung der Interessen, da der Grundsatz des § 80 Abs. 1 Satz 1 VwGO nicht zwischen rechtmäßigen und rechtwidrigen Verwaltungsakten differenziert.

In den Fällen des § 80 Abs. 2 Satz 1 Nrn. 1 bis 3 VwGO geht das Gesetz hingegen vom prinzipiellen Vorrang des Vollzugs- vor dem Aussetzungsinteresse aus. Eine Anordnung der aufschiebenden Wirkung kommt für Nr. 1 nur bei ernstlichen Zweifeln an der Rechtmäßigkeit des VA in Betracht (§ 80 Abs. 4 Satz 3 VwGO). Str. ist, ob dieser Maßstab auch für die Nrn. 2 und 3 Geltung beansprucht; in jedem Fall muss aber eine summarische Prüfung der Erfolgsaussichten der Hauptsache wie bei Nr. 4 erfolgen.

Im Fall des faktischen Vollzuges (Missachtung der aufschiebenden Wirkung durch die Behörde) ist lediglich zu prüfen, ob Widerspruch oder Klage eingelegt wurde und ob ein gesetzlicher oder angeordneter Ausschluss der aufschiebenden Wirkung vorliegt. Analog § 80 Abs. 5 VwGO wird das Vorliegen der aufschiebenden Wirkung festgestellt (Rn. 157).

[271] Die summarische Prüfung der Erfolgsaussichten der Hauptsache bezieht sich sowohl auf deren Zulässigkeit als auch Begründetheit.

[272] Die Rechtswidrigkeit des angegriffenen VA beurteilt sich nach allgemeinen Grundsätzen. Bei Rechtmäßigkeit bedarf es aufgrund der Regel des § 80 Abs. 1 Satz 1 VwGO immer einer weitergehenden Rechtfertigung der Anordnung der sofortigen Vollziehbarkeit im Rahmen einer Interessenabwägung.

Rechtsmittelbelehrung: Beschwerde nach §§ 146, 147 VwGO.[273]

Unterschriften der beteiligten Richter. ◀

4. Abänderungsverfahren nach § 80 Abs. 7 VwGO

▶ **Muster 145: Abänderungsverfahren nach § 80 VII**

Unter Abänderung des Beschlusses des Schleswig-Holsteinischen Verwaltungsgerichts vom 29. Juni 2010 – Az. 6 VG 123/10 – wird die aufschiebende Wirkung des Widerspruchs gegen die Nutzungsuntersagung der Stadt Kiel vom 23. Juni 2010 für das Grundstück ... und der darauf befindlichen Lagerhalle wiederhergestellt.[274] ◀

5. Beschluss nach § 123 VwGO

a) Tenor

▶ **Muster 146: Tenor Beschluss § 123**

Dem Antragsgegner wird im Wege der einstweiligen Anordnung aufgegeben, vorläufig bis zur rechtskräftigen Entscheidung[275] in der Hauptsache von der Errichtung einer Feuerwehrsirene in der Olshausenstraße, 24105 Kiel abzusehen.[276] ◀

b) Gründe

▶ **Muster 147: Gründe Beschluss § 123**

I.

Der Antragsteller will der Antragsgegnerin im Wege des einstweiligen Rechtsschutzes aufgeben lassen, die Errichtung einer Feuerwehrsirene in der Olshausenstraße, 24105 Kiel, vorläufig zu unterlassen.[277]

Der Antragsteller ist Eigentümer ...

Am ... teilte die Antragsgegnerin dem Antragsteller mit, dass sie beabsichtige, am Standort ... eine Feuerwehrsirene zu errichten. Der Antragsgegner

Erläuterungen

[273] Kostenentscheidung und Streitwertbeschluss werden durch Nennung der maßgeblichen Normen begründet. Das richtige Rechtsmittel ist die Beschwerde nach §§ 146, 147 VwGO.

[274] Das Abänderungsverfahren nach § 80 Abs. 7 VwGO ist ein eigenständiges Verfahren. Daher enthält der Tenor auch einen Ausspruch über die Kosten des (Abänderungs-)Verfahrens und über den Streitwert. § 80 Abs. 7 VwGO ist auf Beschlüsse nach § 123 und § 80 a VwGO entsprechend anwendbar. Im Rahmen der Begründetheit ist einerseits zu prüfen, dass „veränderte Umstände" vorliegen und andererseits, ob diese Umstände eine andere Beurteilung der Abwägung von Aussetzungs- und Vollzugsinteresse rechtfertigen. Es findet eine neue eigenständige Abwägung statt; die Rechtmäßigkeit des vorangegangenen Beschlusses nach § 80 Abs. 5 VwGO wird nicht überprüft.

[275] In der Regel ist aufgrund des Verbotes der Vorwegnahme der Hauptsache im Tenor eines Beschlusses nach § 123 VwGO die Vorläufigkeit der getroffenen Regelung auszusprechen.

[276] Im Verfahren nach § 123 VwGO ist der Tenor ausgehend vom Begehren des Antragstellers zu fassen. Das Gericht hat dabei ein Ermessen, durch welche Maßnahmen es das Ziel am besten verwirklicht sieht. Es ist nicht an den Antrag des Antragstellers gebunden. Es kommen Verpflichtungs-, Leistungs- und Unterlassungsgebote, Sicherungs- und Regelungsanordnungen in Betracht.

[277] Die einheitlichen Gründe werden in „I." (= Tatbestand) und „II." (= Entscheidungsgründe) unterteilt. Es empfiehlt sich, das Begehren in einem Einleitungssatz kurz zu umschreiben und deutlich zu machen, dass zunächst vorläufiger Rechtsschutz gesucht wird.

wandte sich am ... an die Antragsgegnerin und äußerte seine Bedenken. Am ... nahm eine Baufirma im Auftrag der Antragsgegnerin erste bauliche Maßnahmen vor.[278]

Am ... forderte der Antragsteller die Antragsgegnerin auf, die Bautätigkeit einzustellen. Zeitgleich hat er einstweiligen Rechtsschutz beim Verwaltungsgericht beantragt. Er ist der Ansicht, dass ...[279]

Der Antragsteller beantragt,

> der Antragsgegnerin im Wege der einstweiligen Anordnung aufzugeben, vorläufig bis zur rechtskräftigen Entscheidung in der Hauptsache von der Errichtung einer Feuerwehrsirene in der Olshausenstraße, 24105 Kiel abzusehen.[280]

(Antrag des Antragsgegners, Vorbringen des Antragsgegners)

(Prozessgeschichte, Schlusssatz)[281]

II.

Der Antrag auf Erlass einer einstweiligen Anordnung ist statthaft, zulässig und begründet.

Der Antrag des Antragstellers, der Antragsgegnerin im Wege der einstweiligen Anordnung aufzugeben, vorläufig bis zur rechtskräftigen Entscheidung in der Hauptsache von der Errichtung einer Feuerwehrsirene in der Olshausenstraße, 24105 Kiel abzusehen, ist gemäß § 123 VwGO in Form einer Sicherungsanordnung statthaft.[282] Auch die Zulässigkeitsvoraussetzungen im Übrigen sind erfüllt.[283]

Nach § 123 Abs. 1 Satz 1 VwGO kann das Gericht auf Antrag eine einstweilige Anordnung in Bezug auf den Streitgegenstand treffen, wenn die Gefahr besteht, dass durch die Veränderung eines bestehenden Zustandes die Verwirklichung eines Rechts vereitelt werden könnte. Vorliegend begehrt der Antragsteller eine Sicherungsanordnung, da er die Sicherung eines bestehenden Zustandes, nicht die Erweiterung seines Rechtskreises begehrt.[284]

Eine Sicherungsanordnung kommt nur in Betracht, wenn der Antragsteller das Vorliegen eines Anordnungsanspruchs und Anordnungsgrundes gem. § 123 Abs. 3 VwGO i.V.m. §§ 920 Abs. 2, 294 ZPO glaubhaft machen kann.[285]

Erläuterungen

[278] Der Sachverhalt ist im Imperfekt darzustellen; er muss vor allem die Elemente enthalten, die rechtlich gewürdigt werden (z.B. Versuch, die Unterlassung bei der Behörde durchzusetzen, für das Rechtsschutzbedürfnis oder Beginn von Bauarbeiten, die vollendete Tatsachen schaffen, für die Eilbedürftigkeit).

[279] Zu nennen ist in jedem Fall das Datum des Eingangs des Antrages beim Verwaltungsgericht. Anschließend ist der Vortrag des Antragstellers in indirekter Rede darzustellen.

[280] Der Antrag ist wörtlich zu übernehmen. Da das Gericht eine eigene Ermessensentscheidung trifft, ist es an diesen nicht gebunden.

[281] Es folgen der Antrag des Antragsgegners, sein Vorbringen in indirekter Rede, die Prozessgeschichte sowie der Schlusssatz nach § 117 Abs. 3 Satz 2 VwGO.

[282] Im Rahmen des einstweiligen Rechtsschutzes ist zwischen der Sicherungs- und der Regelungsanordnung zu unterscheiden. Auch wenn die Unterscheidung kaum Auswirkungen auf die Zulässigkeits- und Begründetheitsvoraussetzungen hat, sollten Sie immer klarstellen, was der Antragsteller begehrt, da dies auch in der Praxis so üblich ist. Bei der Sicherungsanordnung geht es um die Bewahrung des status quo an Rechten, während mit der Regelungsanordnung eine Erweiterung des eigenen Rechtskreises begehrt wird.

[283] Im Rahmen der Zulässigkeitsvoraussetzungen sind nur die relevanten Aspekte anzusprechen. Dies ist zunächst die Abgrenzung zum Antrag nach § 80 Abs. 5 VwGO (s. Rn. 158). Weitergehend können Ausführungen zu folgenden Punkten notwendig sein: Eröffnung des Verwaltungsrechtsweges (wenn dies gerügt wird, ist str., ob § 17 a GVG auch im einstweiligen Rechtsschutz gilt und daher eine Vorabentscheidung zu treffen ist, s. Rn. 164), Antragsbefugnis entsprechend § 42 Abs. 2 VwGO (Anordnungsgrund und -anspruch müssen möglich sein), allgemeine Sachentscheidungsvoraussetzungen und allgemeines Rechtsschutzbedürfnis. Dabei ist klarzustellen, dass in der Verpflichtungssituation eine Widerspruchseinlegung nicht erforderlich ist, ein vorheriger Antrag bei der Behörde grundsätzlich schon.

[284] Zu Beginn der Begründetheitsprüfung ist darzustellen, wann eine einstweilige Anordnung in Betracht kommt, nämlich nur wenn die Verwirklichung eines Rechts durch die Veränderung von tatsächlichen Umständen vereitelt oder wesentlich erschwert wird.

[285] Sowohl die Regelungs- als auch die Sicherungsanordnung setzen die Glaubhaftmachung eines Anordnungsanspruchs und -grundes voraus. Die Glaubhaftmachung richtet sich nach § 294 ZPO und besteht einerseits aus einer besonderen Umschreibung der auf Seiten des Gerichts erforderlichen Sicherheit, andererseits in einer Erweiterung (auch Versicherung an Eides statt) und Beschränkung der Beweismittel (nur präsente Beweismittel).

Erläuterungen

Der Anordnungsanspruch ist dabei der zu sichernde materielle Anspruch. Von dessen Vorliegen kann bei überwiegender Erfolgsaussicht der Hauptsache im Rahmen einer summarischen Prüfung ausgegangen werden. Ein solcher wurde vorliegend glaubhaft gemacht. Er ergibt sich aus ...[286]

Auch ein Anordnungsgrund, die Gefährdung der Rechtsverwirklichung, wurde glaubhaft gemacht. Ein weiteres Zuwarten würde die Durchsetzung des Rechts des Antragstellers wesentlich erschweren. Dafür spricht der Umstand, dass ...[287]

Eine Entscheidung nach § 123 Abs. 1 Satz 1 VwGO darf dabei grundsätzlich nicht die Hauptsache vorwegnehmen.[288] Dies ist vorliegend nicht der Fall, da der Antragsteller lediglich eine vorläufige Unterlassung begehrt.

Die Kostenentscheidung beruht auf § 154 Abs. 1 VwGO. Die Streitwertfestsetzung folgt aus § 52 Abs. 2 und § 53 Abs. 3 GKG.

Rechtsmittelbelehrung: Beschwerde nach §§ 146, 147 VwGO.[289]

Unterschriften der beteiligten Richter ◀

[286] Der Anordnungsanspruch entspricht dem zu sichernden materiellen Anspruch oder Recht. Wie im Rahmen des § 80 Abs. 5 VwGO ist das Vorliegen oder Nichtvorliegen im Rahmen einer summarischen Prüfung der Erfolgsaussichten der Hauptsache zu bewerten. Die Darstellung der Erfolgsaussichten der Hauptsache richtet sich jeweils nach dem konkreten Begehren, insbesondere danach, ob eine Verpflichtungs-, Leistungs-, Unterlassungs- oder Feststellungssituation vorliegt.

[287] Der Anordnungsgrund ist hingegen die besondere Eilbedürftigkeit, die dem Antragsteller ein Abwarten auf die Entscheidung in der Hauptsache unzumutbar erscheinen lässt, z.B. weil ansonsten irreversible Schäden eintreten oder nur schwer rückgängig zu machende Umstände geschaffen werden.

[288] Grundsätzlich darf eine einstweilige Anordnung die Hauptsache nicht vorwegnehmen. Es handelt sich dabei nicht um eine Zulässigkeitsvoraussetzung, sondern um eine Beschränkung des im Rahmen des Ermessens zulässigen Inhalts der gerichtlichen Anordnung. Aus Art. 19 Abs. 4 GG können jedoch auch Ausnahmen folgen, in denen endgültige Regelungen in Betracht kommen.

[289] Kostenentscheidung und Streitwertbeschluss werden durch Nennung der maßgeblichen Normen begründet. Das richtige Rechtsmittel ist die Beschwerde nach §§ 146, 147 VwGO.

III. Weitere Beschlüsse

1. Übereinstimmende Erledigung der Hauptsache

a) Tenor

▶ **Muster 148: Tenor übereinstimmende Erledigung der Hauptsache**

Das Verfahren wird eingestellt.[290]

Die Kosten des in der Hauptsache übereinstimmend für erledigt erklärten Verfahrens werden der Beklagten auferlegt.[291]

Der Streitwert wird auf ... € festgesetzt. ◀

[290] Erklären Kläger und Beklagter den Rechtsstreit übereinstimmend für erledigt, ist dieser allein durch diese Erklärung(en) aufgrund der Dispositionsmaxime beendet. Das Verfahren wird entsprechend § 92 Abs. 3 VwGO deklaratorisch eingestellt. Das Gericht prüft nur, ob wirksame Erledigungserklärungen vorliegen bzw. Fristablauf i. S. d. § 161 Abs. 2 VwGO. Eine Zustimmung der Beigeladenen ist nicht erforderlich. Demgegenüber ist die einseitige Erledigterklärung auch im Verwaltungsprozess als Klageänderung in eine Feststellungsklage anzusehen, die nicht den Grenzen des § 91 VwGO unterliegt.

[291] Das Gericht entscheidet lediglich über die Kosten des Verfahrens, es sei denn, die Parteien haben auch eine diesbezügliche Einigung getroffen. Die Entscheidung wird nach billigem Ermessen unter Berücksichtigung der bisherigen Sach- und Rechtslage getroffen.

b) Gründe

▶ **Muster 149: Gründe übereinstimmende Erledigung der Hauptsache**

I.[292]

[292] Der Beschluss ist in Rubrum und Gründe nach dem üblichen Schema unterteilt. Er ergeht im vorbereitenden Verfahren durch den Vorsitzenden oder den Berichterstatter (§ 87 a Abs. 1 Nr. 3, Abs. 3 VwGO).

Nachdem die Beteiligten das Verfahren hinsichtlich einer baurechtlichen Nutzungsuntersagung übereinstimmend für erledigt erklärt haben, streiten sie nunmehr über die Kostentragung.[293]

Der Kläger ist Eigentümer einer ...[294]

Am ... gab die Beklagte dem Kläger auf, das Gebäude Olshausenstraße 75, 24105 Kiel, nicht mehr zum Zwecke der Wohnungsprostitution zu nutzen. Der Kläger ging hiergegen im Wege des Widerspruchs und mit einer am ... erhobenen Anfechtungsklage vor. Er ist der Ansicht, dass ...

Ursprünglich beantragte der Kläger, ...

Aus privaten Gründen beschloss der Kläger Ende ... jedoch, Kiel zu verlassen und daher auch sein „Gewerbe" aufzugeben.[295]

Er erklärte daraufhin das Verfahren in der Hauptsache für erledigt. Die Beklagte hat sich der Erledigungserklärung angeschlossen.[296]

Die Beteiligten haben sich nicht über die Kostentragungspflicht geeinigt.[297]

II.

Das Verfahren war aufgrund der übereinstimmenden Erklärungen der Parteien in analoger Anwendung des § 92 Abs. 3 Satz 1 VwGO einzustellen.[298] Die Kostenentscheidung richtet sich nach § 161 Abs. 2 Satz 1 VwGO und ist nach billigem Ermessen unter Berücksichtigung des Sach- und Streitstandes zu treffen. ...[299]

Die Festsetzung des Streitwerts beruht auf ...[300]

Dieser Beschluss ist hinsichtlich der Kosten unanfechtbar (§ 158 Abs. 2 VwGO).[301]

Rechtsmittelbelehrung: Beschwerde nach § 68 Abs. 1 GKG hinsichtlich der Entscheidung zum Streitwert. ◀

Erläuterungen

[293] Bereits im Einleitungssatz der Gründe zu I. (= Tatbestand) ist klarzustellen, dass die Parteien lediglich noch über die Kostentragung streiten. Dennoch ist der ursprüngliche Verfahrensgegenstand aufzunehmen, da sich die Darstellung der Sach- und Rechtslage auf diesen bezieht.

[294] Der Aufbau des Tatbestandes weist keine Besonderheiten auf. Er beginnt mit dem feststehenden Sachverhalt und der Verfahrensgeschichte.

[295] Nach dem klägerischen Vortrag sind der ursprüngliche Sachantrag und das erledigende Ereignis aufzunehmen.

[296] Es folgen die Erledigterklärung des Klägers und die Zustimmung des Beklagten bzw. die Darstellung des Fristablaufs nach § 161 Abs. 2 Satz 2 VwGO (Aufforderung durch das Gericht, Hinweis auf die Rechtsfolgen der Nichtreaktion, Ablauf von zwei Wochen nach Zustellung).

[297] Die Sachverhaltsdarstellung schließt mit dem Hinweis auf die fehlende Einigung über die Kostentragung. Anschließend ist noch die Prozessgeschichte darzustellen und auf die Verfahrensakten zu verweisen.

[298] Zunächst ist der Hinweis auf die entsprechende Anwendung des § 92 Abs. 3 Satz 1 VwGO aufzunehmen und kurz zu begründen.

[299] In den Gründen zu II. ist dann die Kostenentscheidung zu begründen. Dabei ist entscheidend, wer die Kosten hätte tragen müssen, wenn es nicht zur Erledigung gekommen wäre. Dies wird in der Regel die Partei sein, die im Rechtsstreit voraussichtlich unterlegen wäre. Lässt sich dies im Rahmen einer summarischen Prüfung nicht sicher feststellen, kommt eine Aufhebung der Kosten in Betracht. Auch Billigkeitserwägungen können in die Entscheidung einbezogen werden.

[300] Zur Begründung des Streitwertbeschlusses reicht der Hinweis auf die Normen des GKG. Zu beachten ist, dass diesbezüglich, trotz Unanfechtbarkeit des Beschlusses im Übrigen, eine Beschwerde nach § 68 Abs. 1 GKG möglich ist und eine Rechtsmittelbelehrung aufzunehmen ist.

[301] Die Unanfechtbarkeit des Beschlusses nach § 158 Abs. 2 VwGO ist ausdrücklich anzusprechen.

2. Zulässigkeit des Verwaltungsrechtsweges

a) Rubrum

▶ **Muster 150: Rubrum Vorabentscheidung über den Verwaltungsrechtsweg**

wegen Widerruf von Äußerungen

hier: Zulässigkeit des Rechtsweges[302] ◀

[302] Nach § 17 a GVG ist auf Antrag einer Partei bzw. Rüge über die Zulässigkeit des Verwaltungsrechtsweges vorab durch Beschluss zu entscheiden (§ 17 a Abs. 3 GVG). Die Entscheidung zur Nichtzulässigkeit ist von Amts wegen zu treffen und ergeht ebenfalls im Beschlusswege (§ 17 a Abs. 2 VwGO). Str. ist, ob § 17 a GVG auch im einstweiligen Rechtsschutz anwendbar ist (Ehlers § 17 GVG Rn. 14 ff.). Das Rubrum entspricht dem üblichen Schema; es ist

Erläuterungen

lediglich der Zusatz „hier: Zulässigkeit des Rechtsweges" aufzunehmen.

b) Tenor

(1) Unzuständigkeit des Verwaltungsgerichts

Muster 151: Tenor Unzuständigkeit des Verwaltungsgerichts

Der Verwaltungsrechtsweg ist unzulässig.

Der Rechtsstreit wird an das Landgericht Kiel verwiesen.[303]

Die Entscheidung über die Kosten der Verweisung bleibt der Endentscheidung vorbehalten.[304] ◀

[303] Die Unzulässigkeit ist im Tenor auszusprechen und zugleich eine Verweisung an das zuständige Gericht vorzunehmen. Für das andere Gericht ist der Verweisungsbeschluss bindend (§ 17 a Abs. 1, 2 Satz 3 GVG). Sollte daher in einer Klausur ein Verweisungsbeschluss abgedruckt sein, dürfen im Urteil keine weiteren Ausführungen zur Zulässigkeit des Rechtsweges mehr erfolgen.

[304] Der Ausspruch über die Kosten ist in der Praxis üblich, obwohl er nur deklaratorisch ist (§ 17 b Abs. 2 Satz 1 GVG).

(2) Zuständigkeit des Verwaltungsgerichts

Muster 152: Tenor Zuständigkeit des Verwaltungsgerichts

Der Verwaltungsrechtsweg ist zulässig.[305]

Die Kosten der Vorabentscheidung über die Zulässigkeit trägt die Beklagte.[306] ◀

[305] Im Fall der Zulässigkeit des Verwaltungsrechtswegs ist dies im Tenor bei Rüge durch einen Beteiligten auszusprechen. Liegt keine Rüge vor, sind die Ausführungen zur Eröffnung des Verwaltungsrechtswegs dennoch in die Entscheidungsgründe des Urteils aufzunehmen, wenn der Sachverhalt Anlass dazu gibt.

[306] Einem Umkehrschluss aus § 17 b Abs. 2 GVG kann entnommen werden, dass der positive Beschluss zur Zuständigkeit des VG eine Kostenentscheidung enthalten muss. Diese richtet sich nach den allgemeinen Grundsätzen des § 154 Abs. 1 VwGO. Die Kosten trägt also der erfolglos Rügende.

c) Gründe

Muster 153: Gründe Zuständigkeit/Unzuständigkeit des Verwaltungsgerichts

I.

(normale Sachverhaltsdarstellung)[307]

Er rügt die Zulässigkeit des Rechtsweges und führt hierzu aus, ... Im Übrigen hält er die Klage auch der Sache nach für unbegründet. Er ist der Ansicht, ...[308]

II.[309]

Die Kostenentscheidung beruht auf § 17 b Abs. 2 Satz 1 GVG (oder bei Erfolglosigkeit der Rüge: § 154 Abs. 1 VwGO).

Rechtsmittelbelehrung: Beschwerde nach § 17 Abs. 4 Satz 3 GVG i.V.m. §§ 146 Abs. 1, 147 VwGO.[310] ◀

[307] Die Gründe zu I. weisen zunächst keine Besonderheiten auf. Sie enden mit dem Beklagtenantrag, an den sich die Rüge der Zulässigkeit des Verwaltungsrechtsweges anschließt.

[308] Ebenfalls sind die Ausführungen des Beklagten zu seiner Rüge aufzunehmen. Nachfolgend ist zu ergänzen, welche Ansicht er zur Zulässigkeit und Begründetheit der Klage im Übrigen vertritt. In der Klausur kann in dem Urteil über die Hauptsache, das ebenfalls anzufertigen ist, weitgehend auf den Beschluss zur Zulässigkeit verwiesen werden, um Wiederholungen zu vermeiden.

[309] Die rechtlichen Ausführungen in den Gründen zu II. beschränken sich auf die Prüfung der Voraussetzungen des § 40 VwGO.

[310] Sie schließen mit der Begrundung der Kostenentscheidung und der Rechtsmittelbelehrung. Statthaftes Rechtsmittel ist die Beschwerde nach § 17 Abs. 4 Satz 3 GVG.

Stichwortverzeichnis

Die Seitenangabe bezieht sich stets auf den Beginn der Darstellung im Formular, vgl. Sie bitte auch die dazugehörigen Anmerkungen.